増補改訂版

ヴェールを脱いだ

インド武術

甦る根本経典『ダヌルヴェーダ』

新泉社

口上——インド武術の『虎の巻』と呪いのこと

生前たがいに罵りあっていた少林寺拳法の開祖・宗道臣《そうどうしん》と極真空手の創始者・大山倍達《おおやまますたつ》。しかし、「わが武術の源流、古代インドにあり」

ということでは両雄、口をそろえていた。インドの僧侶・達磨《だるま》さんが拳法を中国・少林寺に伝え、少林拳が琉球にもたらされて唐手（空手）になったというのである。

インド拳法。

ガキのときからインドと武術のオタクであった筆者を、なんとそそった言葉であろうか。そそられたのはわたしひとりでないらしく、格闘もののコミックや小説にもよくインド拳法が、

——最強の格闘技、神秘の武術

として登場した。が、オタクのわたしには、それが少林寺拳法にヨーガの雰囲気を加味してインドっぽくアレンジしたものであることはすぐに知れる。一九七〇年代当時『ハウ・トゥー・セックス』のようなベストセラー本はあっても、『ハウ・トゥー・インド拳法』はない。身近な『少林寺拳法入門』あたりを資料にするしかなかったのだ。

中国で文化大革命が終わると中国拳法がどっと世に出、それまで秘密のヴェールにつつまれていた八極拳や八卦掌などの技法書までが出版化された。それにともなって、フィクションのインド拳法もさまがわりしてゆく。しかしインド拳法のハウ・トゥーものはいまだ出ていない。

けっきょく、自分で調べるしかない、と決めてインドに出かけた。調査法はこうだ。男のコと仲よくなる。男のコの遊びに、チャンバラごっことスモウのない国はない。相手をすると夢中になる。万国共通だ。ただし、日本人はジュードー・カラテの真似ぐらいはできねばならない。表《おもて》で遊んでいると、人垣ができる。大のおとなが挑戦の名乗りをあげる。といっても、そこはいい年こいたおじさん同士だ。おたがい、てきとうにじゃれあって納得する。むこうも、ずっと昔の子どものときのように遊べて、喜んでいる。が、そんな彼らの動きのなかにも、その民族特有の手足のつかいが見られる。こうして村人とも親しく交流できる。これも万国共通だ。

そのうち、ジュードー・カラテの先生になってくれと頼まれる。ぶっそうなヤツから挑戦状がまいこむ。夜逃げしたことも一度や二度ではなかったのだが……。

しかしその甲斐あって、クシティー（北インド一帯）、タン・タ（マニプル州）、パリカンダ（オリッサ州）、ナク・ア・カ・ムシュティ（グジャラート州）、ワルマアティ（タミル・ナードゥ州）などと地域ごとに特徴のある伝統武術があることをつきとめ、じっさい、いくつかの道場の門を叩いた。

いずれもすぐれた武術である。その精妙なことは、日本や中国の武術に勝るとも劣らない。それは同じ身体文化で、武術とは不即不離の関係にあるインド舞踊を想像してもらえれば、容易に納得していただけよう。

ならば、インド武術がなぜ広く世に知られていないのか？

かの地の武術家が秘密主義に撤しているからである。わたしが体験したシク教（ターバンとヒゲがシンボルの宗教だ）の武術ガトカの入門式のもようを紹介する。

抜き身の刀が横たわっている。

「ひざまずいて、その刀身に額《ひたい》をつけなさい」

ニハングが命じる。ニハングとは、シク教における戦士の称号だ。

タージ・マハルで知られる地方都市アーグラ。ぐうぜん入った安宿の受け付けの壁にチャクラム（武器としての円盤）が飾られていた。宿のあるじがニハングだったのだ。それを知ったわたしは、ガトカの手ほどきをしてくれ、としつこく頼みこんだ。

ためらっていたあるじも、やがて承諾した（もちろん、かなりのカネを支払うことになった）。しかし、武術は、

――秘伝である

と、彼はいう。ために、部外者には教えることはできぬ。そこで入門式を行い、かたちだけでも師弟関係を結ばねばならぬ、と。

入門式は、安宿の奥まったところに設けられた、あるじ一家の礼拝室で催された。

礼装した他のニハング数名が列席した。

わたしもターバンを巻き、パンジャービーを着て、シク教徒のすがたをした。

タルワールという反り身の刀が、偶像を持たぬシク教ニハングの御神体だった。花やお菓子や線香が捧げられている。

わたしは、命じられたとおりに刀にぬかずいた。額に冷たい熱がともった。

あるじが、手にしたオイルランプをゆらゆらと振りかざして、宣《せん》した。

「刀は、神の力のシンボルである」

青みがかった刀身に光が撥《は》ねた。インドの鋼《はがね》の特徴である滴《しずく》のような、それが流れるような、無数の星からなる天の川のような紋様が浮かびあがった。

「神は、御みずからの刀で、全世界を創りだした。刀のエネルギーはシャクティと呼ばれる。それは物質を通して顕現するエネルギーである。神と我とは、シャストラ・ヴィディヤー（武術）の実践によって結

ばれる。そのとき——」

と、彼はつづけた。


すべての行為はクリヤー（儀式）となる。

すべての動作はムドラー（ヨーガの姿勢）となる。

すべての思考はディヤーナ（瞑想）となる。

これはシャクティ・ヨーガである。

ヨーガの歓喜と祝福は、マントラによって表現される。


「さあ、ともに唱えなさい。ワーヘー・グルジー、ワーヘー・グルジー、ワーヘー・グルジー……」

「ワーヘー・グルジー、ワーヘー・グルジー、ワーヘー・グルジー」

わたしは唱和した。ここでいうグルジーとは、ニハングの制を定めたシク教十代法主ゴーヴィンド、および彼のしるした『サラーブ・ロー・グラント』『ダシャム・グラント』の二聖典をさす。

「よろしい。これより、そなたはわれわれの家族である。しかし、ここで見たこと、聞いたこと、学んだことは、いっさい他言してはならぬ。さもなくば——」

神とグルジーの呪いが、そなたの身を引き裂くであろう。


いずれの武術でも大同小異である。それを学ぼうとするとき、かならず入門式が行われ、同様の呪いがかけられた。

インド世界に長く身を置けば、呪いを信じる気持ちにも傾く。

しかし、インド南西部ケーララ州の武術カラリパヤットの道場だけはちがった。入門式のおり、

神は　われら二人（師と弟子）を　ともに守りたまえ
神は　われら二人を　ともにはぐくみたまえ
そして　われら二人は　ともに力を生《な》すように
神は　われら二人に　輝かしき学びを与えたまえ
そして　われら二人は　敵対せぬように

という意味の有名なマントラを唱和させられる。が、呪いをかけられることはなかった。インド独立以来、この武術だけは広く一般に公開されてきたのだ。

それに一九八三年、イギリスＢＢＣが放映した「戦士の道　The Way Of The Warrior」というドキュメンタリー番組が拍車をかけた。世界中の武術を紹介するこの番組は、カラリパヤットが現存する世界最古の武術と断定した。くわえて、その様式が、中国、日本、東南アジアに伝えられたのだ、と。いくつかの道場は、カラリパヤット詣《もう》でする欧米人の武術愛好家でにぎわっていた。

そして、数あるインド武術のなかでも、もっとも注目すべきが、このカラリパヤットであった。ＢＢＣがいうとおり、カラリパヤットは、叙事詩の英雄が活躍する数千年前の、ヴェーダ時代の武術のおもかげをいまに伝えていた。それじたいが無形文化財といってよい。カラリ（道場）には、古代の叡智が結晶していた。

しかしわたしは、別のことで呪いを買うことになる。

親しくなった道場生の若者が、自宅に招いてくれた。夕食が終わり、談笑となった。親日家でエンジニ

アの父上が話に加わり、日本のカメラをひとしきり礼讃《らいさん》する。

武術に話題が移った。

若いころはご自分もカラリパヤットの修行をしたという父上が、古文書を持ち出してきた。貝葉《ばいよう》写本、すなわち椰子の葉にしるされた手書きの本である。

「二千年前に書かれた奥義の書だ。うちの先祖にグルッカル（師範）がいてね」

表紙にミミズがのたくったような文字でなにやら刻《こく》されている。ケーララの文字だ。

文字だけはなんとか読める。インド全国では十何種類かの文字が使われている。わたしは初めて入る州では、まず子ども用のイロハ本を買って、文字をおぼえた。いずれも五十前後の字母からなる表音文字だから、記憶するのに大した苦労もない。またそうしないことには、英語の通じないところでは、バスにも乗れないのだ。

「ええと……カ、カルーリカ……プラ……ディーピカ、サンスクリット語だな」

サンスクリットは、日本ではナーガリー文字で書写されるように思われがちだが、ナーガリー文字は北インドに流布する文字である。他の地方では、それぞれの地域の文字でサンスクリットを記述するのが、むしろふつうなのだ。

そして〝カルリカー・プラディーピカー〟とは、「武術道場の灯明」ぐらいの意味である。それがその写本のタイトルであった。

父上が、糸で折本式に綴られた写本を広げてみせる。二千年前といっても、なんども書き写されたものだ。細かい文字が淡褐色した椰子の葉をびっしりと埋めている。線刻されたイラストもある。躍動する人びとの象《すがた》だった。

これぞ探し求めた『ハウ・トゥー・インド拳法』だ。

わたしは一眼レフと接写リングを取り出した。

「だめだっ！」

父上が怒鳴った。その烈《はげ》しい剣幕に、わたしは腰を抜かした。

「驚かせてすまなかった。だが、これをカメラで撮ったりしたら、きみに呪いがふりかかることになる」

「……」

「マントラというものを知っているかね」

「はい、神秘的な呪文《ミスティック・チャーム》です」

「私の考えでは、心をもった言葉のことだ」

「言葉が心を――」

「ふむ、詩や文のようなものも、百年も読みつづけられていると、少しずつ心が生じてくる」

「生きもののように――」

「そう、言葉はそれじたい独自の霊魂《アートマン》をもった生きものなのだ。たとえば、『ラーマーヤナ』や『マハーバーラタ』といった長い長い叙事詩がある――」

叙事詩は、なんらかの理由であまり人には読んでもらいたくない箇所も有している。そのすべてを暗記している吟遊詩人も、呪いがふりかかるとして、その部分はけっして詠唱しようとはしない。

「人間だってそうだろう。大事なところは下帯《カッチャー》を巻いて隠す。もっとも、スッポンポンの行者《バーバ》さんもいるがね」

「はあ」

「その書も、二千年ものあいだ読みつがれてきた。言葉のひとつひとつに戦士たちの血と汗が染みついている。それがアートマンを孕《はら》んだのだ。かれはカメラという安易な手段で撮られることを望んでいない」

「それなら――」わたしはいった。

「書き写すのは、よろしいのでしょうか？」

「書き写す？　きみが、かね」

「はい」

そうして、彼の家に通うことが始まった。毎日、二、三時間ずつ書写する作業に没頭する。その時点では、文は明確な意味を結んでいない。とにかく、文字というより椰子の枯葉に住みついた夥《おびただ》しいミミズの群れを、紙のノートに増殖させた。

二週間かかって、すべてのミミズを写し終えた。イラストも模写した。

「よく、がんばったね」と父上。

「しかし、もし、きみがそれを読めるようになっても、けっして他言してはならないよ。さもなければ——」

カラリの神々の呪いが、きみの身を引き裂くであろう。

それから二十年がすぎた。

『カルーリカー・プラディーピカー』——今後はわかりやすく『虎の巻』とよばせてもらう——は、とっくに訳し終えていた。関連書として、インドで出版されている「ダヌルヴェーダ」文献——古代のヴェーダ武術の根本テキストだ——も、いくつか訳してみた。

もの書きになって、十年がすぎていた。

インド武術のことを書くときは、テレビの紀行番組で武術が紹介されているのを見て、

——ここまで映したのなら、ここまで書いてよかろう

と、自主規制しながらの記述をつづけてきた。

ところがこの数年、インド武術界をとりまく状況ががらりと変わった。これまで秘密主義に徹してきたインドの武術家たちが、積極的に情報公開をするようになったのだ。日本では本書がおそらく最初のここ

ろみになると思うが、欧米ではインド武術本が矢継ぎ早に出版されている。そんなものはインターネットでも手に入るから、いくつか読んでみた。

――え〜っ、ここまで書いちゃっていいの⁉

というのが第一印象だった。『虎の巻』が「他言厳禁」としている㊙情報も平気で書かれている。いったんしゃべり出したら、かれらもインド人である、口が閉まらなくなるのだろう。

原因は、だいいちに武術家たちが食っていけなくなったことにある。

マハーラージャ時代は、すぐれた武術家たちは貴人のボディガードをしたり、王家の若者に武術を指導したりして、物質的にも恵まれた暮らしをしていた（もっともイギリス支配時代、弾圧された伝統武術もけっこうある。カラリパヤットもそのひとつ）。ところがインド独立とともにマハーラージャ制は廃止された。かれらは失職してしまったのだ。

あるマーシャルアーツ専門誌に、元マハーラージャのインタビュー記事が掲載されていた。彼は少年時代の思い出として、

「武術の修行をやらされた。教師はひじょうに尊敬されていた」

と語る。インタビュアーが、

「そのグルの一族はいまなにをなさっていますか？」と訊くと、

「町で日雇い労働をやっている、と噂で聞いた」

そういう時代なのだ。

くわえて最近は、日本のカラテ、中国のクンフー、韓国のテコンドーの道場がどんどんインドに進出している。じぶんたちが秘密主義に徹して、肉体労働で糊口《ここう》をしのいでいるうちに、外国の武術家がインドで荒稼ぎしている。

ために、かれらも情報公開して、インドのエキゾティックな武術を売り物に、外国から入門者をつのる

ようになったのだ。

日本式の段位制度、ブラックベルト制も採りいれているところもある。たいへんオシャレにもなった。むかしはどこもフンドシいっちょで稽古していたが、いまではシルクのカラフルなトランクスとジャケットをつけて、トレーニングするところも多い。

ボクシング・グラブやスーパーセーフ（強化プラスチック製のマスク）をつけて、がんがんスパーリングしている道場もある。インド武術がK‐1のリングに登場する日も、そう遠くはないかもしれない。

そんなわけだから、わたしももう秘密を守る必要がなくなったのだ。しかし――。

ようし、書くぞ、と思っていた矢先、インド学者の上村勝彦《かみむらかつひこ》氏が五十代の若さで亡くなられた（二〇〇三年）。

インド武術ともかかわりが深い『マハーバーラタ』のサンスクリット原典からの訳書を上梓（ちくま学芸文庫）されているさなかでの急逝だった。全十一巻の予定が八巻で止まった。氏は第一巻の「まえがき」でこう述べている。

『マハーバーラタ』の英訳者（Van Buitenen）は、三冊目の訳書を出版したところで亡くなっている。『マハーバーラタ』と並ぶ叙事詩『ラーマーヤナ』を翻訳されていた岩本裕先生は、二冊を出版されただけでこの世を去られた。この種の仕事は寿命をちぢめるものなのかも知れない。

呪いが身に迫る思いをしたことは、いうまでもない。

そこで、本書の執筆にあたって、呪いが焦点を結ばないように、いくつかの防衛をめぐらせた。

○わたしじしんの個人的な経験には触れない。

○固有名詞や道場の所在地は書かない。
○『虎の巻』は随所で特殊なマントラを扱っているが、それには触れない。
○「ですます」調の文体を基調とする。

そして、インドの文書に倣って、最初に、障害《しょうがい》の除去者ガネーシャ神に祈りを捧げる。
――シュリー・ガネーシャーヤ・ナマハ！

本書は二〇〇四年六月、出帆新社より刊行された『ヴェールを脱いだインド武術　甦る根本経典『ダヌルヴェーダ』』に加筆、増補したものです。

増補改訂版　ヴェールを脱いだインド武術◉目次

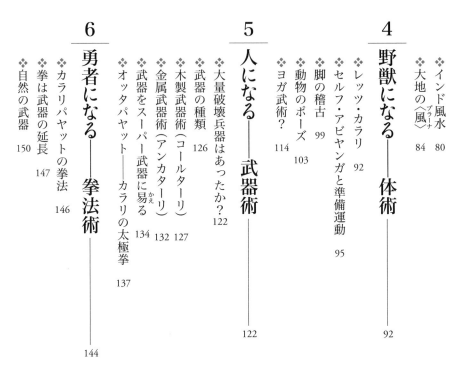

第二篇　カラリの身体

本文イラスト　伊藤　武

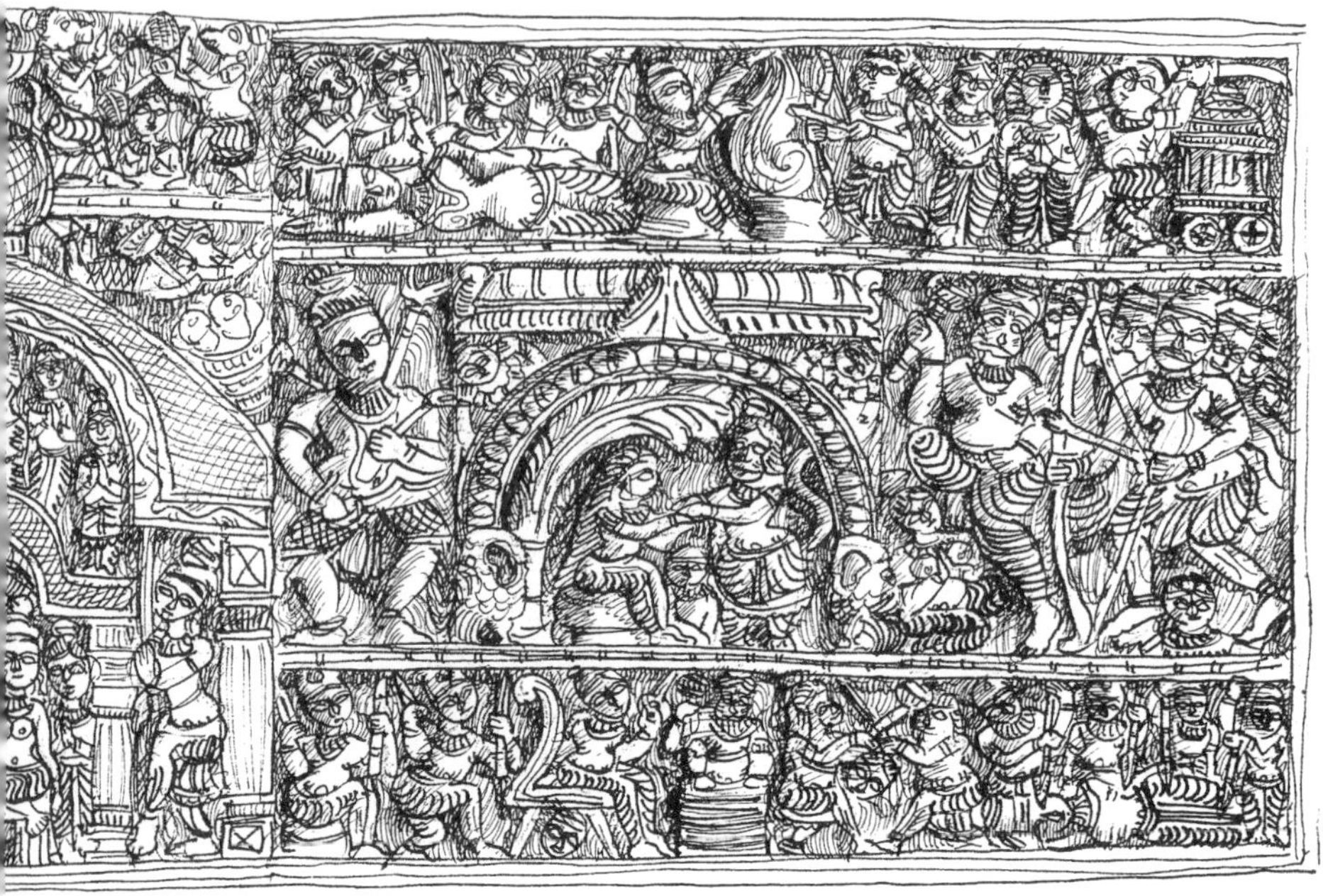

第一篇
カラリの武術

インドのすべての学問・技芸がそうであるように、武術もまた神々に属している。大叙事詩『マハーバーラタ』で活躍する神々や英雄——かれらの用いた武術が、本稿でみるカラリパヤットの始まりだ。もうひとつの叙事詩『ラーマーヤナ』の主人公ラーマ王子も、流派の開祖として、ラージプート族などによって崇拝されている。インドを離れ、タイの武術、ムエタイの開祖も、ラーマ王子なのだ。

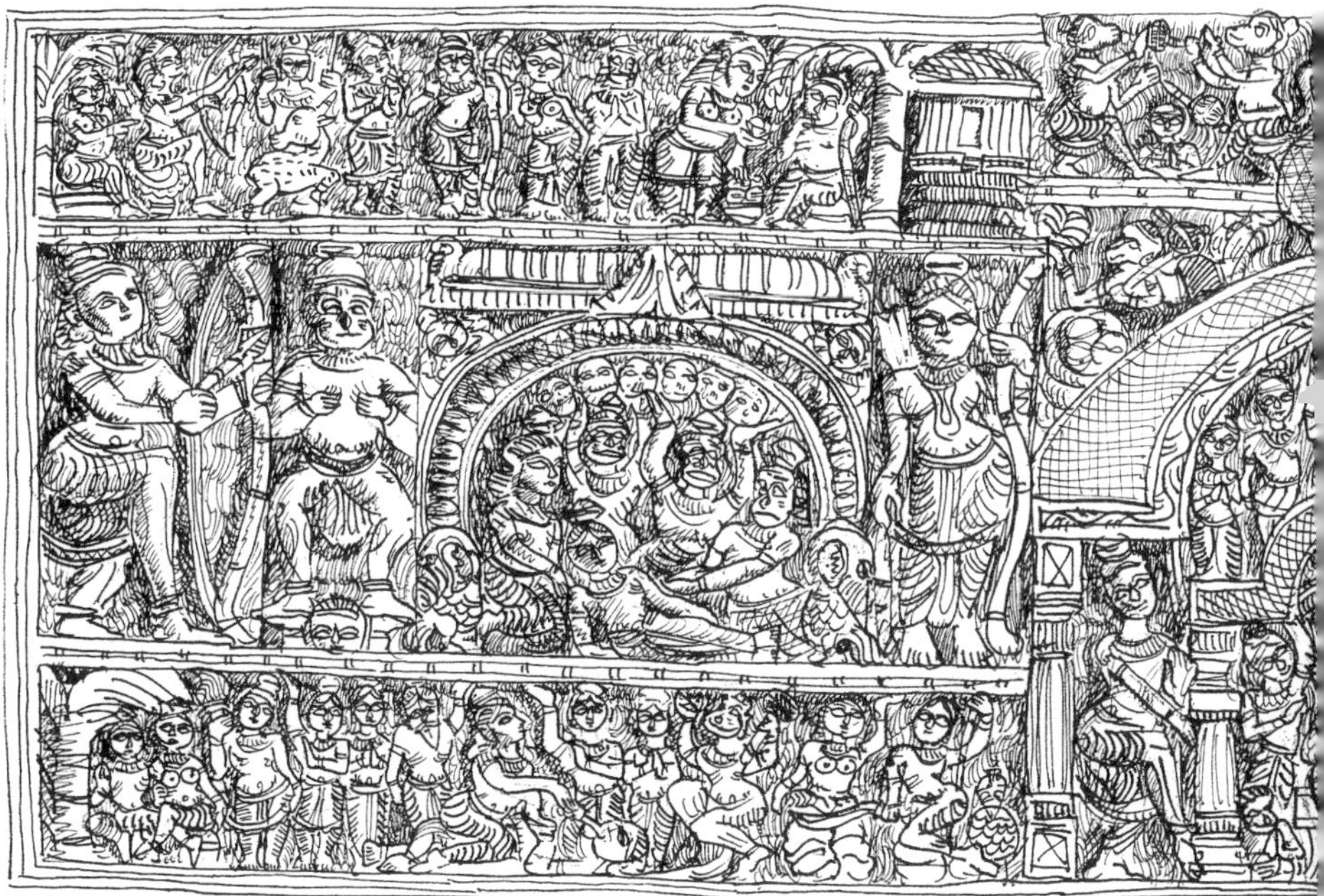

『ラーマーヤナ』木彫パネル模写

1 武術の始まり

『虎の巻』は、神話時代の武術の発生から語り始める。しばらく神話の森をさまよってみましょう。

ヴィーラバドラ

昔むかし、ヒマラヤで――。

シヴァ神とその奥方サティーは、それはそれは仲睦《なかむつ》まじゅう暮らしておられた。どれほど、睦まじいか、って？

アッハン、ウッフンの営みがあまりに激しく、そのおかげで世界が動いている、と云われたほどだ。今日も――。

「アフ、アハ、オ……義父《おやっ》さんが――」

透明になったシヴァの意識に義父、つまりサティーの父で神々の大司祭でもあるダクシャが、聖地（現ハルドワール）で大がかりな祭を準備している光景が映った。

「アヒ、アウ、ホ……ほんとだわ」サティーにも見えた。

祭場にはすべての神々と聖仙、その妻たちが集っていた。しかし、シヴァ夫妻はなにも知らされていない。

ブラフマー（梵天）の人類創造

「お父さま、あたしたちに招待状を出すのを忘れたのよ、きっと」とサティー。

「いや……義父さん、オレを嫌ってるみたいだからな」

かわいい娘をとられた男が婿を憎むのは、世にありがちなことだ。

シヴァは妻から身を外していった。

「おまえだけでも行っておいで。オレは留守番してるから」

「あい」

とサティーは応え、いそいそと出かけていった。が——。


「なにをしに来た？　儂はおまえを呼んだ憶えはないぞ」

祭の主催者ダクシャは、祭場を訪れた娘に冷たく言い放った。そして、

「最低の男だ、おまえの亭主は……」悪しざまに婿を罵りはじめた。

「色が黒い。虎のパンツをはいてる。髪はボサボサの伸び放題。おまけに、毒蛇をネクタイにし、ドクロの茶碗で飯を食っている。手下といったら妖怪ども。野蛮人そのものじゃないか。けがらわしいったらありゃしない」

ダクシャのシヴァの憎悪には、舅のそれだけではない、冥《くら》い妬心《としん》がまざっていた。

彼は、宇宙に意識の種を蒔いた四顔の創造神、梵天《ブラフマー》様の息子である。そして護摩を焚き、犠牲《いけにえ》を捧げる魔術によって、父の創造神から無尽の恩恵をひきだす祭儀宗教の最高権威である。しかし近ごろシヴァが、ヨーガやらタントラやらぬかす妖しげな宗教を始め、ダクシャの権成を脅かしていたのだ。

「あんなやつのこと忘れて、儂のもとに戻っておいで。そして祭の収穫をいっしょに味わおうじゃないか」

父を選ぶか、夫を選ぶか。これも世の女性たちにまま迫られる決断である。

「お、お父さま」彼女の選択は、あまりにもインド的であった。

「あたしはあなたの娘であることが恥ずかしい！　あなたにもらったこのからだは、あたしにとって、もう何の価値もない！」そして、シヴァに祈る。

(待っててね、あたし、あなたのもとに戻っていくわ、別のからだで……)

サティーは護摩壇に飛びこんだ。祭火はいやらしい舌をつきだして彼女のからだを嘗《な》め、むさぼった。

その知らせを聞いたシヴァはぶち切れ、自慢のロングヘアを引きちぎった。怒りは舅ダクシャを、

「殺！」

の一点に向かって収斂《しゅうれん》してゆき、ブラックホールのように爆発した。

彼の怨念は、恐怖の大魔神ヴィーラバドラになって物質化した。魔神は収穫のすべてを貪りつくす飛蝗《いなご》の大群にも似た不吉な暗雲となって、上空から聖地を襲った。

神々の王インドラが、神軍を指揮して応戦した。が、ヴィーラバドラの前では、曙光《しょこう》にかすむ星の光にすぎない。大魔神は、インドラを、地獄の王ヤマを、太陽神スーリヤを、火神アグニを蹴散らした。最高神のひとりにして宇宙の警察ヴィシュヌをすら、一撃で失神させた。

そしてついに、恐怖のあまり四つん這いによろぼうダクシャを捕えた。

「あわわ……お助けを」

そういう大司祭の髻《もとどり》をひっつかんで顎を上げさせるや、首筋に刀を当て、一気に断ち切った。

ダクシャのからだはうつ伏せに頽《くずお》れた。魔神の手に切断された首級《しるし》が残った。その首をサティーを啖《くら》った同じ祭火に、ゴミのように投げ捨てた。

復讐は成った。爽やかな風が聖地をわけた。

Mt. KAILĀSA

ॐ नमः
शिवाय

魔神に打ちのめされ、気を失っていた神々が覚醒した。

梵天様《ブラフマー》があわてふためいて、いった。

「儂の倅《ダクシャ》を生き返らせて、祭を完遂せんことには宇宙の秩序が崩壊してしまう。どうしたもんかのう?」

「シヴァの慈悲を乞うしかなかろう」ヴィシュヌが応えた。

しかし、シヴァとて、いまや正気ではない。黒焦げになったサティーの屍体を抱き、

「ウォー、ウォー」

と、獅子のように慟哭《どうこく》し、天界を彷徨《ほうこう》している。

ヴィシュヌは、彼の武器である円盤を投じた。サティーの屍体は、円盤に切り刻まれ、百八の肉片に分解されて、地上に落ちていった。シヴァの腕のなかから、

(サティーがいなくなった――)

彼は虚しく空をかき抱いていた。そして、ようやく正気づく。

梵天様《ブラフマー》が掌を合わせた。

「どうか倅《せがれ》めを、赦《ゆる》してやってくだされ」

「人を憎めば、それは自分に帰ってくるものだ……」シヴァはいった。

「ダクシャのことは助けてやろう。しかし、やつの頭は燃えてしまった――」

シヴァは祭場に行き、神々に命じた。

「犠牲獣の頭を持ってこい」

犠牲に付された山羊の頭が運ばれてくる。シヴァは外科の神、アシュウィン双神にいった。

「これをダクシャのからだに接ぐのだ」

双子の神はダクシャと山羊の、骨と骨とを、脈管と脈管とを、筋肉を筋肉とを、そして皮膚と皮膚とを注意ぶかく縫い合わせた。シヴァが聖水をかけ、マントラを唱える。

するとダクシャは、深い眠りから目を醒ましたように、ゆっくりと起き上がった。そして、シヴァを見ると、ひざまずき、合掌して頭を下げた。

「私は傲慢で愚かでした。あなたはそんな私を罰した。私はいま謙虚な祭司に立ち戻って、祭を執行する所存でございます」

シヴァはヒマラヤに帰り、ヨーガの深い瞑想のなかに入っていった。

さて、大魔神ヴィーラバドラは、シヴァ神の忿怒のエネルギーが物質化した、ヒンドゥー神話中最強の神格であります。しかしシヴァとて、よほどの怒りがないと、ヴィーラバドラ化することができない。ために彼は、

「ヴィーラバドラの戦いかたに瞑想を凝らし、整理、体系化」して、

「学べば、だれでも使える立派な技術としてのダヌルヴェーダ（武術）を発明した」

とされる。とはいえ、

——天から、バラバラになったサティーの肉片が降りそそぐ。

なんと凄惨なイメージでありましょう。しかし、地上に落下した肉片からは、

「耕地に蒔いた種が芽をふくように、新しい女神が誕生した」

たとえば——。

右足の小指が落ちたベンガルのコルカタからは、カーリー女神が生まれた。

右肘が落ちた中部インドのウッジャインからは、ハラ・シッディー女神が生まれた。

肛門が落ちたネパールのカトマンドゥからは、グヒェーシュワリー女神が生まれた。

性器が落ちたアッサムのガハーティからは、カーマークシー女神が生まれた。

歯が落ちた中部インドのバスタル地方からは、ダンテーシュワリー女神が生まれた。

左の乳房が落ちたタミルのマドゥライからは、ミーナークシー女神が生まれた。


それでは、カラリパヤットの舞台となるケーララには、サティーのどの部分が落ちたのでしょう？

いや、この神話の進行当時、ケーララ州はまだ存在していませんでした。

カラリ神話のつぎのステージ——ヴィシュヌ神の化身、パラシュラーマ仙の登場を待たねばなりません。

しかし、それを語る前に、サティーの霊魂《アートマン》のゆくえもしるしておくべきでしょう。

彼女は、ヒマラヤ神の娘パールワーティーに生まれ変わるのです。そして、再びシヴァと結ばれることになるのですが、それには魔羅《まら》の助けが必要でした。

マーラ

魔羅、正しくはマーラ。インドの言葉である。日本では男のナニをいう。女が欲しくなるのも、抱きしめたくなるのも、舐めまわしたくなるのも、セックスしたくなるのも、みんなこいつ、マーラのせいなのだ。

が、マーラというのは、本来はナニのことではない。カーマ（愛神）の別名で、「死神」のことだ。愛神と死神が同じなのは、生と死は解き難く結びついた円環だからだ。

そして、ダクシャの長兄、すなわち創造神・梵天様の最初の子が、愛神マーラなのである。言葉にこだわれば、カーマのほうは日本でオカマになったともされるが、マーラがナニとされるようになったのも理由がある。

神々の王インドラは弱い。魔族と戦争しても負けてばかりいる。そこで神々は梵天様にお伺いをたてた

ところ、

「ショウグンじゃよ、将軍。新たに将軍を立てるがよろしい。インドラが弱いのは女に目がないからじゃ。一徹者のシヴァ公の倅を将軍にすえれば、連戦連勝間違いなしじゃ」

梵天様は思いつきで言ったが、肝心のことを忘れていた。

「シヴァ神は禁欲に撤しています。どうして子供ができるんですか？」

愛妻サティーを失ったシヴァは、ヒマラヤで孤独な瞑想に耽っていた。

「ヒマラヤ……そうじゃ、ヒマラヤの山の女神パールワティーにヤツを誘惑させるのじゃ」


神々は、パールワティーにシヴァの身のまわりの世話をするよう懇願した。美しく賢く働き者、結婚すれば三国一の嫁さんになること間違いないパールワティーが身近にいれば、きっとシヴァも心を動かされる。前世からの衝動に突き動かされた彼女にも、シヴァと添い遂げたい、という想いがあった。

両者の利害が一致した。しかしパールワティーが甲斐がいしく世話しても、シヴァは内観にとじこもり、眉ひとつ動かさない。

梵天様はシヴァの恋情をかきたてるために、長男のマーラを派遣した。マーラがシヴァが苦行している場所に現われると、突然、樹々は芽吹き花開いた。森の生物はときならぬ恋にめざめた。虎が、象が、狼が、鹿が、山羊が、兎が、鳥たちが、愛の遊戯を繰り広げた。森は動物たちが発するフェロモンで充満した。

シヴァの下半身も反応し、瞑想のなかにピンク色の靄《もや》が這いこんできた。かたわらには魅力的なパールワティーがいる。

（ふ、楽な仕事だ……）

マーラは、弓矢でシヴァの心臓に狙いをつける。射たれると恋に落ちる花の矢だ。

तत्सत
ॐ
नमः शिवाय

が、シヴァは、彼の心を乱した原因を探ろうとして、四方に目を向けた。

(あの樹の陰だ)

とたん、彼の額の第三の眼から怒りの火炎が噴出し、矢を引き絞っているマーラを直撃した。マーラは一瞬にして灰になった。が、彼にも愛神としての意地がある。焼かれると同時に放たれた矢は、シヴァの胸に深々と突き刺さっていた。

傷ついたシヴァは、フラフラと森をさまよい歩き、バラモンとその妻たちが住む里に出た。すると女たちは、シヴァを慕ってぞろぞろとそのあとについて行く。バラモンたちは怒った。

「シヴァのナニよ、地に落ちよ」

バラモンたちの呪咀の塊をぶつけられたシヴァのナニは、熟した果実のようにもげ落ちた。ところがそいつは、出会うものすべてを焼き尽くす猛火となって、大蛇のようにのたうち始めたのだ。バラモンも神々も逃げ回る。これでは世の破滅だ。そこにパールワティーが立ちはだかった。彼女にも女の意地があった。シヴァをモノにできないなら、焼き殺されるほうがましだ。

パールワティーを前にナニはいっそう燃え盛った。そして次の瞬間、ナニは、ブラックホールに吸い込まれる恒星のように、女の胎《はら》に潜り込んでいった。パールワティーは、文字通り身を灼《や》かれる歓喜に失神した。

パールワティーが覚醒したときには、世界には、なにごともなかったような静謐さが戻っていた。しかし、彼女の胎にはシヴァの胤《たね》が宿っていた。後に神軍の将軍、仏教においてはホトケの使いっぱしりにされる「韋駄天走り《いだてん》」の韋駄天(カールティケーヤ)である。シヴァも元の姿に戻っていた。しかし彼も、パールワティーを孕《はら》ませた以上、彼女と結婚せざるを得ない。

そしてまた――

シヴァは、マーラの仕事をも代行させられるはめになった。これも、マーラを殺した以上、いたしかたあるまい。だからインドの寺院には、シヴァが巨大な男根の姿で今日も祀られている。

ガネーシャ

いつの世も、男どもがエラぶっている蔭で、女たちは密《ひそ》かに術を凝らしている。

「誰がきても絶対に通してはなりませんよ」

山の女神パールワティーは、夫の家来の牡牛《ナンディン》に門番を頼み、女の城である台所でエステに励んでいた。ウコン、つまりカレーに使う黄色いスパイスを香油で練ったものを全身に塗りたくってパックするのだ。この方法は、今日のインド女性も盛んに行っている。ニキビ、シミ、むだ毛が消え、全身ツルツルのピカピカになる。

しばらくして夫のシヴァが帰宅。牡牛は、

(親分だけは通さないわけにはいかない)

腹を空かせたシヴァは、台所に向かった。

「いや、見ないで」と水壺を投げつけるパールワティー。亭主といえど、素っ裸でお肌を磨いている姿なんぞ見られたくないのだ。

(ナンディンったら、わたしのいうことなんかちっとも聞かないんだから。そうだ、わたしの家来、わたしの命令しか聞かない息子がいればいいんだわ)

女神はその晩、パックした後の垢と脂をたっぷり吸ったウコンを捏ねて、少年の人形を造った。(まあ、なんてハンサムなんでしょう。それに亭主より強そうだし)

人形に聖水を注いで生命を吹き込み、根棒を持たせて玄関に立たせると、

「誰も入れてはなりませんよ」

翌日、いつものように帰宅したシヴァ。台所で見た妻のお尻が目に焼きついている。ウコンで黄色く染まって、まるで新鮮《ジューシー》な果実のようだ。ムフフ、昨日はイヤがられたが、今日は無理に押し倒して……。ところが、

「入ってはなりませぬ」と少年。

「このクソガキ、オレを誰だと……、イテッ」

少年はシヴァを棍棒で打ち据えた。シヴァは退散し、家来の妖怪たちに、

「あのクソガキをさっさと追っぱらえ」

外の騒ぎにパールワティー。(シヴァはわたしの大切な人、でも暴力で押し入ろうというのは気に食わないわ)、そして、

「誰もいれちゃ駄目よ!」と一声。

家来筆頭のナンディンが得意の相撲《クシティー》の技で襲いかかったが、母の厳命を受けた少年の手痛い一撃。棍棒と鉄槌の二刀流で妖怪をさんざんに打ちのめす。

シヴァ、意地でも玄関を突破して妻を押し倒さないことには気がすまない。しかし、

(ヤツとまともに闘っても勝ち目はないわ)

インド武術の祖たる彼も、少年の強さには脱帽。こうなりゃ、宇宙の秘密警察、策士ヴィシュヌに助けを要請するしかない。

「陸空から揺さぶってやればいいんだな」

と、自信たっぷりのヴィシュヌ。彼は神鳥ガルダに乗って、シヴァと対峙《たいじ》する少年を空から牽制《けんせい》した。

少年は鉄鎚を投げつける。それを払うヴィシュヌ。シヴァは背後から襲いかかろうとしたが、少年はブー

メランのように戻ってきた鉄鎚をはっしと摑むや、振り返りざまにシヴァの三叉戟《さんさげき》を打ち落とす。シヴァは弓に持ち替えたが、少年はすばやくステップインして弓をへし折ると、足払いをかけてシヴァを転がした。

その頭蓋を砕こうと振りかぶった少年の鉄槌を、背後から投じたヴィシュヌの円盤が両断した。少年は鉄槌の握りをヴィシュヌに投げつけた。ガルダ鳥がそれをくわえる。空からひらりと舞い降りたヴィシュヌに少年は突進。その背後でシヴァが三叉戟を拾って投げた。

戟はついに少年の首を刎《は》ね飛ばした。

「よってたかってわたしの可愛い息子を――」

パールワティーはヒステリーを起こした。怒りが凝り固まって物質化し、真っ黒で凶悪な女神となって天空を覆い尽くす。シヴァもヴィシュヌも今度ばかりは恐慌に襲われた。

「あ、姐《あね》さんを、な、宥めるには、ガ、ガキを生き返らせるしか、な、ないんだなー」

「で、でも、ガキの首が見つからないぞ」

「ウ～ム、あ、あっちに向かって歩いてだな、最初に出会った生き物の頭を死体に繋ぐ。こ、これしかないんだなー」

彼らが最初に出会った生き物とは、なんと幻覚キノコ（ソーマ）を食らってラリッている象であった。ヴィシュヌが円盤を投じてその頭を切り離し、少年の死体に繋いで生き返らせる。

甦った息子を見たパールワティー、

「プッ、なによ、そのヘンな顔」

「パオーッ、ヘンな顔とは殺生やおまへんか」少年は、象の鼻を猛《たけ》り狂った男のナニのようにもたげて抗議した。

「そんなことより、夫婦なかようやらなあきまへんがな」

そのニタリ顔につられ、シヴァとパールワティーが仲直りしたことはいうまでもない。

この象頭の少年、ガネーシャといって、知恵と商売繁盛の神としてひろく崇拝されていることは、インド好きの読者であればご存知のはず。のちにシヴァ武術に欠けていたものを補い、カラリパヤットを完成に導きます。

また、パールワティーの忿怒相カーリー（バドラカーリー）は、ヒンドゥー神話ではしばしばシヴァの忿怒相ヴィーラバドラとタッグを組んで活躍しています。

そしてカラリ神話は、シヴァの最強武術が、いかにしてケーララにもたらされたかを語り継いでいきます。

パラシュラーマ

昔むかし、ヒマラヤで――。

シヴァ神とその奥方パールワティーは、それはそれは仲睦まじゅう暮らしておられた。今日も――。

「アフ、アハ、ウ……うるさいっ！」

透明になったシヴァの意識に、何者かの、

（我、シヴァ神に帰命いたします《オーン・ナマハ・シヴァーヤ》。我、シヴァ神に……）

と、執拗に自分の名を呼ぶ声がしのびこんできたのだ。

「アヒ、アウ、ホ……ほんとだわ」パールワティーにも聞こえてきた。

「うるさいったら、ありゃしない。ったく、ムードぶち壊しなんだから」

「ま、そーいうな。こう見えても、オレは――」シヴァは妻から身を外していった。

「最高神だからな。信者の希《ねが》いも叶えてやらにぁ〜ならん。ちょっくら見てくらぁ」

と、うざい声の発信源を探すと、むさい形《なり》をした行者が泥をこねくってシヴァの男根《リンガ》をつくり、それに向かって祈願しているではないか。シヴァが姿を見せると、

「おお、シヴァ神よ。私はラーマと申します」

「そちの願いは何か？」

「あなたの最強武術を、われに授けたまえ」

「よかろう」

シヴァはラーマを特訓した。彼は海綿《かいめん》のようにシヴァの武術を吸収した。

修行が完成すると、シヴァは免許皆伝のしるしとして戦斧《パラシュ》を与えた。以後、この行者は〝パラシュラーマ〟（斧を持ったラーマ）と呼ばれることになる。


パラシュラーマの父ジャマダグニは、森に住むバラモンであった。

森に狩りに来ていたハイハヤ族の王カールタヴィーリヤとその息子たちが、彼の庵を訪ねた。

「喉が渇いた。なにかいただけまいか？」

と王。彼は肩から千本の手を生やしている。まるで神のようだ。

「これを飲まれよ」と仙人はラッシーを与えた。

「ごくごくごく、これはうまい。腹も減った。なにかいただけまいか？」

「これを食されよ」醍醐《ギー》やチーズをたっぷり使った料理も与えた。

「ぱくぱくぱく、これもうまい。しかし、お宅、見かけによらずカネモチですな」

インドでは、昔も今も、乳製品は高価である。

「いや、なに、こいつのおかげじゃ」仙人はそばでくつろいでいる牝牛を指した。

「乳をいくらでも出してくれる。おかげで護摩の供物にも事欠かない」

「ほほう」

それを聞いた王は牝牛を武力で略奪した。神のようにみえる彼は、じつは悪魔に魂を売って、千本の腕と無敵の力を得た極悪非道の暴君であった。

そこにパラシュラーマが帰ってきた。父が泣いていった。

「王が……王が儂の大切な牛を奪ったんじゃ」

「ちょっくら、取りかえしてきます」

パラシュラーマは城に突撃した。近衛兵を叩きのめして、王の居室に入る。

「牛を返せ！」

「やだ！」王は拒絶した。

こうなれば、力ずくとなる。じつは、これぞ梵天様の思いえがいたシナリオであった。

話はインドラとカールタヴィーリヤの因縁に遡る。

神々の王インドラは弱い。魔族どころか人間の王カールタヴィーリヤにも敗れて、天界の玉座から放逐された。そこで神々が梵天様にお伺いをたてたところ、

「バラモンじゃよ、婆羅門。対手《あいて》が人間の刹帝利《クシャトリヤ》であれば、おなじ人間のバラモンに退治させるのがスジってものだろう」

梵天様は思いつきで言ったが、肝心のことを忘れていた。

「クシャトリヤは人間のなかでいちばん強い種族ですぞ。武術の〈ぶ〉の字も知らないバラモンが、どうしたらクシャトリヤに勝てるというのですか？」

「武術……そうじゃ、バラモンにシヴァ公の武術を学ばせるのじゃ」

「そんなバラモンがどこにいます？」

梵天様はヴィシュヌの顔をちらと見やった。

そうしてヴィシュヌは、ジャマダグニの子として地上に生を享《う》けたのであった。

カールタヴィーリヤも強い。タフな闘いとなった。が、最後に首を刎ねた。

ラーマは牛を抱いて父のもとに戻った。

「おまえは、儂の誇りだ」父は牝牛に頬をすりよせた。

「いや、なに、それほどでも」パラシュラーマは照れ笑いし、

「ちょっくら、薪《たきぎ》でも取ってきます」

が、しばらくして、ギャー、という断末魔の悲鳴。

庵に戻ったパラシュラーマが見たのは、無数の矢を受けて横たわる父の亡骸であった。王の息子たちの仕業であった。

「お〜の〜れ〜」パラシュラーマは慟哭《どうこく》した。

「これが人民を守るべきクシャトリヤ（王族）のやることか！　やつらに生きている資格はない」

ラーマは、この世から傲慢なクシャトリヤを根こそぎにすることを誓った。

一人軍隊となってハイハヤ族の都城に攻め入った。ハイハヤ族は強大な軍隊と無尽の武器を有していたが、彼の敵ではなかった。すぐにパラシュラーマは大軍を滅ぼし、カールタヴィーリヤの息子たちを殺した。

戦斧を手に王国から王国へと駆けめぐり、目にするすべてのクシャトリヤを殺した。二十一の王国が滅ぼされ、二十一人の王がパラシュラーマの戦斧の餌食になった。

みずからの帝国を築くつもりのないパラシュラーマは、主人をなくした土地と財物を他のバラモンたちに分与した。

ひとりのバラモンの苦行者が、パラシュラーマのもとにやってきた。

「私はドローナと申します。財物を望んでここに来ました」

「いまごろノコノコやって来ても遅いわ」ラーマはいった。

「儂は、あるものすべてをバラモンに与えた。いま残っているのは、武術の腕前くらいだ」

「それを与えてください」

「承知した」とラーマは彼に武術のすべてを伝授した。


その後パラシュラーマは、サティー大女神の右の乳房が落ちたマラヤ山（西ガーツ山脈）に入り、永き苦行に耽った。そして開悟なったるとき、愛用の戦斧を西のアラビア海に投じた。すると、海水は戦斧の落ちたところまで引いていった。こうして現れた陸地が〈椰子の国《ケーラ・ラ》〉である……。

ĪŚANA（シヴァ）

2 ヴェーダの武術

……そうしてできたケーララに、
聖仙パラシュラーマは百八の守護神像を運んできた。
それから敵を打ち負かすために、四十二のカルーリカ（武術道場）を設置した。
各カルーリカには礼拝《プージャー》を担当するバラモンを連れてきた。
そして聖仙は、シャナカをはじめとする二十一人の高弟たちに、
いかにして敵を滅ぼすかを教えた。

カラリパヤットの始まり

これがカラリパヤットの始まりである、と『虎の巻』は語ります。

有名なインド叙事詩『マハーバーラタ』では、パラシュラーマ仙がドローナに武術を伝え、ドローナはバーラタ族のカウラヴァ百王子とパーンダヴァ五王子に伝えた、とあるので、

——カラリパヤットは、『マハーバーラタ』の英雄が用いた武術と同系だということになる。そして、これこそが神話のいわんとするところなのです。物語に耳を澄ますと、

もう一つの叙事詩『ラーマーヤナ』からのシーン
（拙著『ラーマが行く』より）

「ケーララがインドの片隅にあるからって、舐めんじゃねえ。カラリパヤットは、そんじょそこいらの田舎武術とはちゃうでえ。かのシヴァ大神の一番弟子、パラシュラーマ仙直伝の正統中の正統よ」

という『虎の巻』の著者の肉声までが聞こえてきそうだ。

したがって、『虎の巻』には『マハーバーラタ』を踏まえた表現がいくつも出てくる。

『マハーバーラタ』には邦訳がいくつか出ているからそれを読んでいただくとして、冒頭の神話とじっさいの歴史とのすり合わせをしておきましょう。

バラモンのケーララ伝来

パラシュラーマ仙がアラビア海に愛用の戦斧を、エイッ、とほうり投げた。と、斧が落ちたところまで海水が引いてゆき、ケーララの大地が現れた。聖仙はその地にバラモンを移住させ、武術をしこんだ――。

ケーララが太古海底にあった、とは現在の地質学者もいっております。

しかしその海から生まれた土地には、バラモンがやってくる以前から多くの民族が住みついていた。

アウストロアジア系の山の民《マラヤン》
ドラヴィダ系のナイル族
仏教徒やジャイナ教徒
ユダヤ教徒
キリスト教徒
などなど。

後二者は、西方の宗教弾圧を逃れてきた人たちとも、香料《スパイス》貿易にたずさわった商人の子孫ともいわれている。そう、海から生まれたケーララは、コショウの生まれた土地でもあり、ショウガやターメリック、カルダモンなどのスパイスの一大産地として、三千年も前から西方に知れわたっていたのです。

そのケーララにバラモンが移住するのは、三蔵法師（玄奘）が天竺にお経を取りにいく『西遊記』が現実として進行中だった七世紀のことです。

かれらはもともとは、インド西北部に住んでいた。それが、なぜケーララにまでやってきたのか？

四世紀なかごろ、ペルシア系の白フン族が中央アジアにエフタル帝国を建てた。

五世紀なかごろ、その一支族フーナが、カシュガルとガンダーラを結ぶ峻険《しゅんけん》なカラコルムの隘路《あいろ》を通って、インドに侵入してきた。

当時《とき》の北インドは、グプタ帝国の全盛期。『マハーバーラタ』や『ラーマーヤナ』、『ヨーガ・スートラ』などの現形が成立したのもこのころです。軍事面でも充実していた。白フン族のフーナなんぞ吽《フン》、とばかり蹴散らした。

が、砂漠の民はしつっこい。まるで秋の収穫にとりつくイナゴの大群だ。屍の上に屍を重ねながら、殺《や》られても殺られても押し寄せてくる。

そんな秋《とき》がえんえんと百年もつづけば、さすがのグプタ帝国も音《ね》を上げる。屋台骨が大きくゆらぎはじめた老帝国を尻目に、フーナはデリーあたりに足場を築いていく。

五二八年、かれらとインド王侯の連合軍とのあいだで、天下分けめの決戦が行われます。インド軍が勝利した。と、フーナ族は、こんにちのラージャスターン、グジャラート方面に遁走《とんそう》し、そこで勢力を伸ばしてゆく。

結果、その地に住んでいたバラモンたちが、トコロテン式に押し出され、西海岸を南下し、とうとうインド亜大陸のどん詰まり、ケーララにたどり着くのでありました。神話のパラシュラーマ仙には、そんなバラモン集団のリーダーのすがたが反映されている、とみてよいでしょう(図1、図2)。

当時ケーララは、この地方一帯の主権者であったナイル族の小王国が割拠する戦国時代でした。そのうちバラモン集団と結んだペルマール王家が、バラモンの神秘的なパワーに助けられて、八〇〇年頃、ケーララを統一する(第二次チェーラ王国)。

王国はバラモンを保護し、お寺を寄進した。

バラモンはお寺の境内に〝サライ〟という学校を建てて、子弟を教育した。サライのようすは、当時ケーララを旅したジャイナ教徒ウディヨータンスリーの『クヴァラヤ・マーラー(青蓮の花環)』にしるされています。

王都に入ると、大きなヒンドゥー寺院があった。

「あの寺はどんな神を祀っているのですか?」私は通行人に訊いた。

「ありゃ寺じゃない」と彼は応えた。

「チャッタ(バラモン小僧)たちの僧院じゃよ」

僧院に入った私は、いろいろな国――ラタ・カルナータ、ダッカ、シュリーカーンタ、サインダヴァなどの国々からやって来た若者たちを見た。

かれらは、学問を修め、弓術、刀と盾の戦闘、短剣、棒、槍、拳法の稽古をしていた。

また幾人かは絵画を、歌唱を、楽器を、演劇を、舞踊を学んでいた。

かれらは、大ヴィンディヤ山の象のように興奮しているように思われた。

ヴェーダ儀礼やさまざまな学問とならび、武術がバラモン子弟の学ぶべき必須課目であったことがわかります。

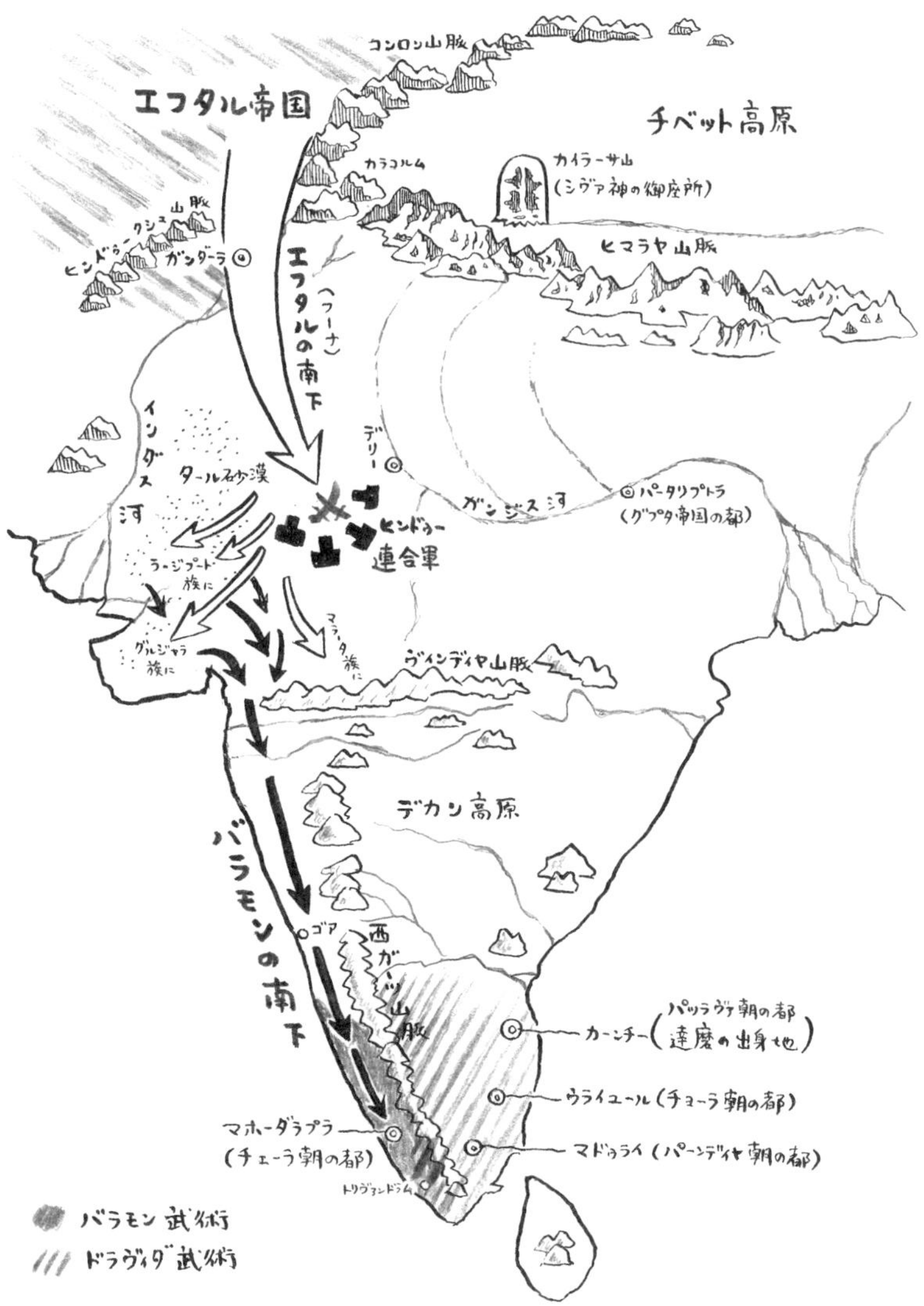

図1　バラモンの南下

古代インドの軍学（ダヌルヴェーダ）、医学（アーユルヴェーダ）をもとに、ヨーガの影響を受けて成立した武術がカラリパヤットだ。南北インドの戦闘スタイルをフュージョンし、仏教の伝統をもひきついでいる。そしてケーララでは、今日なお、バラモン的な北派カラリ（ワダッカン）とドラヴィダ的な南派カラリ（テッカン）がしのぎを削っている。

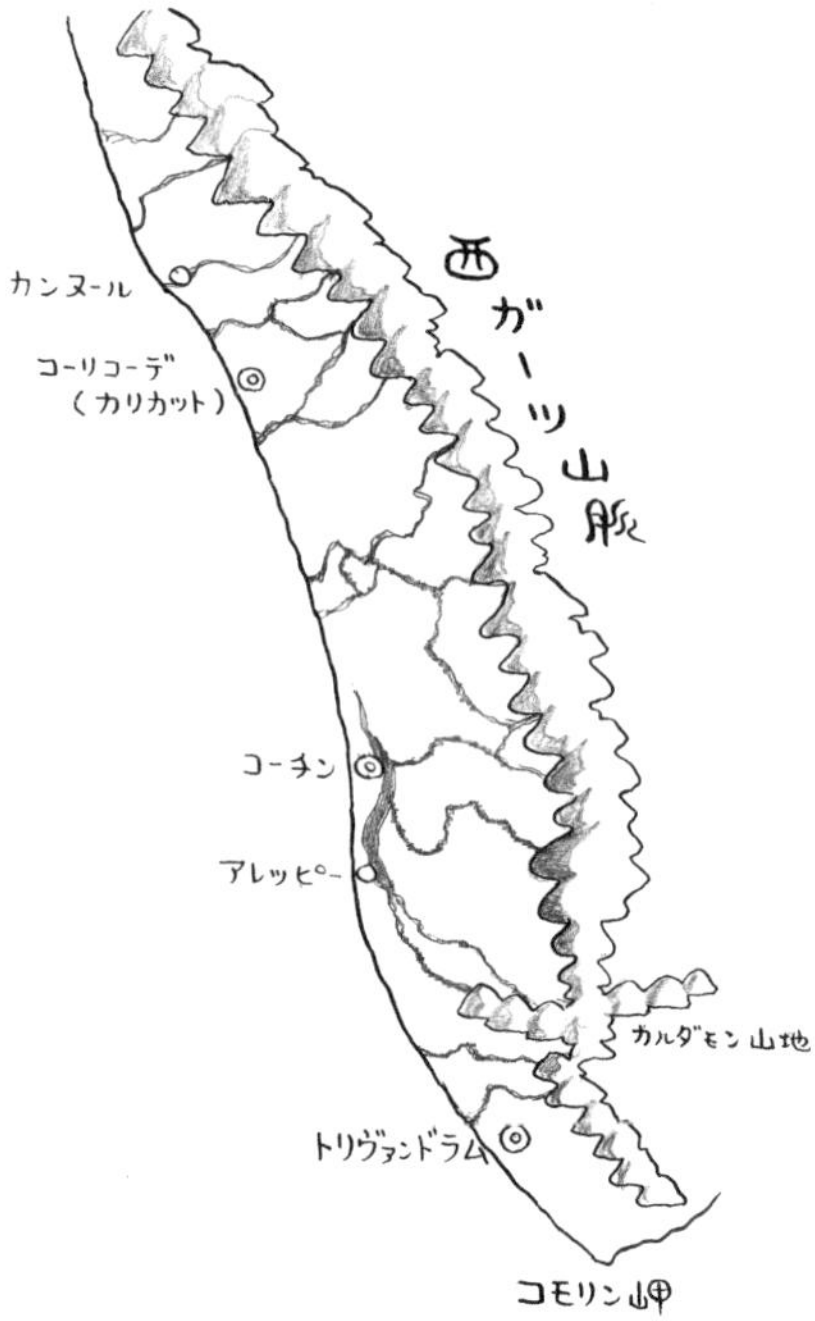

図2　ケーララ地図

それでは、バラモンの武術とは、いったいどのようなものだったのでしょうか？
「ダヌルヴェーダ」文献から、その一端をうかがい知ることができます。

インド武術の根本経典

〝ダヌルヴェーダ〟とは「弓の科学」の意。弓は、古くは洋の東西を問わず、合戦の場の表道具でした。ために、「弓の科学」で武術全般の謂いとなる。わが国でも、武術を「弓箭《きゅうせん》の道」といい、また武士のことを「弓取り」ともよびました。

とまれ、武術は古代のバラモンたちにとっても研究に値する学問の対象であり、ダヌルヴェーダは、アーユルヴェーダ（医学）

ガーンダルワヴェーダ（歌舞学）
スタパティヤヴェーダ（建築学）

とともに〝ウパヴェーダ〟、いわゆる「ヴェーダの科学」の一翼を担うことになるのです。

ダヌルヴェーダ論典《シャーストラ》としてよく知られるものに、

『アグニ・プラーナ』の「ダヌルヴェーダ篇」

『ダヌルヴェーダ本集《サンヒター》』


の二作品があります。いずれもシヴァ神の語る武術の要諦《ようてい》を、『マハーバーラタ』の編者であるヴィヤーサ仙が聞き取り、さらにそれを両論典の著者が編集した、という体裁をなしている。

より古いとされる前者の内容をざっと眺めてみると――。

■主題
『アグニ・プラーナ』の「ダヌルヴェーダ」は四つの章からなり、主題を列記することから始まる。

戦士のための「五つの訓練部門」、すなわち、

①戦車術
②象術
③馬術
④歩兵（刀剣や薙刀）術

⑤素手の戦闘（拳法）術

「五種の武器」を学ぶこと、すなわち、
①器械によって発射される《ヤントラ・ムクタ》武器（弓矢、投石器など）
②手で投擲される《パニ・ムクタ》武器（投げ、円盤など）
③投げられるが、なお手にとどまる《ムクタ・サンダリタ》武器（投げ縄など）
④常に手にある《アムクタ》武器（刀剣、短剣など）
⑤手そのもの（素手）（二章1〜5偈）

これが教示されるのは、

兵士としてダヌルヴェーダの技術と戦術を学び、訓練すべきバラモンかクシャトリヤのいずれかである。なぜなら、かれらは素姓のよき者であるからだ。いっぽう、シュードラも正規の訓練と稽古によって戦争の技術に熟練し、おおよそは修得することができる。それゆえ、かれら雑婚カーストの者たちも、やむを得ず徴兵されることがある。（6〜8偈）

テキストの論述は、高貴な武器（弓と矢）に始まり、訓練と稽古に移っていく。そして、

──弓術における十とおりの基礎的な下半身の構え
──教師に敬意を表するときの特殊な姿勢
の一々に名前をつけながら（9～19偈）、
──いかにして構えをつくり、弦を引き、的に狙いをつけるべきか
を教示し、
──弓と矢の種類
を説明する。（20～29偈）

■弓術の心得

二章では、まず、バラモンによる武器の浄化儀礼を詳述し、それから弓の他の武器に対する優位と、弓術を修得することの難しさを述べる。（1偈）

また、この章の最初の七偈《げ》では、本書に盛られたたくさんの「偈」のうちのいくつかを前もってとりあげながらダヌルヴェーダの理想をほのめかし、武術修行者が達成すべき裡《うち》なる成就を述べる。

すなわち、弓術の心得とは──。

①第一に「腰の防御」と、「意識の集中」。

②そして、えびらの矢を執る。「雑念を排除」し、弓に矢をつがえる。

③「それらの手順に習熟」したのち、「意識を的に定着させ」て離《う》つ。

と、弓術の精神的身体的な土台となる足構え《スターナ》（下半身の構え）から、拳構え《ムシュティ》（矢つがえ）、弓引き《ヴィヤーヤ》（打ち起こし）、発射《モークシャ》（離《はな》れ）にいたる稽古の体系が明らかにされる。このとき、不可欠な要素となるのが、

——勁《つよ》い精神集中

である。これは、もちろん他の武術においても同様だ。とまれ、弓術の上達は、「心身一如」が前提となる。

心身を一にして——。
矢を前後左右に離《う》ち分ける。
真上に離《はな》つ。
馬上から離つ。
はるか遠方に離つ。
さらに回転しているもの、動いているもの、
他のものに付着しているものめがけて離つ。（二章13～19節）

■カルマ・ヨーガ

弓士が獲得すべき能力を述べるこの章は、つぎの「偈」で要約される。

これらの道のすべてと、[弓術と連携した]カルマ・ヨーガを学び、おのれの精神、目、意志をもってこの行為の道を歩む者は、死神(ヤマ)をすら征服するであろう。

「死神を征服する」とは「自我を陶冶する」こと。すなわち、戦闘において命を落とすこともわきまえて、すべての障害(肉体、精神、感情)に打ち勝つことである。

しかし、この第二章の「結偈《けつげ》」は、弓士の修練と獲得すべき能力について、完全に言い表わしているわけではない。第三章の最初の「偈」は、弓士の修練のさらに高い段階について述べる。

身体、精神、意志の制御を修得し、実修の目標を成就する。
[これを通して]次は、その後、乗り物(馬、象、戦車)に騎しての実修を成就(シッディ)するであろう。

三章の残りと四章のほとんどは、弓術の要約と、拳法、投げ縄、刀、甲冑、手裏剣、鎚矛《ガダー》、戦斧、円盤《チャクラ》、三叉戟《トリシューラ》などの多種多様な武器の術と用法について頁を割いている。たとえば、投げ縄《パーシャ》は十腕尺《ハスタ》の長さがあり、両端は輪になっている。この武器の本体はロープからできている。

投げ縄術には十一の型がある。投げ縄は常に右手で投げられる。

刀《アシ》は左腰に吊すべきである。左手で鞘《さや》を握り、右手で抜刀する。
刀術には三十二の型がある。

この文献の終わり近くにあるいくつかの「偈」は、戦略と軍象と兵士の多様な用法について説明している。

そして最後に、よく訓練された戦士はいかにして戦場におもむくべきかを説く。

［グルに与えられた］マントラによって、
おのれの武器と三界に祝福されたこのシヴァ神のシャーストラを礼拝したのち、
戦争におもむく者は、敵を征服し、世界を守護するであろう。

ダヌルヴェーダの実修のパラダイムは、次のように要約される。

武術修行者は、高度に開発されたこの実修体系を通して、
課せられた義務（ダルマ）である戦闘技術の獲得に成功する。

おおよその内容はおわかりになったかと思いますが、
兵士としてダヌルヴェーダの技術と戦術を学び、訓練されるのは、

素姓よきバラモンかクシャトリヤのいずれかである。

という一文から、ダヌルヴェーダ文献は第一に、軍事訓練のためのマニュアルであるということがうかがえる。ところで、

「バラモンって、お坊さんでしょう。武術なんてやるの？」

という疑問を呈する方もおいででしょう。有名な『マヌ法典』にも「バラモンは武器を持ってはいけない」とある。

が、神話の戦うバラモン、パラシュラーマはいうにおよばず、『マハーバーラタ』の武術師範《アーユダ・ヴィディヤー・グル》ドローナがバラモンであったことからもわかるように、古代のバラモンは戦士でもあったのです。

じっさいの歴史としても、アレクサンドロス大王がインドに攻めいったとき、クシャトリヤ正規軍はいちはやく降伏したが、民間人のレジスタンスを組織してゲリラ戦で徹底抗戦し、最終的にアレクサンドロスを追っぱらったのはバラモンでした。

そのため多くのバラモンが見境なくギリシア兵に殺され、屍体はトビやハゲワシに突つかせるため、路《ろ》傍《ぼう》に晒された、とギリシア側の記録にあります。

ともあれ、ヴェーダ（科学）を名のるだけあって、その説きかたは理路整然として合理的、数学的ですらある。

そして、弓術の原理を敷衍《ふえん》して、他の武術に応用させてゆく。

こんにちのスポーツ化したアーチェリーや弓道から、刀法や拳法を想像することは困難かもしれません。しかし、ダヌルヴェーダのそれは、象や戦車、馬に乗り、あるいは徒《かち》で走りまわり、敵の攻撃をかわしながら矢を射るダイナミックな戦場の弓術です。

そこに記された足構えや歩法（フットワーク）と同じものは、たしかにカラリパヤットにも見ることができます（図3）。
そして――。

金剛拳（ヴァジュラムシュティ）

これらの道のすべてと、［弓術と連携した］カルマ・ヨーガを学び、おのれの精神、目、意志をもってこの行為の道を歩む者は、死神（ヤマ）をすら征服するであろう。

という一文が、のちのインド武術にとって、ひじょうに重要になってくる。
インドでは極度の精神集中が要求される弓術の修行は、ウパニシャッドの時代から、ヨーガと結びつけて考えられていました。たとえば『ムンダカ・ウパニシャッド』（Ⅱ－二－4）は、

魂は矢、聖音オーンは弓、梵は矢の的、断じて射当てよ。

と、聖なるマントラ〝オーン〟を弓に、〝アートマン（魂）〟を矢に、〝ブラフマン（梵）〟を的に喩えています。弓術は精神集中のシンボルであり、的はヨーガの究極の目標。それに向かって矢を離《はな》つことは、解脱《げだつ》を象徴する。サンスクリットでは「矢を射る」ことも「解脱する」ことも、同じ〝モークシャ〟の語であらわします。
また『マハーバーラタ』に含められ、ヒンドゥー教のバイブルといわれる『バガヴァッド・ギーター』

の第一章には、パーンダヴァの勇士アルジュナが、同族が殺しあわねばならない戦争の開始にあたって、ためらい、苦しみ、愛弓を手放す光景が描き出されている。このすがたは、ヨーガ行者が自己制御と集中をうしなったことを象徴的に表現するものです。

そうして武術は、たんなる殺戮の技にあらず、自己の深化に焦点を当てた、

——身体祈願の法

となっていきました。この法は、弓を引くときのもっとも堅固な拳構え《ムシュティ》にちなみ、〝ヴァジュラムシュティ〟（金剛拳《こんごうけん》：図4）と呼ばれています。

ケーララ・バラモンの怨敵、フーナ族のゆくえについても触れておきましょう。

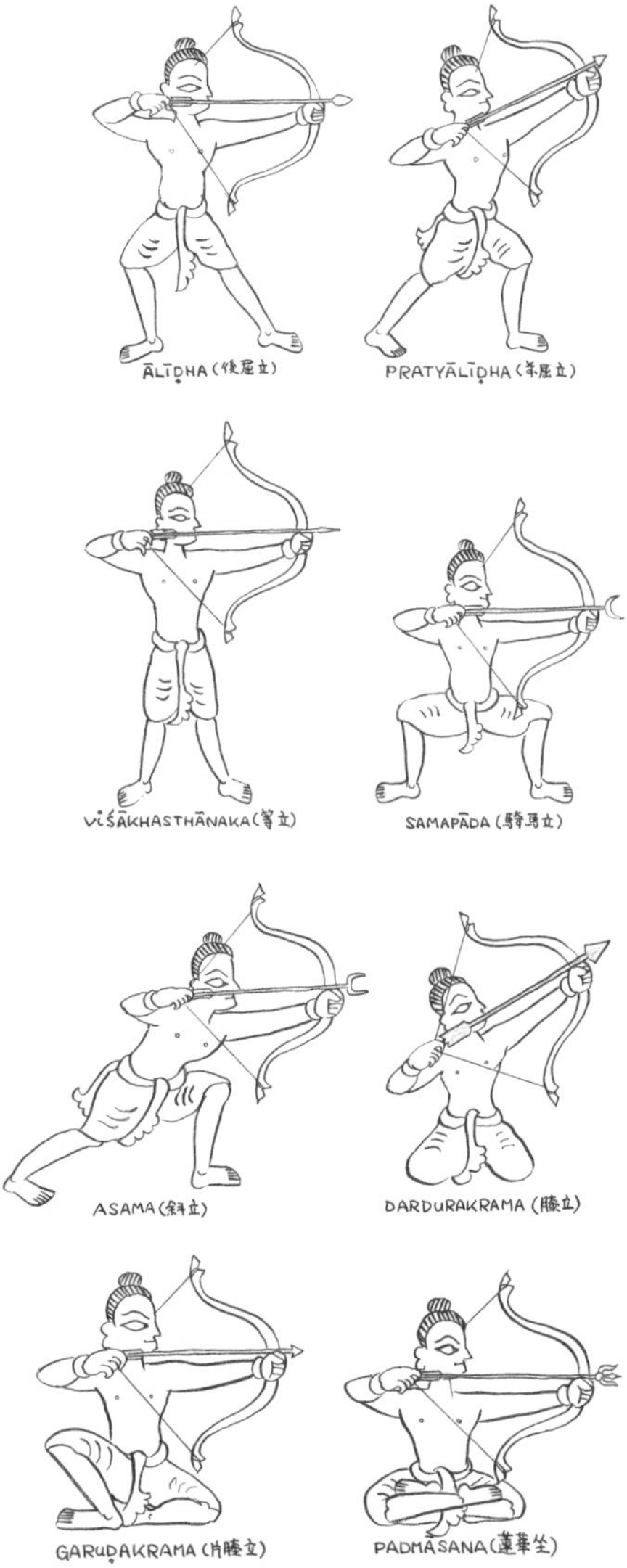

図3　ヴェーダ弓術の足構え

足場の状況や標的との距離、敵の動き、命中精度などに応じて、足構えを選択する。同じ足構えが、他の武器術や拳法にも用いられる。

図4　金剛拳

親指で弦を引き（このとき親指を傷めないように、親指環を用いる）、人さし指でロックする拳構え。「“ヴァジュラムシュティ”として知られるこの［もっとも堅固な］拳構えは、ナーラーチャ（鉄矢）を射るさいに用いる」（ダヌルヴェーダ本集85）
拳の堅固が身口意の堅固に転じたのが、密教の智拳印《ちけんいん》（ボーディヤグリー・ムドラー）。左手の金剛拳から出した人差し指を、右手の金剛拳で包む。金剛界大日如来がこの印を結ぶ。

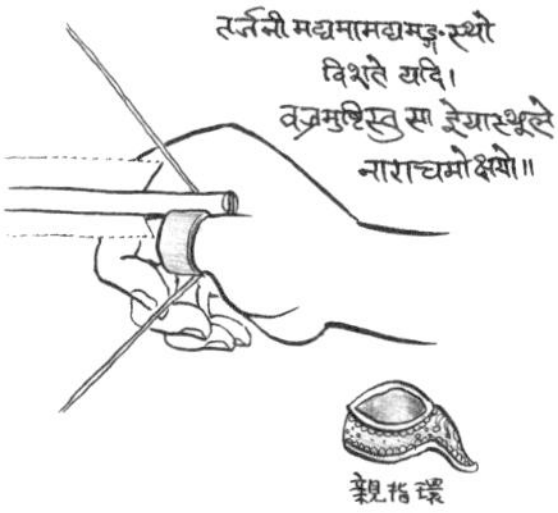

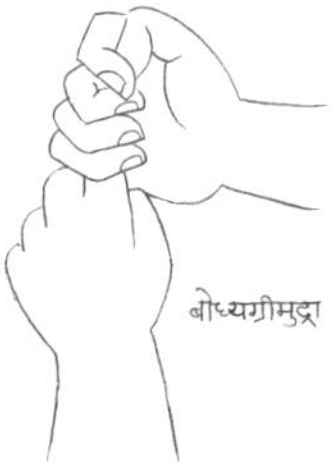

かれらは西北インドや中央インドで地方勢力として残存し、やがて完全にインド化してラージプート族などに吸収されていきます。ヒンドゥーの一員となったかれらは、みずからの武術を〝シャストラ・ヴィディヤー〟と呼ぶようになりました。「武器の科学」の意味だが、ダヌルヴェーダの同義語でもあります。さらに時代が下った十七世紀、ラージプートの王からこれを学んだシク教十代法主ゴーヴィンド・シンは、歴代法主の教えにダヌルヴェーダの科学的な武術とヴァジュラムシュティの身体祈願の法を加味して、シク教の基礎をつくり上げるのです。

3 むき出しの子宮

カルーリカ（道場）は、スタパティヤヴェーダ（建築学）の儀軌《ぎき》にしたがって繭《まゆ》のごとく構築し、ヴィーラバドラ、スブラフマニヤ、サラスワティー、バドラカーリー、ローカパーラ、マハーヴィイシュヌ、ヴァイシュラーヴァナ、ガンガー、シャニ、パラシュラーマ、シャナカをはじめとする二十一人の祖師たち、ヴァナドゥルガー、マハーガナパティ、ドゥルガー、ハヌマーン、ガルダらの守護神を召喚すべし。

ニルリティ（南東の位置）には祭壇を建立して、大女神《マハーシャクティ》と大自在神《マヘーシュワラ》（シヴァ）の依代《よりしろ》とし、日々礼拝すべし。

『虎の巻』より

〝カラリ〟の語源

筆者の知人にインド料理のプロがいらっしゃる。かの地から、よっこらしょ、と運んできた重い重い石臼が、彼女の自慢だ。

「スパイスがいい具合にすれるのよ」

わたしも試させてもらった。

プータラ礼拝

石臼は、野球のホームベース型をした石盤と、円筒型の石棒から成る。石盤に、コショウをはじめ、種々のスパイスを置く。これを石棒ですり潰して、ガラムマサーラ（カレー粉のごときもの）をつくる。軽く炒った丸のままのスパイスを、石棒の端の部分で、トントンと搗き砕く。さらに石棒をゴロゴロと転がして石盤上を往復させ、スパイスを粉に碾いていく。

（なるほど、こりゃ、たしかにカラリだ！）

目からウロコの思いでありました。

さて、サンスクリット語の〝カルーリカ〟が訛って、マラヤーラム語の〝カラリ〟になったとされています。

くわえて〝カラリ〟には、その道場で稽古された「武術」のニュアンスもある。これは、世人が、ほんらい仏法道場であるはずの「少林寺」の名を聞いて、ただちに「拳法」を連想してしまうのと同じノリでありましょう。あるいは、

「講道館」といえば「柔道」。

「極真会館」といえば「大山空手」。

道場名とそこで修められる武術が、不即不離のものとなっている。

いっぽう〝パヤット〟は古代ドラヴィダ語に由来することばで、「道場＝武術」。すなわち前者の同意語である。

だから、むかしは道場も武術も単に〝カラリ〟とか〝パヤット〟とかいっていました。〝カラリ・パヤット〟とふたつをくっつけて、ひとつの言葉をでっちあげたのは、二十世紀初頭の劇作家です。ちなみにインドネシアの〝プンチャクシラット〟も、ジャワ語で「武術」を意味する〝プンチャク〟と、マレー語でやはり「武術」を意味する〝シラット〟をいっしょにして、インドネシアの独立後に造語されたことば

です。

ところが最近の学説では、〝パヤット〟のみならず〝カラリ〟のほうもドラヴィダ起源のことばであり、それがサンスクリットに入って〝カルーリカ〟になったのだ、といわれるようになりました。

先記の石臼をサンスクリットで〝カラ〟というが、これが古代ドラヴィダ語に由来することばであることははっきりしている。

そして、ドラヴィダ語のこの系統のことばが、道場や武術としての〝カラリ〟の語源でもあるらしいのです。日本の『万葉集』や『古今集』に相当する古代タミル人の詞華集《アンソロジー》、『サンガム』文献（紀元前二〇〇〜後六〇〇年頃）には、〝カラ〟ないしは〝カラム〟として登場する。ほんらいは「床を踏み鳴らす動作」をあらわす語で、それが「道場、闘技場、戦場」などの意味に転じたらしい。

サンガム文献からは、チョーラ、パーンディヤ、チェーラ（ケーララ）のドラヴィダ三国では、じゅうぶんに発達した武術が行われていたことがうかがえます。が、それが具体的にどのようなものであるかを伝える情報はない。

しかし、くだんの石臼でスパイスをすり潰す――、

石棒を上下にふるって搗き砕く。

石盤の上を往復させて細かく碾く。

その石盤を道場の床に、石棒を人に置きかえてみる。と、たしかに、カラリ稽古の雰囲気を彷彿《ほうふつ》とさせるものがあります。

とすれば、第二次チェーラ王国のさかえた九〜十二世紀のケーララには、

――バラモン系の〝サライ〟

――ドラヴィダ系の〝カラム〟

のふたつの武術システムが併存していたことになる。

両者が融合して、〝カラリ〟という第三のシステムが生み出されるのですが、その過程は文字どおりの意味で「結婚」といってよかった。

〝カラリ〟システムの完成

ドラヴィダ系のナイル族は、事実上の戦士階級《クシャトリヤ》ではあります。バラモン男性とクシャトリヤ女性の結婚に、慣例法上の禁忌はない。しかし、バラモンはナイル族をシュードラ扱いし、自家の敷居をまたぐことも許しませんでした。なぜなら、ナイル族は、

――母系制

であったからです。バラモンの考えにしたがえば、上位三カーストは父系制でなければならないのです。とすれば、母系制＝シュードラのナイル族が、バラモンのサライに入門し、ダヌルヴェーダを学ぶことなど不可能。武術交流の行われる余地はない。

ところが、母系制がおかしなふうに作用をする。

父系制では、女の腹は借りものです。いっぽう母系制では、男は女の生殖能力の発動因にすぎません。はっきりいって、男など家にいなくてもいいのです。そんな男と同等、あるいはそれ以上の立場が、女たちをして自由闊達にふるまわせる。そんな母系社会の婚姻形態は「つまどい」、いわゆる「よばい」がふつうとなる。その風習にバラモンの若者たちが乗ってしまった。

娘たちの放つ、熱帯の果実のかおりにも似たフェロモンにひよひよと魅きよせられ、その寝所《ベッド》にしのびこむようになったのです。それが突破口となりました。

「アイ・ラヴ・ユー」と、ナイル娘にいどみかかるバラモン君。しかし、

「させてやんな～い」

親にいいふくめられていた娘は、すげない態度をとったことでありましょう。こうなると、男は理性を

失う。抜いた刀を鞘《さや》に納めることが、なによりも優先される。マーラ（魔羅）。男はいつもこれで失敗する。哀しくも滑稽な本能であります。

「ど、どうしたら、させて……？」

「あなた、チャンバラ、強いのよねぇ」

「お、おう」

「明日、家《うち》のカラム（道場）に来て、弟たちに稽古をつけてくださらない？」

「しかし、親父にバレたら勘当ものだ……」

「黙ってれば、わかりゃしないわ」

「しかし……」

「意気地なし、あなたの鉾《ほこ》は見かけだおし？　あたしが欲しくないの？」

「お、おう！」

「好きよ♡」

「うおー！」

また、十世紀になると、東の大国チョーラ（タミル・ナードゥ）が、スパイス貿易で潤うチェーラ（ケーララ）に野心をしめしはじめました。バラモンとて、二度と国を逐われるようなことがあってはならぬ。有能な戦士はひとりでも多く欲しい。そこに、『アグニ・プラーナ』「ダヌルヴェーダ篇」の、

シュードラも正規の訓練と稽古によって戦争の技術に熟練し、おおよそは修得することができる。

という箴言《しんげん》が追い打ちをかける。バラモン師範がシュードラ道場に奉仕することは、やがて当たりまえ

のことのようになっていきました。

そうして、十一～十二世紀、日本で源平《げんぺい》があい争うころまでには、現在のカラリパヤットのおおよそのスタイルが確立されたようです。

とすれば、本書でいう『虎の巻』の成立期も、二千年前の話半分、早くて千年前ということになる。

インド風水

カラリパヤットには多くの流派があるが、大きく北派《ワダッカン》と南派《テッカン》に二分されます。

北派は、胡椒の積出し港で有名なカリカット王国やコーチン王国で行われていたスタイル。テリッチェリが発祥の地と見なされています。

南派はかつてのトラワンコール王国で行われていたスタイルで、木造の宮殿が残っているパドマナーバあたりが中心地です。ティルワナンタプラム（旧トリヴァンドラム）は地理的には南派に属するが、州都だから両方の道場があります。

南北カラリパヤットには起源神話や技法、体系、名称にかなりの差異がみられます。神話的開祖は、北派がパラシュラーマ仙で、南派はアガスティヤ仙。伝承する医学も北派がアーユルヴェーダと称しているのに対し、南派はシッダ医学を名のっている。が、だれでも一目でわかる違いは、道場のつくりです。

北派の道場は、〝クリ・カラリ〟といって、地面を約一・八メートル掘り下げて床にし、椰子の葉っぱで屋根を葺いた半地下構造になっています。

南派の道場は、〝ニーラ・カラリ〟といって地べたを石や椰子の葉っぱのパネルなどの壁で囲ったもので、ときには屋根のないものもあります。

しかし、カラリパヤットというシステムがバラモン文化と土着文化の結婚から生まれた子どもであるとすれば、純粋に〝カラリパヤット〟の名でよんでいいのは北派のほうだけでありましょう。つまり、いまなお、古代バラモンの建築論《スタパティヤヴェーダ》にしたがって道場づくりをした——。

これによると、武術の道場を建設するときは、

○床は地面から一ダヌス（弓の標準となる長さで約一・八メートル）掘り下げること
○東西軸に沿わせて、細長いプランにすること
○地面を掘ったときに出た土は、道場の壁材にすること
○壁はのっぺりとした特徴のないものとすること
○戸口は東の壁につけること

などの規則を遵守しなければなりません。


カラリはかならず南西の方角から建設をはじめる。これは一般の家屋でも同じです。南西というのは、インド風水でひじょうに重要な意味を持つのです。

インドの家庭にホームステイした日本女性が生理になって、座敷牢みたいな部屋に閉じこめられた、という話を聞いたことがありますが、この生理中の女性を隔離する部屋は、ふつう南西にあります。家族の誰かが臨終を迎えるときもこの南西の部屋に移されるし、死体を一時安置しておくのもこの部屋です。

生理や死によってケガレた者を隔離するための部屋なのですが、逆にいえば、ケガレを浄化するパワー（シャクティ）にあふれた部屋でもあるのです。

インドでは、東はインドラ神、南はヤマ神、西はヴァルナ神というふうに、方角と神格が結びつけられていて、これがヴァーストゥ（インド風水）の基本的な考えになっている。たとえば、なぜ北枕が悪いかというと、南のヤマ（閻魔《えんま》さま）に足を引っぱられてしまうからなのです（図1）。

図1　護方神とスタンダードとなる間取り

対角線上にある南東（台所）と北西（米倉）、南西（ケガレ部屋）と北東（仏間に相当）には互換性がある。鬼門が中国・日本とは逆になっていることが興味深い。しかし地域差もあり、ケーララでは北東区画を玄関に、南西区画を家長の寝室に当てられることが多い。

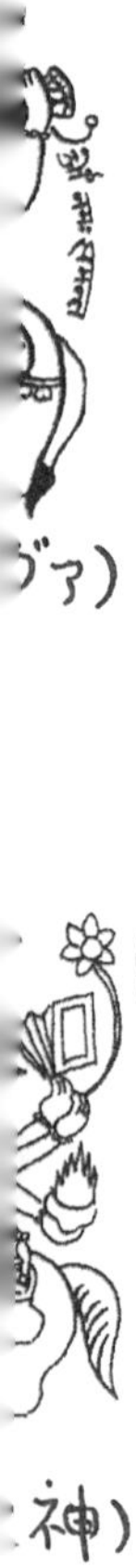

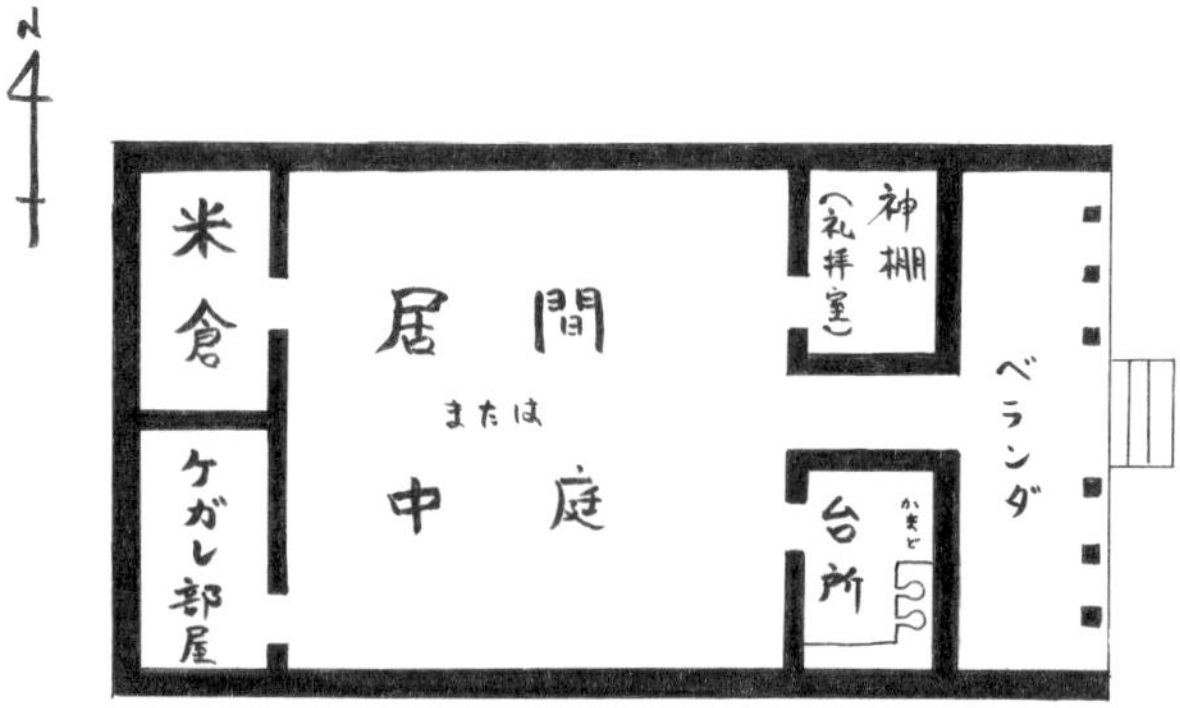

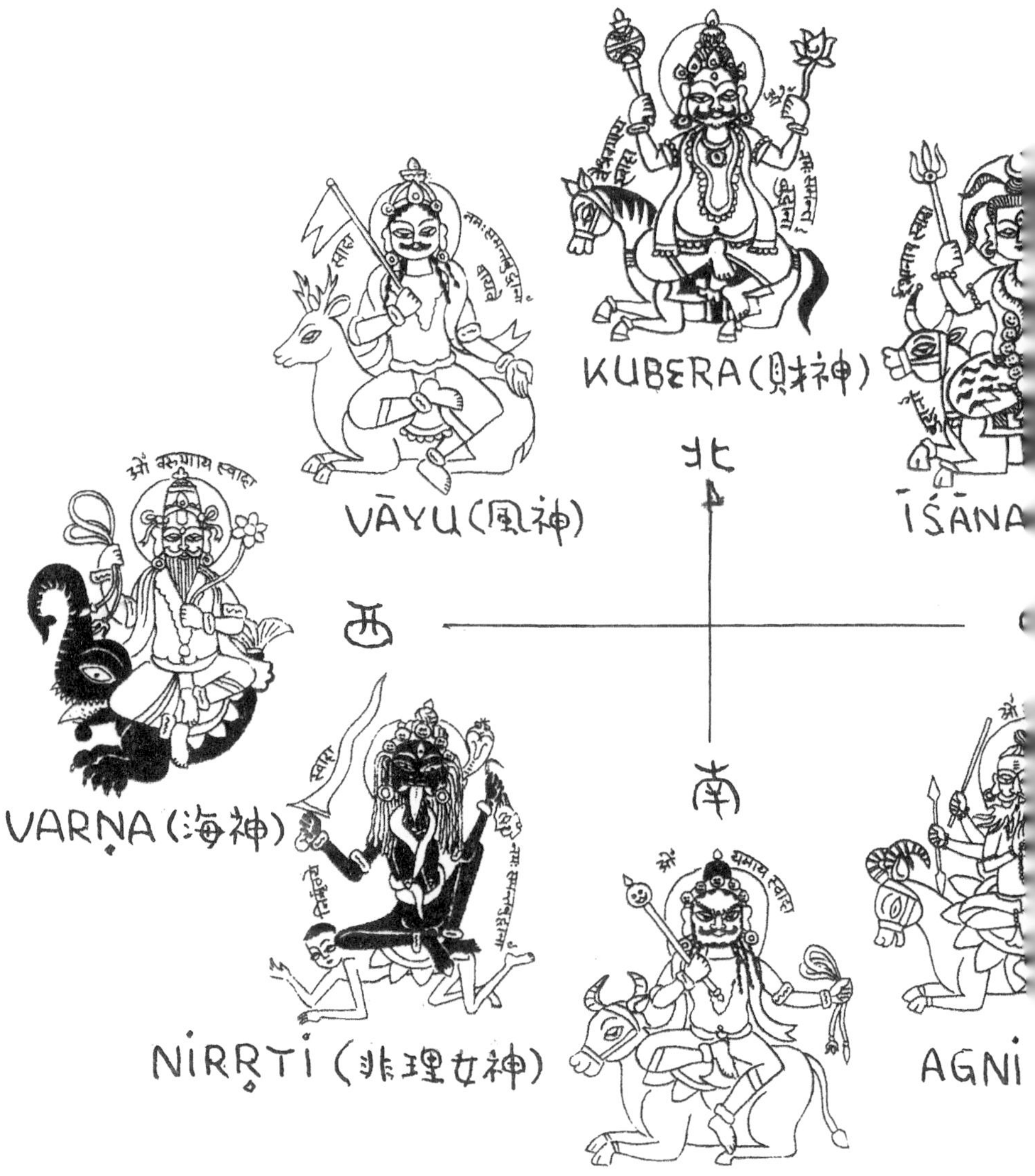
KUBERA(財神)
VĀYU(風神)
ĪŚĀNA
北
西
VARṆA(海神)
南
NIRṚTI(非理女神)
YAMA(死神)
AGNI

そして、そんな方角神のなかの紅一点、唯一の女性の神格が南西の守護神のニルリティという女神です(図2)。

そして、建築をつくるときは、敷地の南西にある大地の女神の子宮から建築じたいが出産される、という発想をします。

まず施工に先だって、バラモンが建設敷地を女体に見たてての「受胎の儀礼《ガルバ・アーダーナ》」を執行する。

すなわち、新しい建物の西南隅角になるところの地面を掘り下げる。

この穴が、大地の女神の子宮《ガルバ》と同一視される。

子宮に施主家族の守護神の精が注ぎこまれる。じっさいには、施主の経済状況に応じて、貴金属や宝石、臍の緒などの大切なものをおさめた壺をもって子種《こだね》とする(図3)。バラモンの、「聖なる大地女神《プリティヴィー》よ、汝《な》が胎《はら》に宇宙をささえるシヴァ(またはヴィシュヌ)神の精を受けとめたまえ」という呪文にはげまされて、大地は懐妊する——。

大地の〈風《プラーナ》〉

そうして産まれた子どもが家なのです。ひじょうに奇妙な考え、と思われるでしょうが、じつはカラリパヤットじたいが有する宗教観や癒しの原理と密接な関係があります。

地面を掘り下げてつくる北派のクリ・カラリでは、この南西の隅に〝プータラ〟という祭壇を築きます(図4)。プータラは、円盤形の石板を七段に重ねて、頂上に卵型の男根石を置くというものですが、ようするにシヴァ寺院で祀られているシヴァ・リンガの変形です(図5)。

そして、この祭壇が位置するは、ふつうの建築でしたら大地の子宮と同一視された壺が埋められている場所なのです。これを〝カンニームーラ〟(乙女の根っこ)という表現をしてますが、むき出しの子宮がカラリの御神体になっているわけです。

図2　南西の女神ニルリティ

ニルリティは、非理を擬人化したヴェーダの女神。シヴァ神の配偶神カーリーやケーララ土着の女神バガヴァティーと同一視される。

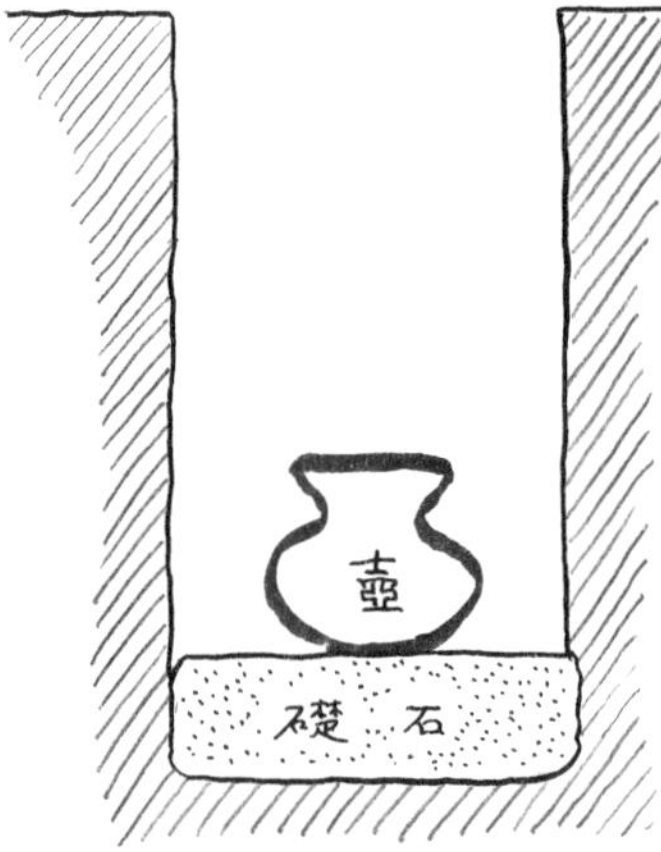

図3　大地の子宮と同視される壺
家屋の建築に先立って、敷地の南西に「大地の子宮」と同一視される壺が埋められる。この子宮から「大地の子」として産み出されたものが家なのだ。

その子宮から、万物をはぐくむ大地の鮮烈な〈風〉が、こんこんと涌《わ》いてくる。

ここでいう「風」の原語はプラーナ、またはヴァーユ。中国や日本でいう〈氣《き》〉と同じようなものと考えてよいが、しかし仏典に現れるこの語は、「氣」ではなく「風《ふう》」と漢訳されました。漢人は、かれらの〈氣〉とインド人のいう〈プラーナ〉とのあいだに、なんらかの差異を感じていたのでしょう。したがって、本書でも〈風〉とします。

ともあれ、半地下のカラリに、その〈風〉がどんどんと溜まってゆく。プールが満々と水を貯えるように。

半地下のカラリに、その〈風〉がどんどんと溜まってゆく。プールが満々と水を貯えるように。

そういえば、北インドの聖都ヴァーラーナシーのクシティー（相撲）の稽古場も地面を深く掘り下げてつくります。そこにガンジス河の泥、カラシ油、ターメリックの粉を注ぎ込み、まさしく油ぎった黄色いプールのなかでスパーリングするのです（拙著『身体にやさしいインド』参照）。よほど重心を低くしなければすぐにひっくり返ってしまうし、だいいち動けたものではない。泥と油でヌルヌルし、相手を摑まえられないから、技もなにもあったものではない。全身泥だらけ、油だらけのターメリックだらけ。

しかし稽古が終わり道場を離れるときまで、洗い流してはなりません。油やターメリックの混ざった稽古場の泥が、打ち身や擦り傷によく効く軟膏になっているからです。血流がよくなり、古傷も治り、肌寒い冬もポカポカとあったまったものです。

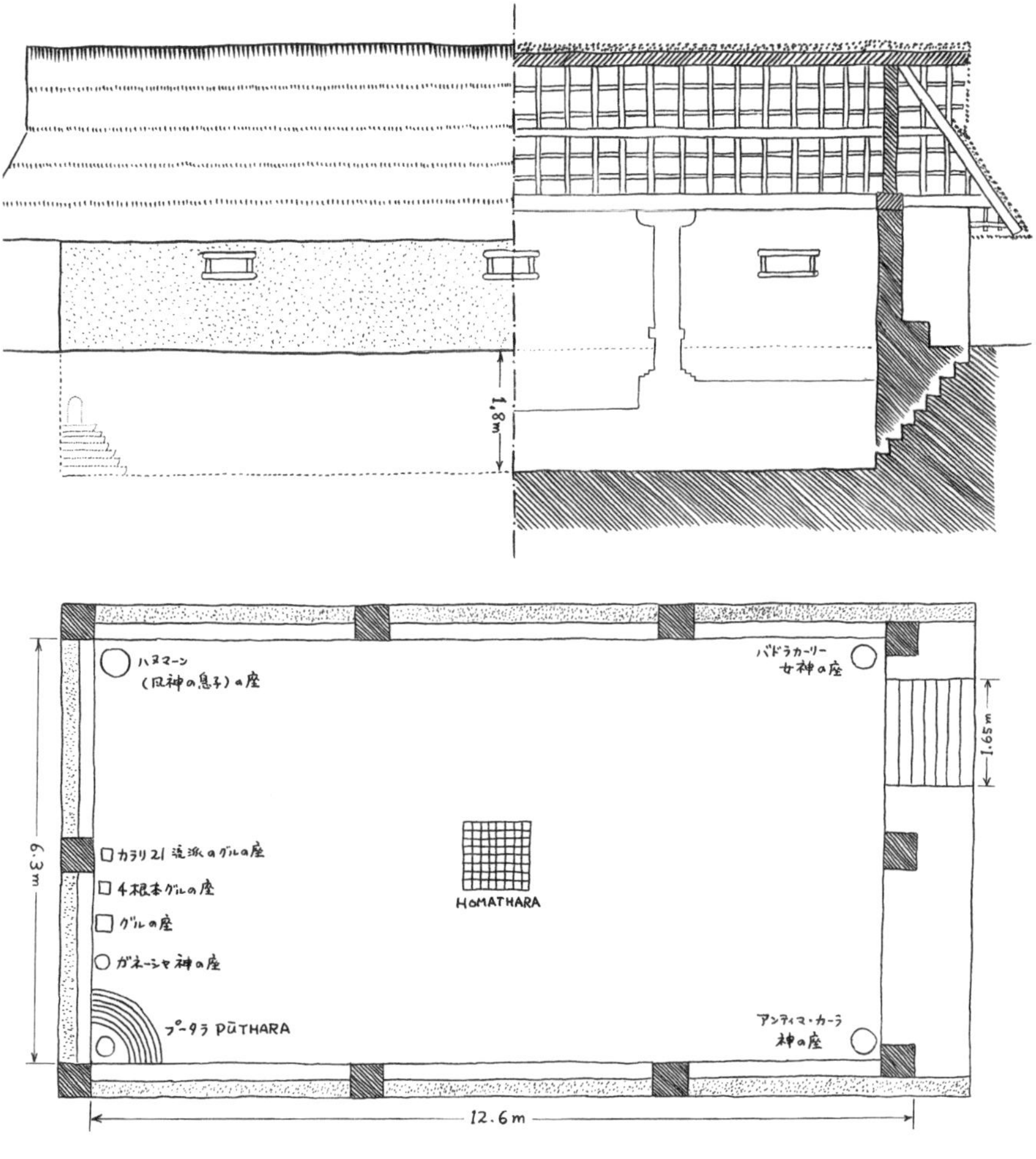

図4 クリ・カラリ kuzhi-kalari の構造(立面図&平面図)

地面を約1・8メートル掘り下げて床とし、椰子の葉で屋根を葺く。この建物じたいも子宮と同視されていて、出入口は"シンハ・ヨーニ"(雌獅子の玉門)と称せられている。

床は土に貝殻の粉やゴマ油などを混ぜて固めた三和土《たたき》。カラリのなかには女神をあらわす"プータラ"をはじめ、あまたの守護神が祀られている。中央の"ホーマタラ"とは、特別な祭儀のさいに築く護摩壇のこと。通常は稽古のじゃまにならぬよう取り片付けられているが、これもカラリがバラモン起源であることをしめしている。

クリ・カラリもこれと同じことなのでしょう。しかも、カラリでも稽古のときには、体にゴマ油を塗る。稽古の間、油とその薬効成分は、汗腺を通り、身体に浸透してゆく。稽古の後、油は、汗と混ざって冷涼感をつくりだし、結果、アーユルヴェーダ理論でいうピッタが優勢になったドーシャの不均衡を矯《た》める。

そしてアーユルヴェーダでは、油を塗って汗ばんだ体は、直射日光や外気に曝《さら》してはならないとされる。体内の微妙な〈風〉の調子が狂ってしまうからです。そのため稽古場は、修行者を太陽と風から守る半地下の構築物であることが望ましい。

クリ・カラリであれば、サウナのように蒸している感じだが、熱くはない。いや、涼しい。修行者の体に触れる空気は、屋根の椰子の葉のフィルターで漉されたやわらかな酸素のしずくで満たされ、しかも風に吹かれることはない。

そんな、霊妙なエネルギーに満ちたこの空間こそが、カラリパヤットというシステムを修得するための

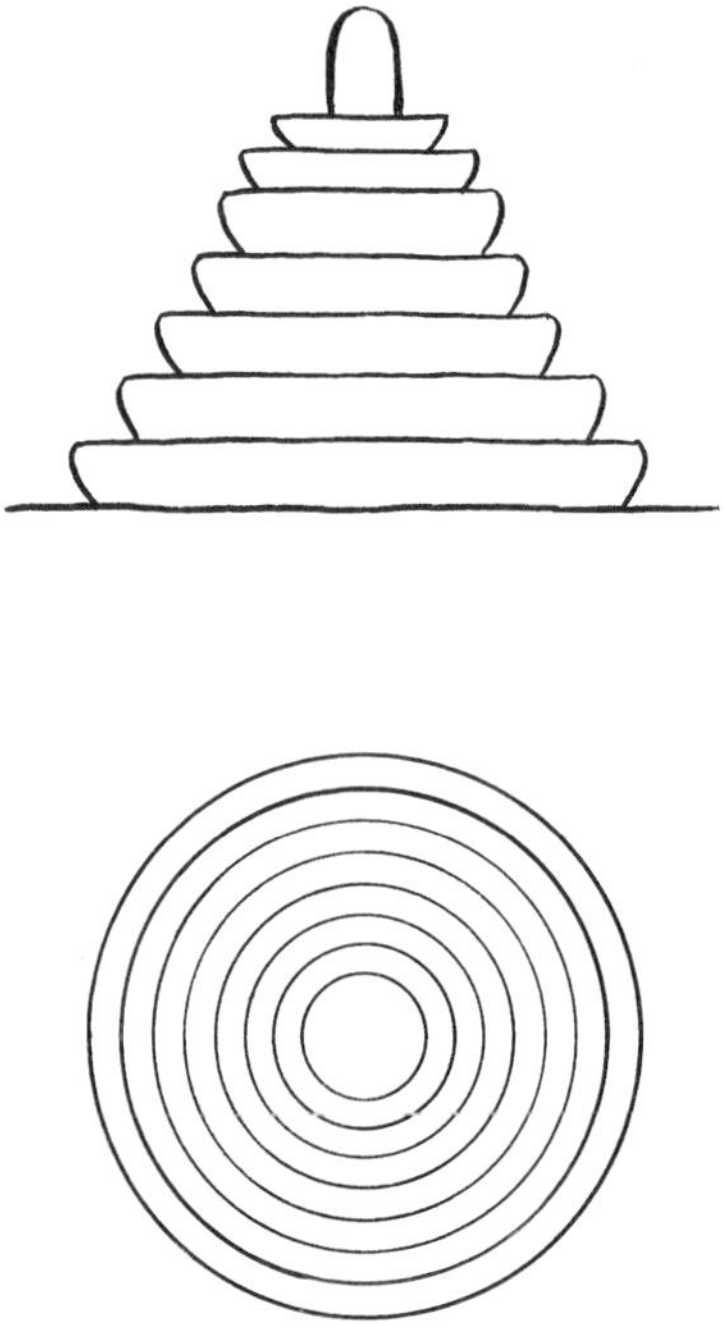

図5　プータラ pūtara
通常の家屋であれば「大地の子宮」が位置する南西の隅角に、“プータラ”という祭壇が築かれる（ただしカラリのなかに現れるのは全体の 1/4）。マラヤーラム語で「花の段」を意味するプータラの7段は、七母神、7つのチャクラ、アーユルヴェーダの7つの身体構成要素（サプタ・ダートゥ）、カラリパヤットの7つの階梯を象徴する。プータラの上には、プルシャや真理を象徴するシヴァ・リンガが建てられる。

装置になっているのです。ですから、半地下のカラリで行わない南派は、正確にはカラリパヤットと呼べないと思うのです。

しかし、だからといって、南派が武術として北派よりも劣っているというわけではありません。南派もすばらしいシステムで、とくに棒術や拳法は北派よりもはるかに精妙である。しかしケーララ南部は、経済的にもお隣タミル・ナードゥ州との結びつきが強く、政治的にも長く支配された歴史があった。ためにその武術は、起源神話、体系と技法、伝承する医学のすべてにおいて、タミル武術に接近する。

もっとも最近は、両者ミックスし、南派でもクリ・カラリを採用する道場が増えてきているようです。

ともあれ、そんなカラリで行われるカラリパヤットの稽古は、大地の子宮であるプータラに奉納する演武というかたちで行われます。

そして、その修行階梯は、プータラの七段の石板のごとく、

①体術
②木製武器術
③金属武器術
④拳法術
⑤治療術
⑥真言の秘儀
⑦急所の知識

と七重に積みかさねられていく。

この修行階梯は、『ヨーガ・スートラ』にいうヨーガの八階梯（アシュターンガ）に相当するものといえましょう。

INDRA(帝釈天)

4 野獣になる——体術

ダヌルヴェーダの定むるところにしたがって、足構え《スターナ》、拳構え《ムシュティ》、弓引き《ヴィヤーヤーマ》、
および〝ダヌワン・クラマ・プラクリヤー〟（準備体操のごときもの）を行うべし。
さらに賢き者よ、象、馬、竜、獅子、猪、孔雀、鶏、水牛などの闘う態《すがた》をくわしく観察し、
それを模倣すべし。
動物に学ぶことによってのみ、次は武器や徒手の戦闘、按摩《パリピーダナ》・末魔療法《マルマチキツァー》に進むことができよう。

『虎の巻』より

レッツ・カラリ

カラリパヤットの由来がわかり、道場《カラリ》のようすもわかったところで、いっしょにカラリパヤットの稽古をいたしましょう（ヴィジュアルに想像してみてください。イメージトレーニングです）。

……まだ暗くて涼しく、幸先のよい夜明け前。排便をすまし、胃も空っぽにして（なにも食べずに）カラリに行く。

あ、その前に、カッチャー（下帯《フンドシ》）をきっちりと締め直すことをお忘れなく。カッチャーには後述する

動物のポーズ

ような、重要な意味があるのです。「フンドシなんていやっ」という不粋《ぶすい》な女性はサリーでもよいが、その場合も下腹をきっちりと締めこむ着付けをする。

ケーララの田舎では、椰子《やし》の鎮守《ちんじゅ》につつまれて、ヒンドゥー寺院がある。チークの太い柱の上に堂々とした瓦屋根がのっかった木造建築である。中国や日本のお寺を連想させるが、石造寺院が一般的になる以前の古代の建築様式をいまに伝えるのが、ケーララのお寺なのです。

……境内に青々と水を張った沐浴池《タンク》がある。

……その沐浴池《プール》のかたわらでは、巨きな菩提樹がハート形の葉をしげらせた枝をさしのべ、そして地中に掘られたカラリがある。

……やわらかい朝の光をあびた階段を下りてゆく。通常七段だ。

はじめての稽古であれば、カラリのグルッカル（師範）もしくは高弟が、

「道場《カラリ》に入るときは右足からじゃ。そのとき、右手で床をさわりなさい。つぎにその手で自分のおでこをさわるんじゃ」

というでしょう。これが最初の指導になります。グルッカルとは「太古の祖師から連綿とつながるグル（教師）の系譜の代表者」ぐらいの意味です。

床に触れるのは、大地の女神への挨拶。

額に触れるのは、おのれ自身の霊性《アートマン》への挨拶です。

カラリパヤットにかぎらず、インドのあらゆる武術、舞踊、カバティのようなスポーツ、ヨーガの道場でも、かようなしかたで挨拶をします。

……道場《カラリ》のなかには、壁の上のほうに開けられた小さな窓から、朝の光が洩れてくる。奥壁の左の隅にある祭壇プータラに灯されたオイルランプの炎がゆらぎ、どこか荘厳で神秘的だ。

その子宮を象徴するプータラに導かれる。礼拝のためだ。このときいくらかの金銭をキンマの葉に包ん

で、ダクシナー（束脩《げっしゃ》）として供える。それからお辞儀し、ひれ伏してグルッカルの足に触れる。彼はあなたの頭に手をのせて祝福する。

この一連の行為——床、プータラ、グルッカルの足に触れるという礼拝動作は、これから毎日くり返されることになります。これらの礼拝は、カラリの神々、グルッカル、戒律、訓練に完全に服従することをあらわします。

セルフ・アビヤンガと準備運動

稽古は、自分の体にアビヤンガ（オイルマッサージ）をほどこすことから始まる。

「まず、ゴマ油《タイラ》を掌にすくって、頭によく擦りこんで……」

と、先輩のだれかが教えてくれるだろう（図1）。

ゴマ油といっても、インドのそれは、生搾りの無色透明なオイルだ。ゴマを焙煎して搾る中国や日本の褐色のそれとは製造過程が異なるため、あの独特のかおりはしない。

その生搾り油をいったん煮沸して冷ましたものが、床に置かれた真鍮《しんちゅう》の鉢を満たしている。生のゴマ油は煮沸することによって、人体に浸透しやすくなるのだという。

「両耳を指先でよくもみほぐす。頭と耳の次は足ね」

足全体、指の一本一本まで、両手を使っててていねいに揉む。

頭、耳、足がすんだら、それ以外の箇所にも、とろとろと油を塗ってゆく。顔、首、四肢、胸、腹、背中……と全身あますところなく油を滲みこませてゆく。

ぬぷっ、ぬめっ、ぐちゅ、とろん。なんだか、妙ちくりんな気分。

「でも、ちんちんはタブーね。稽古どころじゃなくなってしまう」

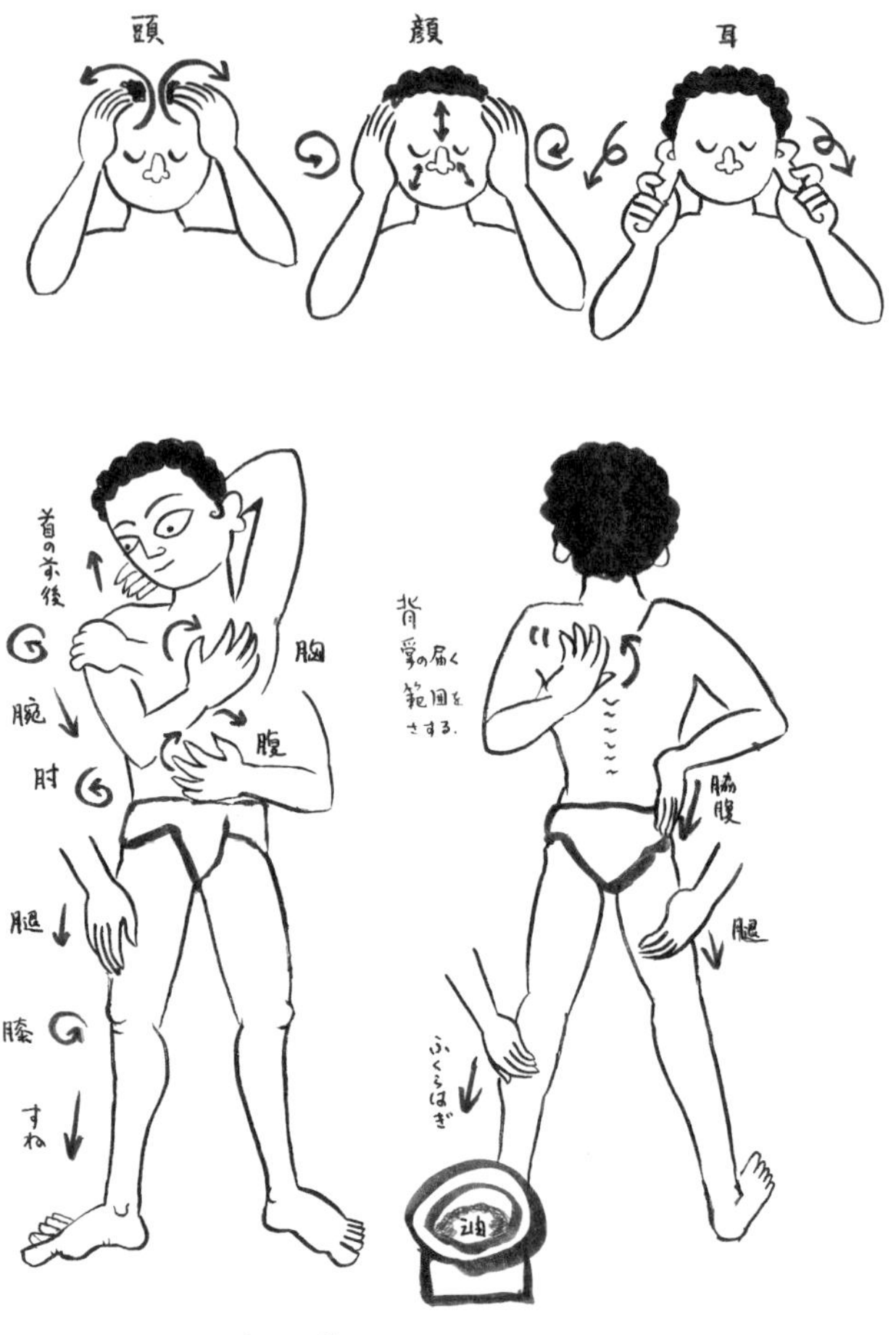

図1　セルフ・アビヤンガ
油を塗ることにより体温が一定に保たれ、筋肉と関節の働きが柔軟になる。足に油を塗っても、カラリパヤットの足でしっかりと地面を摑む歩法（日本でいう「なみあし」）を行えば、滑ることはない。自分で行うオイルマッサージには、特別の技術はいらない。要は、全身あますところなく油を塗ることだ。油は通常は、煮沸したゴマ油を用いる。

油を塗ったら、おつぎはストレッチ。ダヌルヴェーダ文献にいう〝ダヌワン・クラマ・プラクリヤー〟、すなわち「弓術稽古の前儀式」がこれだ。

ブリッジ、股割りなど、ハタ・ヨーガのアーサナと同じポーズがいくつかある（図2）。ヨーガをなさっているかたであれば、軽くこなせるはずです。そうでない人も心配することはない。油が染みこんでくると、体が柔かくなってくる。機械に油を注《さ》すのと同じことだ。さらにグルッカルが、体を柔軟にするスペシャル・マッサージを施してくれる。

ともあれ、体を十分にほぐしておく。

そうして、いよいよ武術の実修に入る。カラリパヤットの訓練は、体術、木製武器術、金属武器術、拳法術の四部から構成されている。

まずは体術（メイターリ）。前後左右上下、自在に動くための術で、カラリ武術の根本です。くり返し

図2　ストレッチ
カラリ・レディーは、むかしはサリー姿だったが、最近はカラフルなジャケットとトランクスを着けて稽古するひとが増えてきた。
（上）カラリで“スーチ（針）”と呼んでいるポーズ。股関節の可動域をひろげることによって、蹴り足も高く上がるようになり、また上半身と下半身のエネルギーの流通も闊達になる。
（下）ハタ・ヨーガでいう“チャクラ・アーサナ”。立った姿勢からできるようにする。はじめは壁を使って練習するとよい。つまり、壁を背にして立ち、体を反らして掌を壁に着ける。その掌を壁の下、さらに床にと移動させるのだ。

①1：両手を頭上にかざし、背骨をまっすぐに伸ばす。2：腹筋をゆるめて横隔膜を下げ、息を入れる。このとき、下腹の丹田が風（プラーナ）で満たされるようにイメージする。
②1：蹴り足の甲を外側に向けて、膝を胸の高さに上げ、2：膝を支点に足を蹴り上げ、足の親指の側で頭上の掌を打つ。以上を腹筋を締めて息を吐き出しながら、1リズムで行う。またできれば、丹田の風が蹴りとともに下肢を通り、足で弾けるようにイメージする。

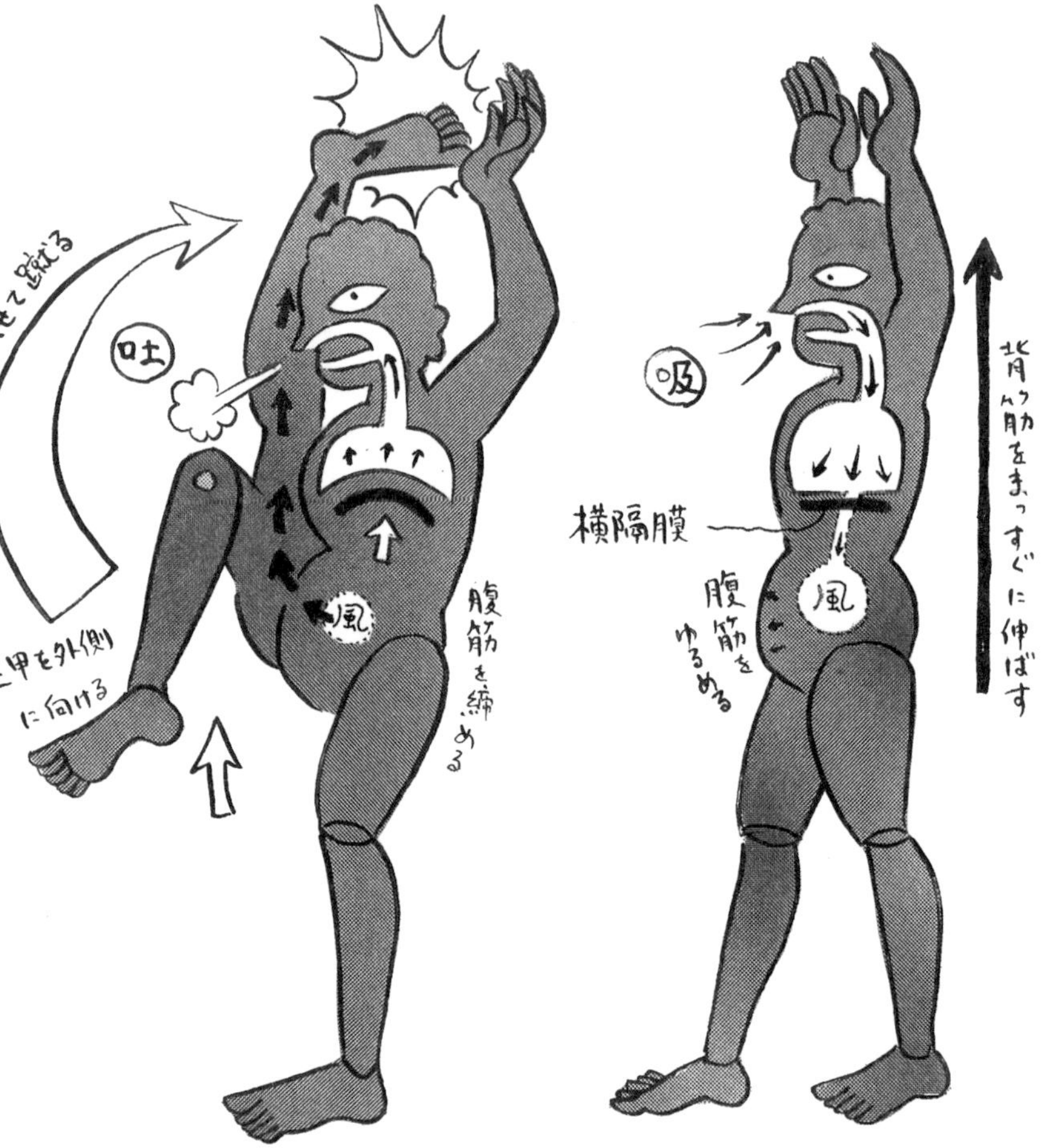

図3　蹴り Kāl
蹴りの基本。蹴りの稽古は、体の中心軸がぶれないように保つことと、呼吸法の基礎訓練にもなっている。

なお足甲を外側に向けた蹴りはカラリパヤット独特のもの。このまま足を下ろせば、踵から足の外側に重心をかける立ちかたになる。日本武術にいう「なみあし」で、股関節が円滑に動くことにより、すばやい重心移動が可能になる。

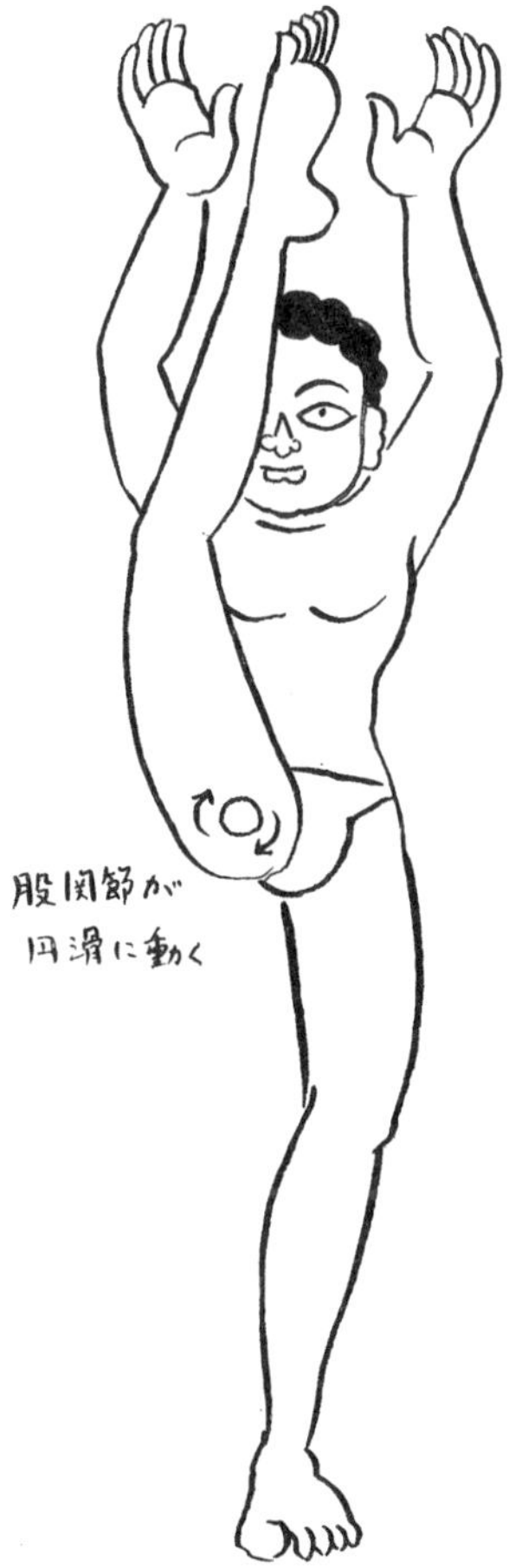

くり返し行って、体を練り、カラリパヤット独特の体さばきを行えるようにしなければならない。

『虎の巻』にある「足構え《スターナ》、拳構え《ムシュティ》、弓引き《ヴィヤーヤーマ》」は、カラリの「足の法《カール・サーダカム》、手の法《カイ・サーダカム》、身体の法《メイ・サーダカム》」に相当する。これらは、足さばきと蹴り、動物のポーズ、型に編成される。

脚の稽古

この武術に特徴的な蹴りは、北派では、前蹴り、内まわし蹴り、空中まわし蹴り、高跳び蹴り、蹴り坐り、ふりこ蹴りの六種があります（図3）。蹴りの訓練は「脚の稽古」とよばれている。

基本の前蹴り《ネール・カール》をやってみましょう。

両手を頭上にかざし、まず膝を胸の高さに上げ、膝を支点に足を蹴り上げ、足の親指の側で頭上の掌をパンと打つ。これを左右の足でくり返しながら、道場の東から西へと前進する。西の壁の前まで来たら、蹴り足を振り下ろす勢いを利用して体を百八十度回転させ、同時に同じ足で前蹴りするふりこ蹴り《バカルチャ・カール》で体をいれかえ、こんどは西から東へと前進する。

(1) 前蹴り Ner-kāl：膝が胸に、足が頭上にかかげた手に触れるまで、脚をまっすぐに蹴りあげる。右蹴りを"ワラトゥ・カール Valatukāl"、左蹴りを"イタトゥ・カール Etatukāl"といい、左右連続して蹴りながら前進する稽古をする。
①蹴り、②蹴り足を後方に振りもどし、③踏み出して、④逆の足で蹴り。
これをタン・ツー・タンのリズムでくり返しながら前進。すなわちタン（蹴り）・ツー（振りもどし）・タン（踏み出し）、タン（蹴り）・ツー（振りもどし）・タン（踏み出し）……

(2) 内まわし蹴り Vītu-kāl：足が大きな弧を描くように蹴る。これもタン（蹴り）・ツー（振りもどし）・タン（踏み出し）、タン・ツー・タンのリズムで左右くり返しながら前進する。

(3) 空中まわし蹴り Kon-kāl：片足を敵に捕られたとき、その足を軸にして相手の延髄をまわし蹴る動作。①左足（または右足）をまっすぐに前方に伸ばし、②その上を右足（または左足）で蹴る。③空中で体を返し、前傾した体勢で猫のようにふわりと着地する。

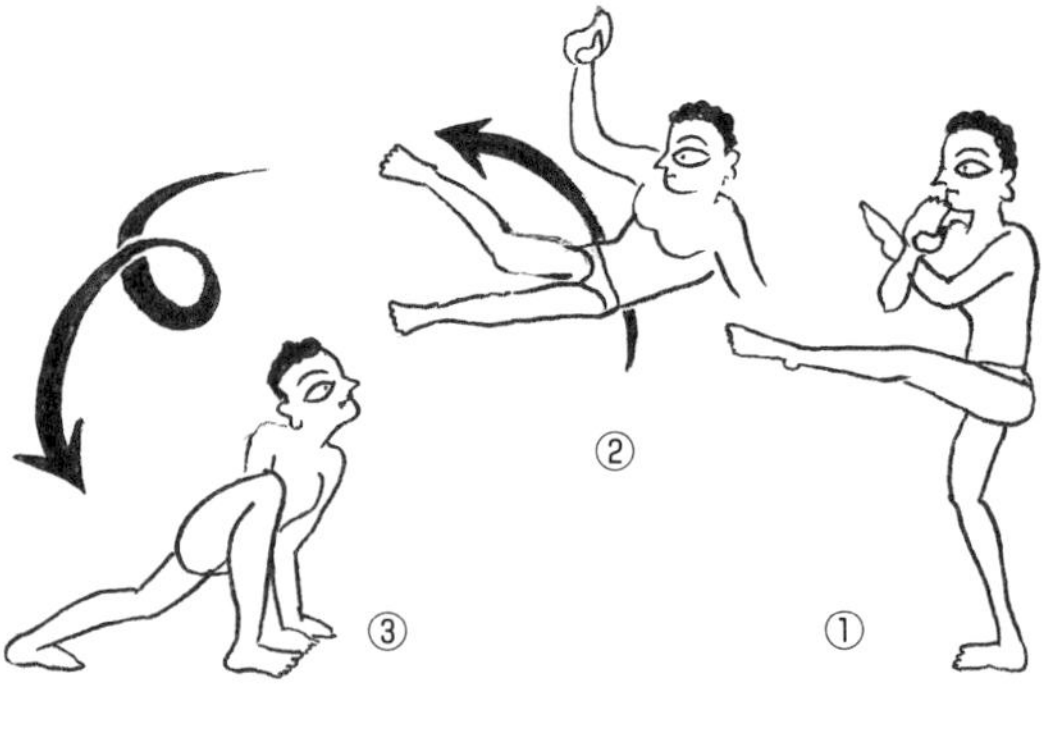

(4) 高跳び蹴り Thiricu-kāl：①垂直跳びしながらネール・カール（前蹴り）。②全身のバネを利かせて着地。「タ」でジャンプし、「ターン」で蹴る。

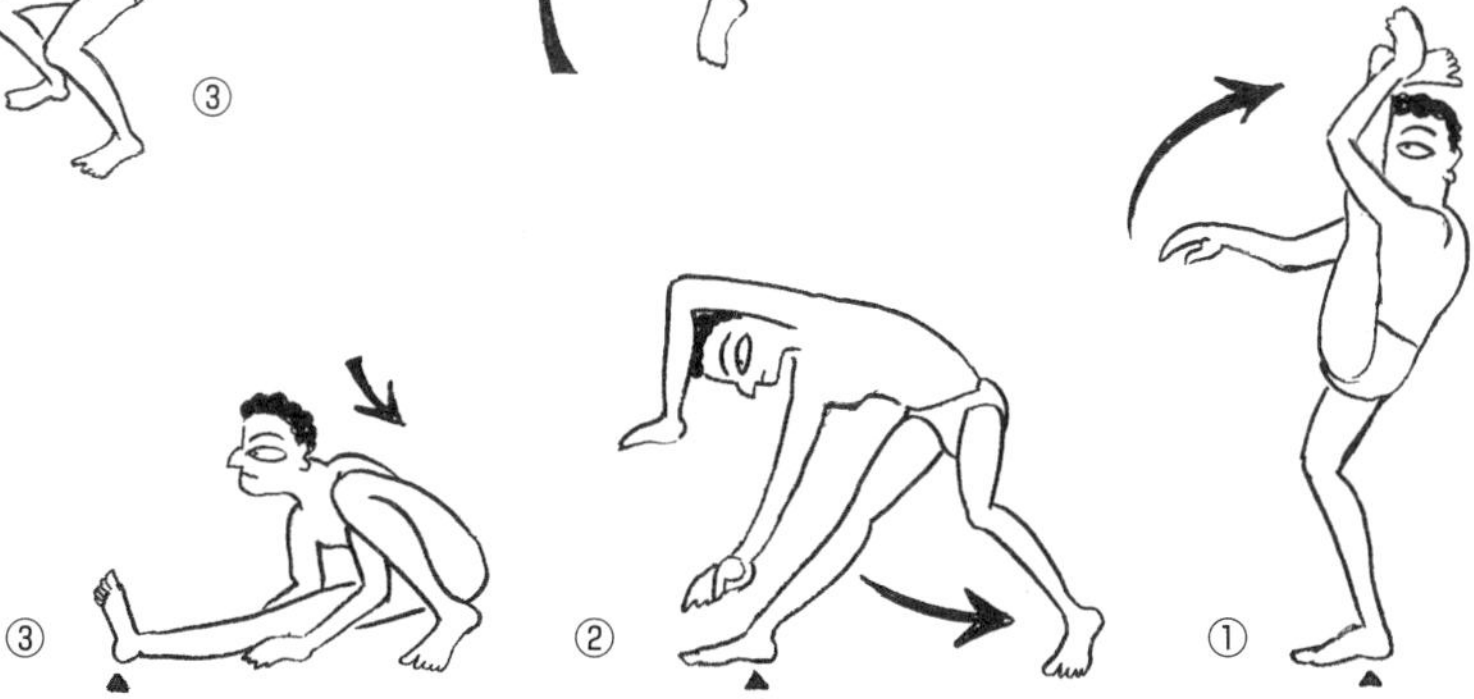

(5) 蹴り坐り Iruthi-kkāl：①ネール・カール。②蹴り足を体の後方まで大きく引きもどし、③その踵の上に尻を乗せる。

(6) ふりこ蹴り Pakarca-kkāl：①ネール・カール。②蹴り足を振り下ろす勢いを利用して体を180度回転させ、同時に同じ足でネール・カールする。

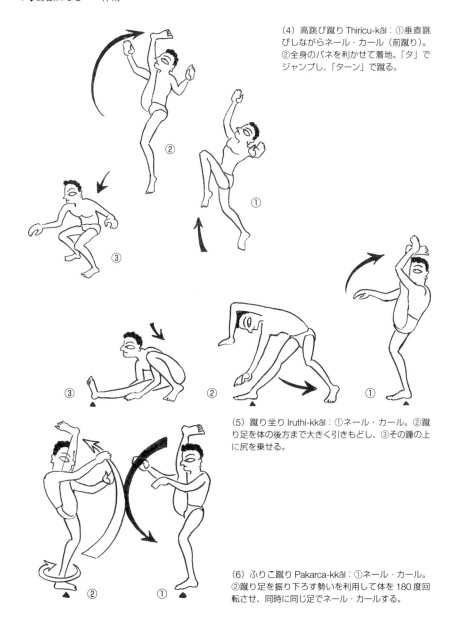

この訓練は、教師がリズミカルに唱える「右蹴って《クラトゥ・ネーレ》、左蹴って《イダトゥ・ネーレ》」という指令の声《ヴァイターリ》に合わせて行われる。

蹴りにかぎらず、カラリのすべての演習は、ヴァイターリにしたがって反復される。

最初は、足がなかなか高く上がらない。それでいいのだ。

インドでは腰の高さまで上がる蹴りをブラフマー・キック、胸まで上がる蹴りをヴィシュヌ・キック、頭まで上がる蹴りをルドラ（シヴァ）・キックという（二〇五ページの〝『ダヌルヴェーダ本集《サンヒター》』の観想法〟を参照のこと）。

稽古をつづけ、身体が柔軟になってくると、ブラフマーがヴィシュヌになり、ヴィシュヌがルドラになってくる。

ルドラができたら、こんどはマハーシヴァ・キックに挑戦だ。高跳び蹴り《ティリッチュ・カール》、すなわちジャンプしながら、最終的には身長の倍ほどの高さに吊るしたボールを蹴る。

身長二メートルの人がいて、おのれの頭までとどく蹴りができて一メートルの垂直跳びができるからといって、高さ三メートルのボールを蹴れるわけではない。柔軟な身体と強靭なバネ、中心軸がぶれることのないバランス感覚が要求される。

まあ、それはしばらく無理としても、前蹴りをしながら道場を一、二往復するころになると、油のパワーに気づかされるだろう。

全身の毛穴から、油がものすごい勢いで吸いこまれてくるのがわかるのだ。油は光の粒子になって、ふりしきる雨のように、体組織の奥の奥の奥へと滲みこんでいき、髄を、骨を、筋肉を、細胞の分子のレベルで振動させる。

熱い。ものすごく熱い！

小刻みな振動。振動から発生する不思議な熱。カゼをひいたときにも似た、しかし決して不快ではないボワーッとした奇妙な体感が、下半身から上半身へとひろがり、やがて身体全体にひろがってゆくのだ。

動物のポーズ

〝百獣の王《バシュパティ》〟の異名をとるシヴァ神は、野生動物の動きから攻撃、防御のかたちを採ったといわれている。たとえば――。

獅子は、首をかしげながら、前足を揚げて敵を倒す。
馬は、おどりあがって、ひづめで敵を踏みにじる。
蛇は、上下左右にゆらめいて、敵の一瞬のすきを奔《はし》って喰らいつく。
鷲は、上空から急降下し、カミソリのような鉤爪《かぎづめ》で蹴る。
猪は、頭を低くさげ、まっすぐに襲う。

カラリパヤットには、象、馬、蛇、獅子、猪、孔雀、鶏、猫、魚、水牛、虎などのポーズがある。この動物のポーズは〝ヴァディヴ〟と称される。インド武術ファンであれば、ぜひ憶えてもらいたい用語だ。それぞれのヴァディヴは、流派や道場によって若干、あるいはかなりの差異があるようだが、いずれにせよ、それらは静止したポーズではない。

動物の外と内の動きのエッセンスを具体化した動作だ。すべての動物は全身を使って闘う。これはカラリパヤットにおいても原則である。また、動物は人間のつかわぬ筋肉を使う。そのため、あらゆる筋肉を鍛えあげることができるのだ。

ここでは、象、馬、獅子、猪、蛇のヴァディヴを紹介する（図4）。

これも、もっとも基本となる象《ガジャ》のヴァディヴをじっさいにやってみよう。

本文の①
1：両足をそろえて直立。
2：両足を肩幅の倍くらいに開き、両手首を胸で交差。
3：上体を後ろに大きく反らせながら、両手を体側の下頭上へとまわし、
4：上体を前傾させながら腰を落として、相撲の仕切りのような格好に、
5：さらに鼻（手）をもたげて「象」。

（1）象のポーズ Gaja-v.

象は、四肢の膝をやや屈ませることによって巨体をささえ、長い鼻と勁《つよ》い前足を連携させて闘う。このポーズはそれを真似たもので、大きく足を開き、腿が地面と平行になるくらい腰を沈めて上体を前傾させ、両手を顔の前に構えたかっこうがキメの位（ポーズ）となる。手の動きが、象の鼻の動きをしめしている。

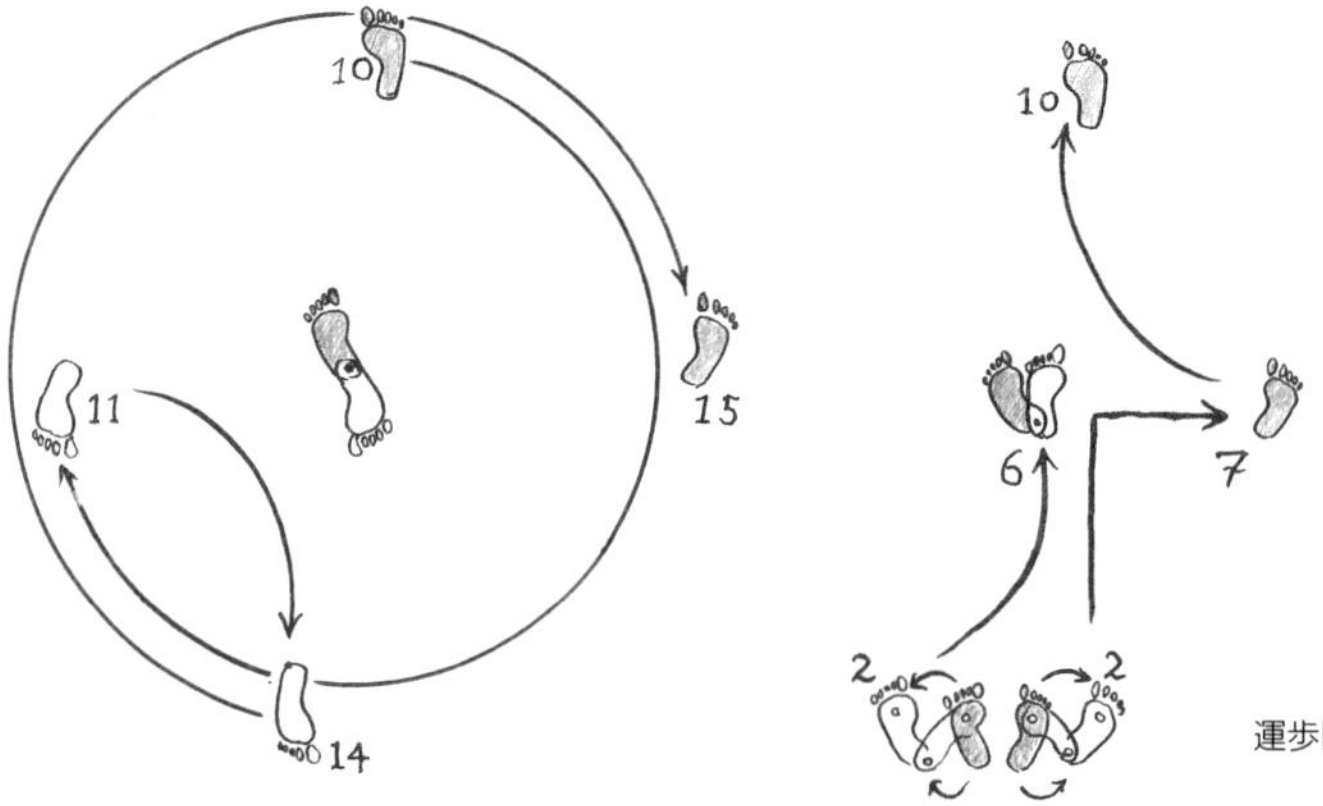

図 4　動物のポーズ Vativu

動物の動きのエッセンスを抽出したもので、武術の足さばき、体さばきを学ぶ。バランス感が身につき、ふだん使わない筋肉が鍛えられる。正確に動けるまでは、ゆっくりと行えばよい。なおカラリの体さばきは、ナンバが基本。

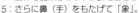

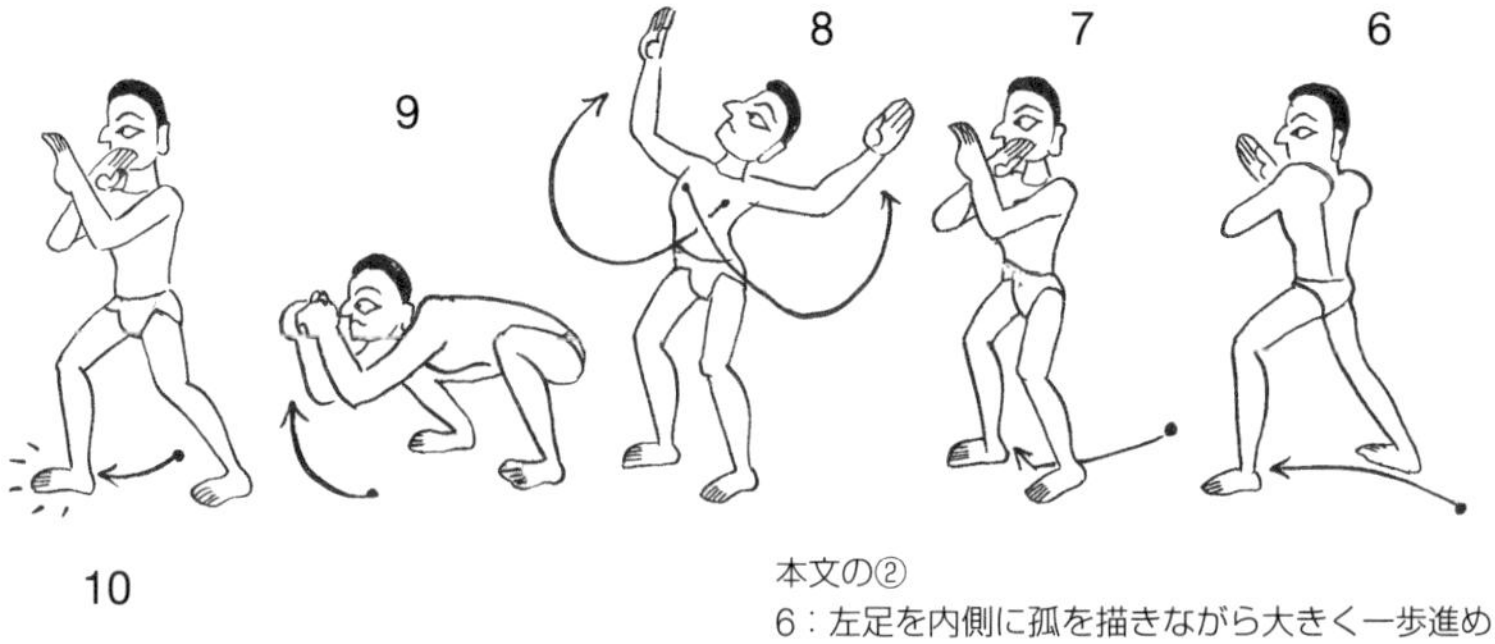

本文の②
6：左足を内側に孤を描きながら大きく一歩進め、
7：右足を左足に添えるようにしてから横に踏みだし、
8〜9：3〜5を繰り返して、「象」。

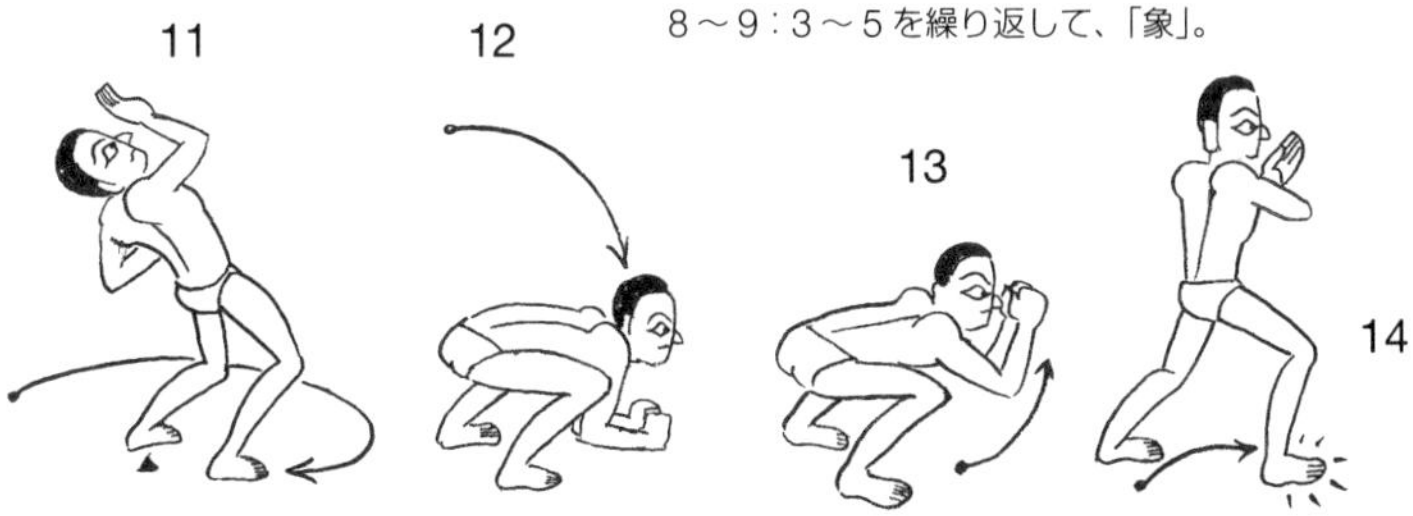

本文の③
10：右足を内側に弧を描きながら大きくドーンと一歩踏みだす。
11：その右足を素早く引きもどし、上体を反らせながら左足を軸に反転（このとき右足は時計まわりに270度移動する）
12〜13：3〜5を繰り返して、「象」。

本文の④
14〜17：10〜13をくり返して、体の向きを変えての「象」。

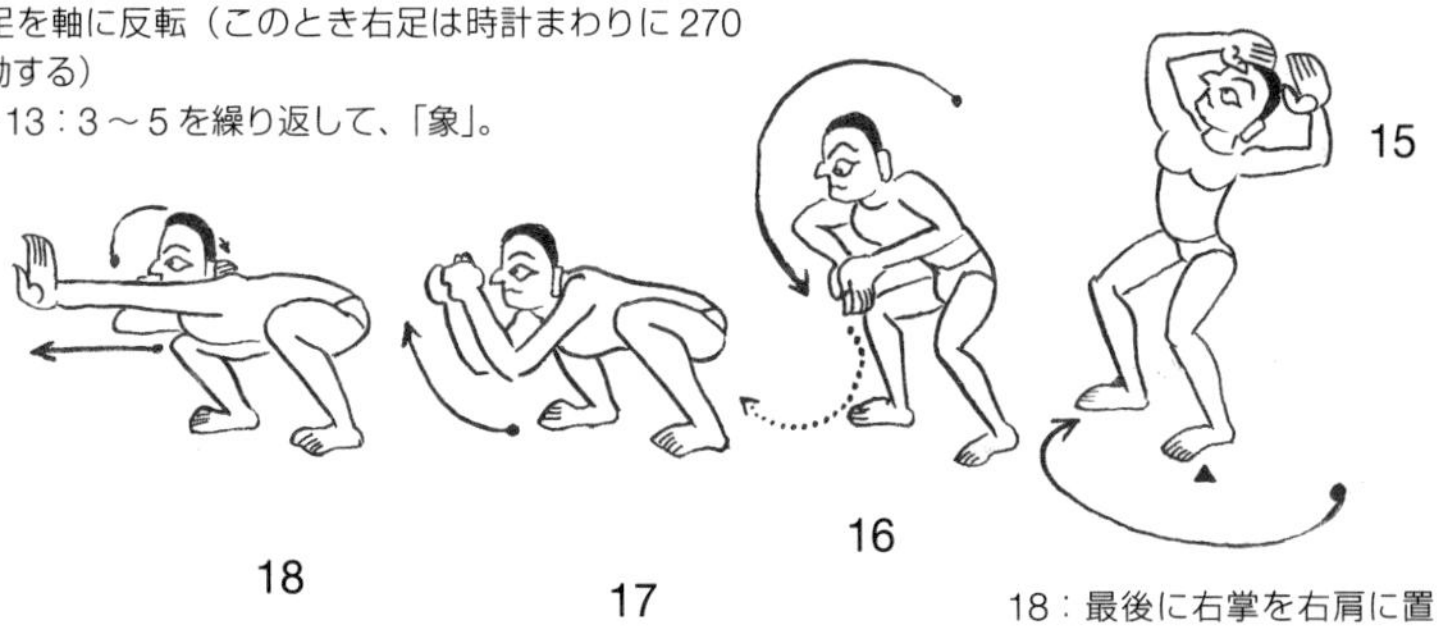

18：最後に右掌を右肩に置き、左掌を前にまっすぐ伸ばす。これは象が身を伸ばしている姿。残心。

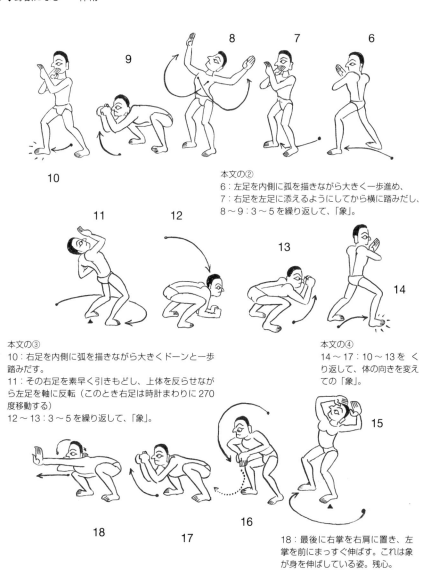

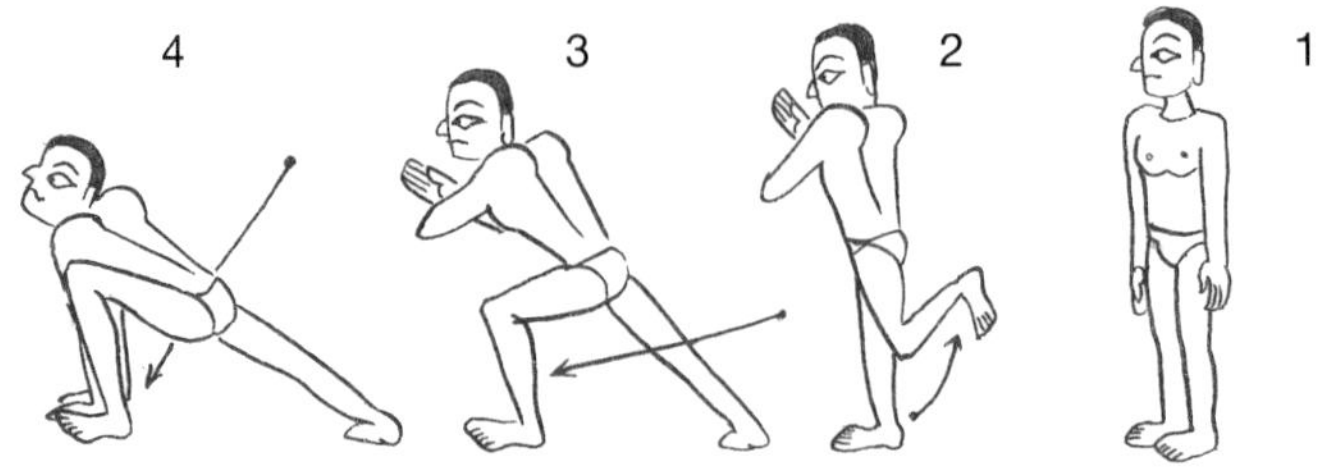

1：両足をそろえて直立。

2：両手首を胸元で交差しつつ、

3：左足を一歩大きく踏み出す。

4：同時に上体を前傾させ、両手を左足の横につき、頭を上げて、左足前の「馬」。

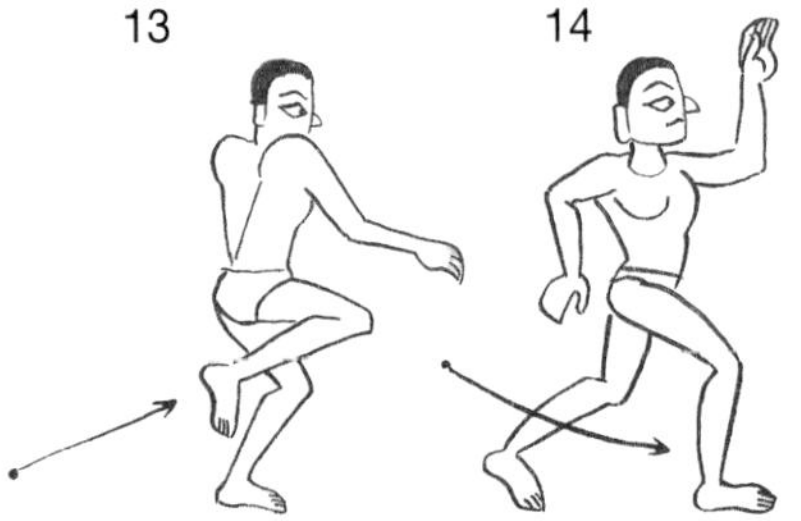

13〜14：起き上がり、右足を一歩大きく踏み出す。

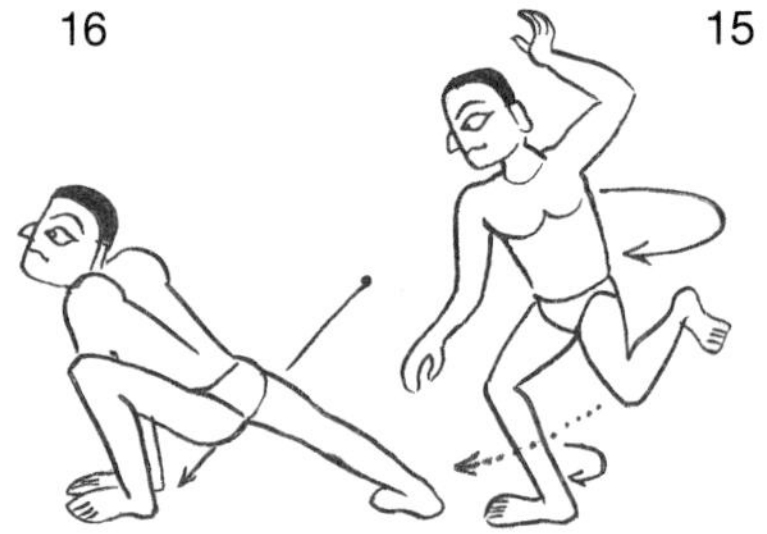

15：右足を軸に体を反転させ、

16：左足を踏み出して、左足前の「馬」。

(2) 馬のポーズ Aśva-v.

馬は、おのれの全力を中心軸に集中することにより、跳びはねながら速く走ることができる。
馬の息つぎ、跳躍の準備、前方への動作を真似たもの。キメは腕立て伏せしたときの片足を、両手の横に移動させたようなポーズ。

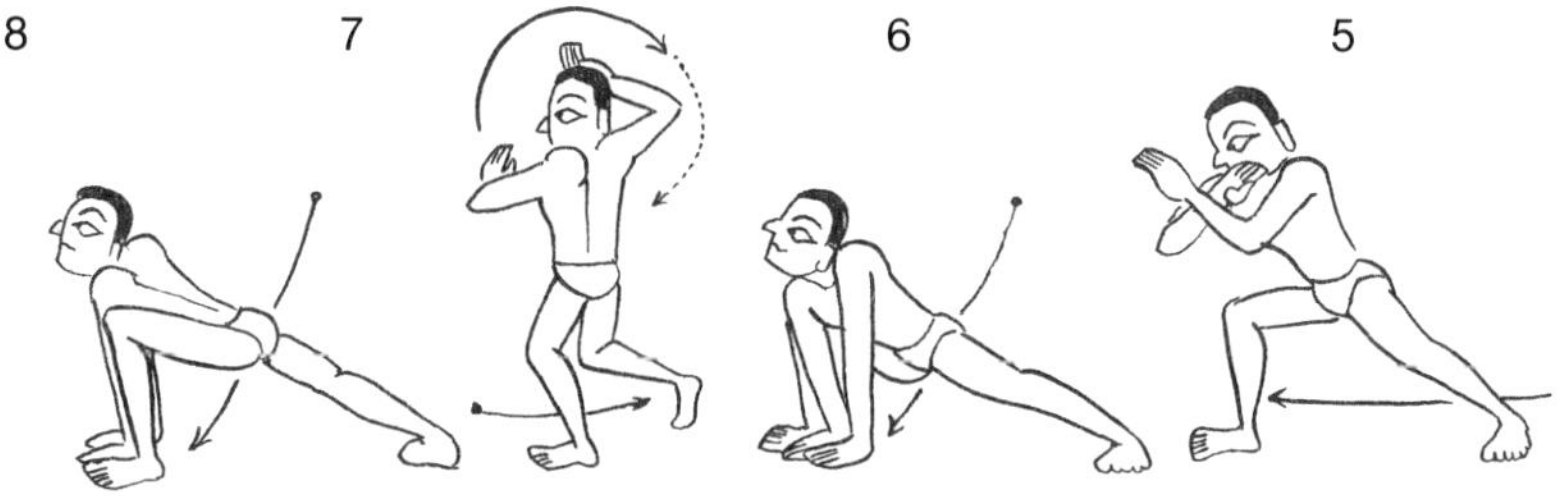

5：上体を起こしつつ、こんどは右足を一歩大きく踏み出し、

6：右足前の「馬」

7：右足を後退させ、右手を頭上から体側へまわしながら、

8：左足前の「馬」。

9：起き上がり、右足を軸に体を反転させ、

10～12：左足を一歩大きく踏み出して、左足前の「馬」。

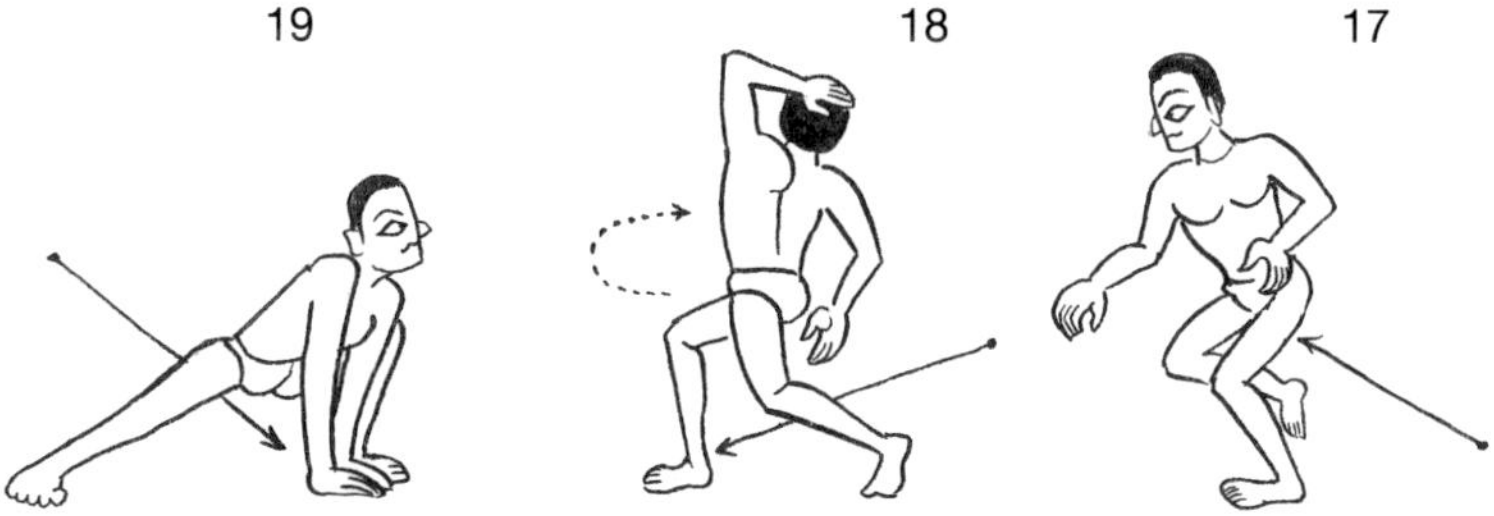

17～19：13～14をくり返し、体の向きを変えての左足前の「馬」。残心。

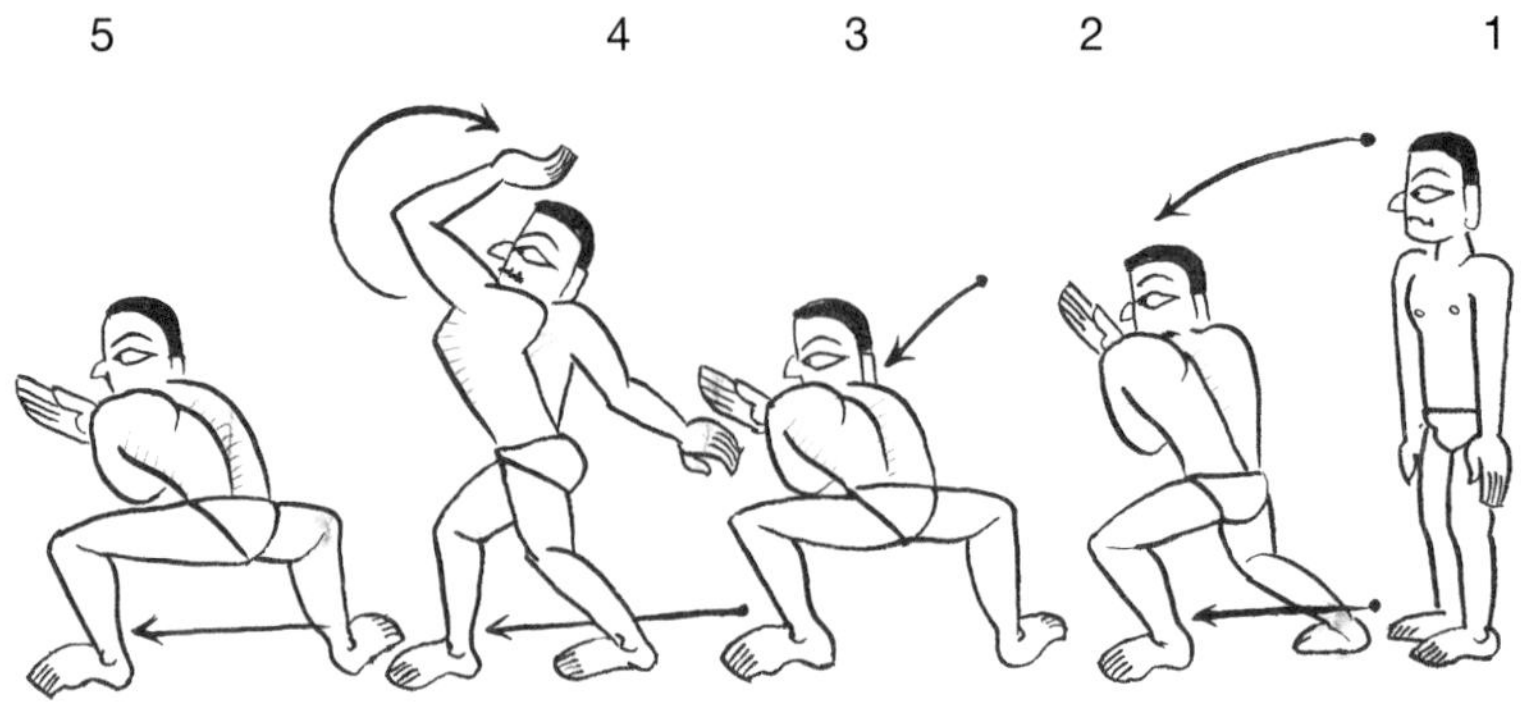

5：2〜3につなぐ。

4：上体を起こし、右足を踏み出すと同時に左手を頭上にかざし、

3：腰を落として左肩をつき出す。

2：左足を踏み出して、両手を胸元で交叉し、

1：両足をそろえて直立。

(3) 獅子のポーズ Siṃha-v.

ライオンは身を低くして獲物に近づき、一気に跳びかかって仕とめると、ゆっくり食べられるところまでズルズルと引きずってゆく。キメの位は、半身になって腰を大きく落とし、前足とおなじ側の手を伸ばし、逆の手を肩に構える。ライオンはかつて西北インドに多く生息したが、しかしケーララはトラの分布域である。ライオンはいない。このポーズが、カラリパヤットの起源を叙事詩武術にもとめる傍証にはなる。

9：左掌をつき出して左前の「獅子」。

6：6～8、4～5を繰り返し、

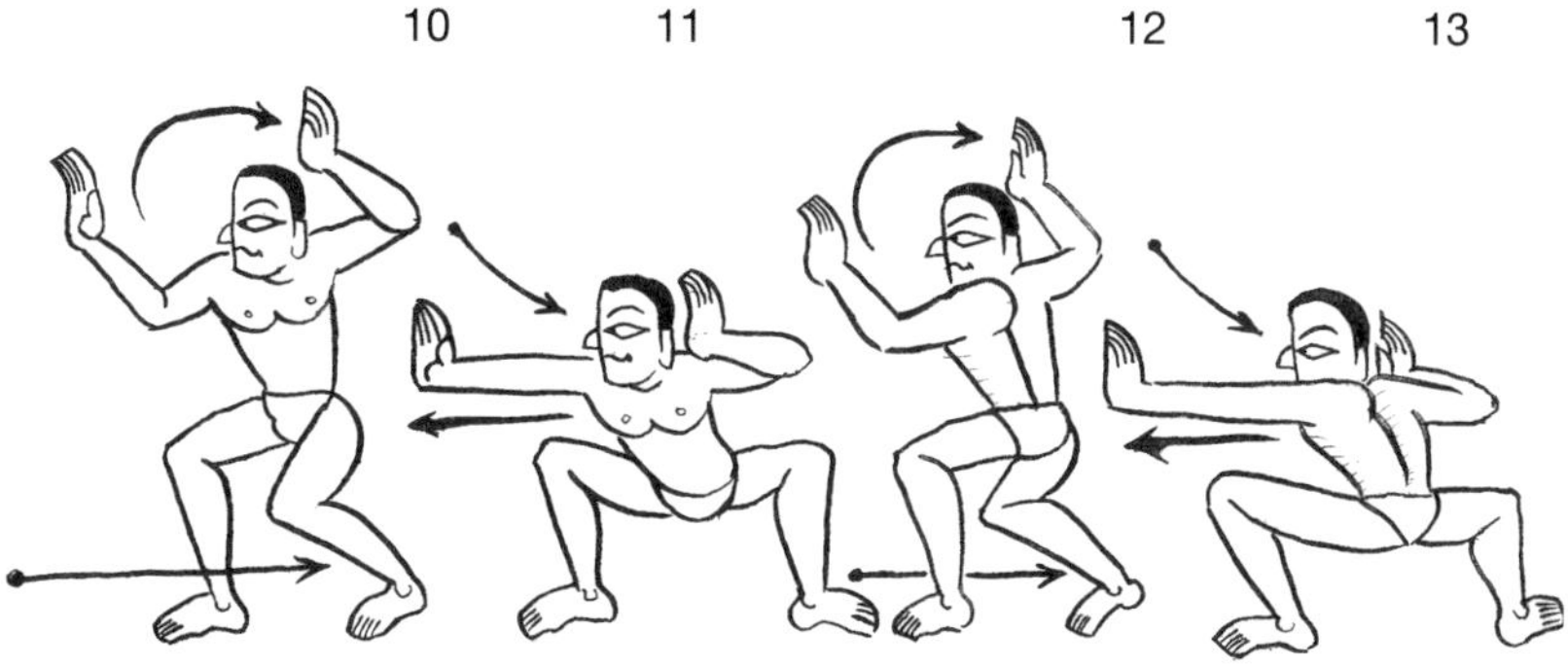

10：上体を起こし、左足を引くと同時に左手を頭上→耳の横とめぐらし、

11：腰を落として右掌をつき出し、右前「獅子」。

12：12～13、10～11を逆の側で行い、左前「獅子」。残心。

5：左前の「猪」。 4：左足を進め、 3：右前の「猪」。 2：右足を踏み出し、 1：両足をそろえて直立。

(4) 猪のポーズ Varāha-v.

イノシシの身を低くしたダッシュを真似たもっとも武術的な動作。体重移動が難しい。キメの位は、半身になって腰を大きく落とし、前足とおなじ側の手を額の前にはね上げ、逆の手を脇に構える。前の手は対手の攻撃を受ける構えで、武器術やウェルムカイ（カラリ拳法）でも用いられる。ウェルムカイでは対手の腕などを捕り崩していくというパターンが多いため、受けの手は空手と違って拳を握らない。また手刀も空手と異なり、親指を内側に折りこまない。

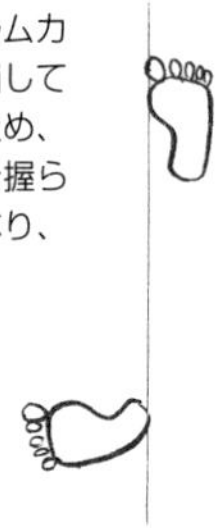

14：こんどはその右足を軸に体をそのまま右にぐるりと一回転させ、

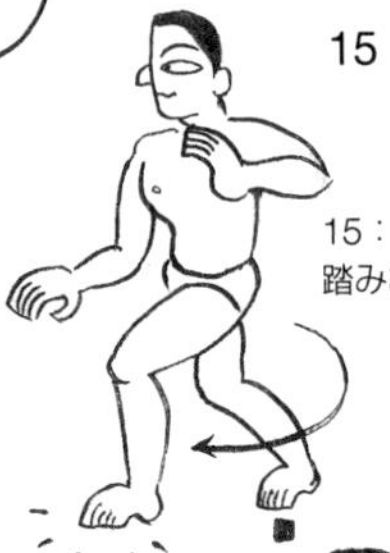

15：左足を前方に踏みおろす。

17：右前の「猪」。残心。 16：右足を踏み出し、

8：腰をやや上げつつ、さらに腰をひねって右手を左肩の上に移動。

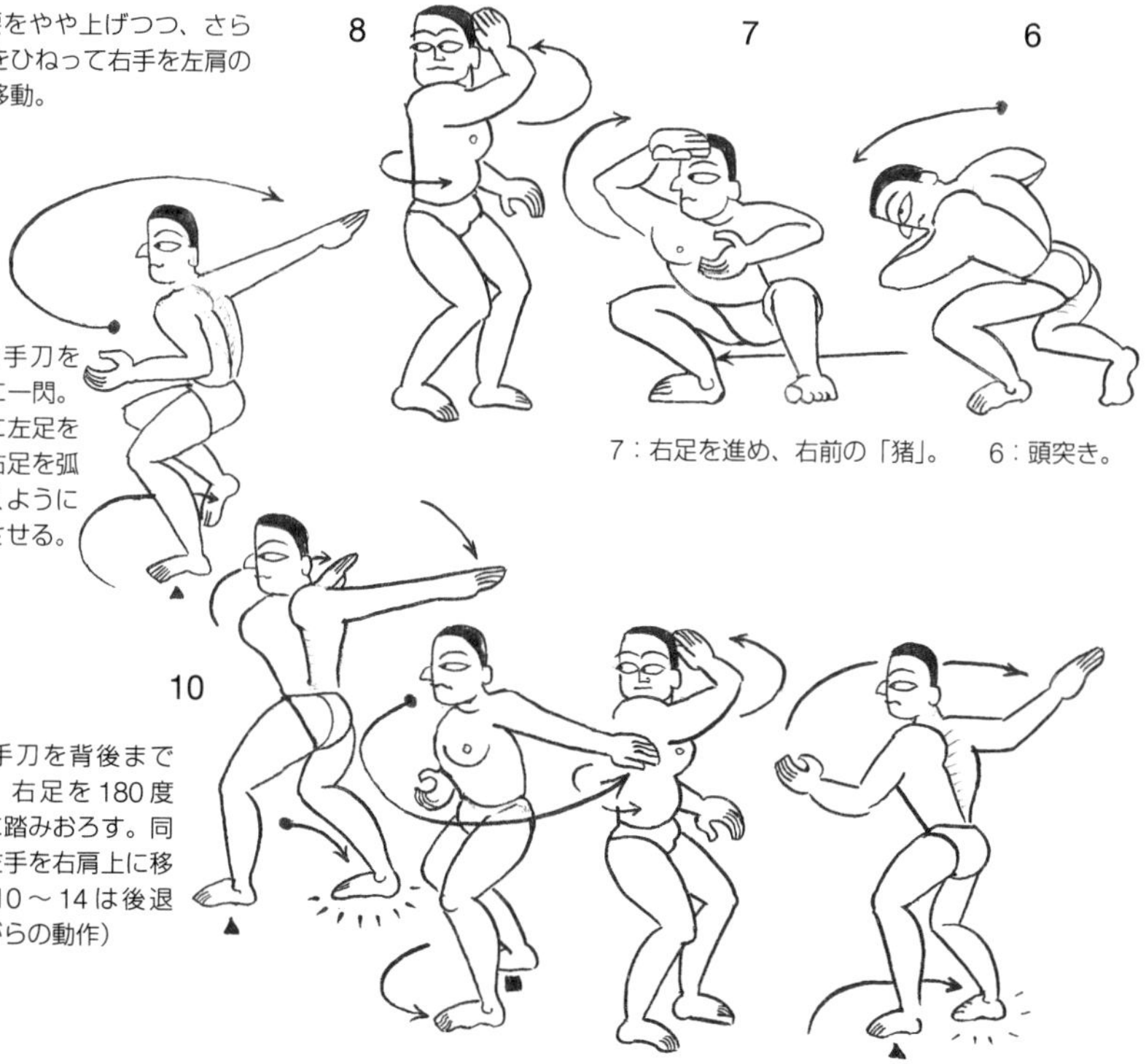

7：右足を進め、右前の「猪」。

6：頭突き。

9：右手刀を水平に一閃。同時に左足を軸に右足を弧を描くように移動させる。

10：手刀を背後まで振り、右足を180度後方に踏みおろす。同時に左手を右肩上に移動。（10～14は後退しながらの動作）

11：左手一閃。右足を軸に左足を移動。

12：左足を180度後方に踏みおろし、右手を左肩の上に移動。

13：右手一閃。右足を後方に踏みおろす。

(5) 蛇のポーズ Sarpa-v.

蛇(コブラ)は立ち上がって敵を攻撃する。しかし、尾は動くことなく地面にとどめられている。この姿勢から、あらゆる方向に身をおどらせ咬みつくのだ。このあらゆる方向に身をおどらせ攻撃する動作を模したもの。キメの位は、右前屈立ちし、上体を前にかたむけ、合掌手《がっしょうしゅ》を伸ばす。左足から両手の先が一直線になる。からだをひるがえして頭を伸ばす蛇の攻撃のポーズで、そろえた両手が蛇の頭にあたる。尾に相当する左足を軸に右まわりにぐるぐる回転する。礼拝のポーズでもある。

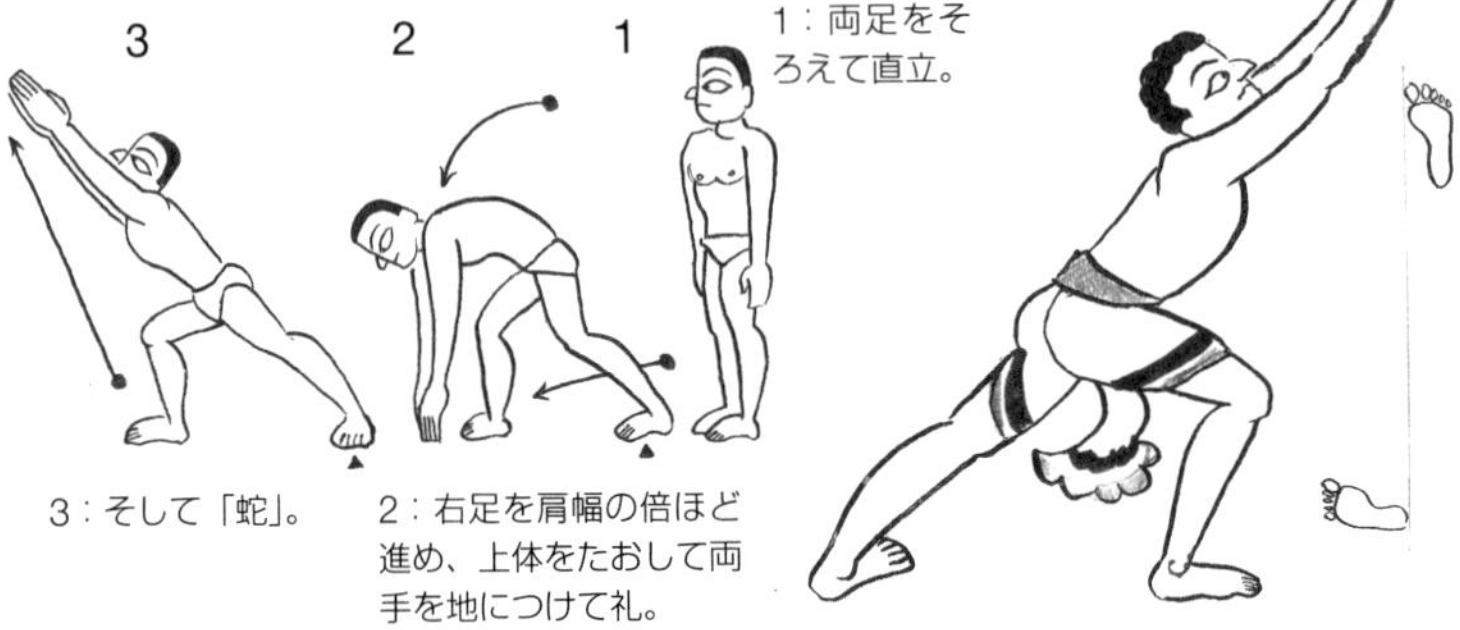

1:両足をそろえて直立。

3:そして「蛇」。

2:右足を肩幅の倍ほど進め、上体をたおして両手を地につけて礼。

4:左手で頭をガードし、右腕を縦にぐるりと一回転させながら、右足を任意の方向に運ぶ。

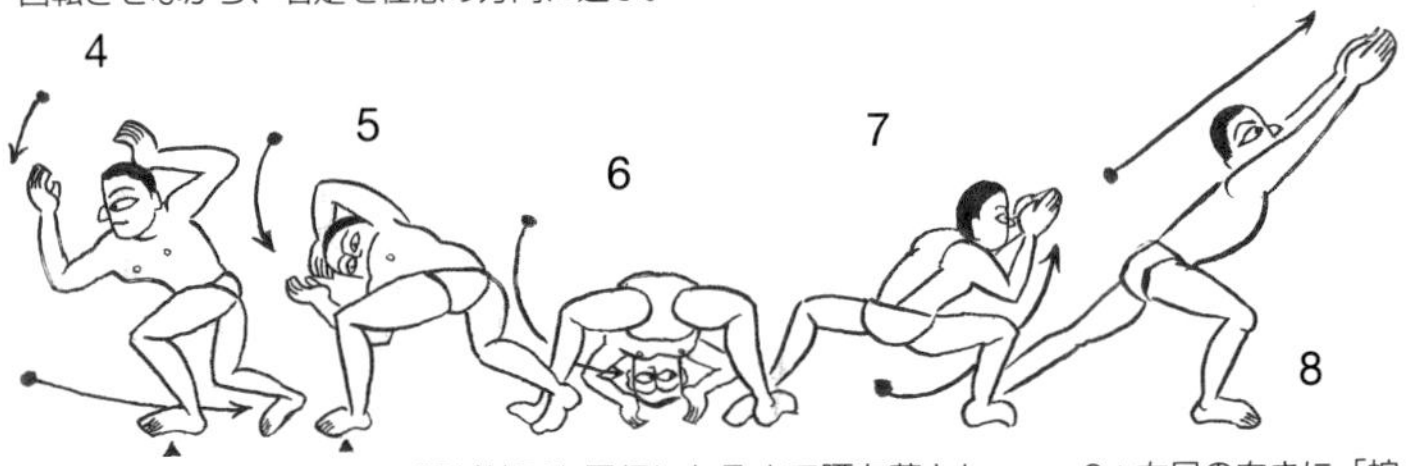

5〜7:腿が地面と平行になるまで腰を落とし、上体を左から右へと前方に回転させながら、

8:右足の向きに「蛇」。

9:9〜13、4〜8をくり返して「蛇」(東西南北の四方に向かって行う)。残心。

象は、四肢の膝をやや屈《かが》ませることによって巨体をささえ、長い鼻と勁《つよ》い前足を連携させて闘う。鼻を伸ばして牽制のジャブを入れ、前足で敵を踏みつぶし、あるいは鼻で巻きあげて地面に叩きつけるのだ。それをイメージしながら——。

①両足をそろえて直立したのち、両足を肩幅の倍くらいに開き、両手首を胸元で交差。上体を後ろに大きく反らせながら、両手を体側の下から頭上へとまわし、上体を前傾させながら腰を落として、相撲の仕切りのような格好に。それから、両手をもたげる。

ヴァディヴは制止したポーズではないと書いたが、それぞれキメとなる位《ポーズ》がある。大きく足を開き、腿が地面と平行になるくらい腰を沈めて上体を前傾させ、両手を顔の前に構えるポーズが、「象」の位だ。手の動きが、象の身の動きをしめしている。

②左足を内側に弧を描きながら大きく一歩進め、右足を左足に添えるようにしてから横に踏みだし、①を繰り返して、ふたたび「象」。

③右足を内側に弧を描きながら、大きくドーンと一歩踏みだす。象が敵を踏みつぶす動作である。地球の芯を貫くつもりで踏みおろしたら、こんどはその右足を素早く引きもどし、上体を反らせながら左足を軸に反転（このとき右足は時計まわりに二百七十度移動する）して、またまた「象」。

④③をくり返して、体の向きを変えての「象」。最後に右掌を右肩に置き、左掌を前にまっすぐ伸ばす。これは象が鼻を伸ばしている姿である。

その後、こうした蹴《カール》りや足さばき《チャヴァヴ》、動物のポーズ《ヴァディヴ》を組み合わせて、〝アタヴ〟と呼ばれるひとつの流れを練りあげてゆく。

日本の相撲の蹲踞《そんきょ》のように、腰を割って尻が床とすれすれになるくらいまで体を低くして這いまわっていたかと思うと、とつぜん立ち上がって蹴りを放ち、跳躍《ちょうやく》。宙で体をいれかえ猫のようにふわりと着地する（図5）。「川のごとく流れる《オールック》」と表現されるしなやかな身体動作を会得することが肝要となる。

アタヴは〝戦略〟ぐらいの意味だが、日本武術の「型」に相当するもので、十二〜十八種類ある。そして、すべてのアタヴは、腰を低く落とし、両手首を胸元で交叉させて、一歩踏み出すことから始められるが、このステップは「一点集中《エーカグラタ》」と称せられる（図6）。

かようなアンカ（連続実修）によって、
はじめて人は、花の周囲を飛びまわる蜂のごとく、
あるいは網をつむぐ蜘蛛のごとく、
前へ後へ、また右へ左へと
自在に動きまわることができるようになる。

『虎の巻』より

ヨガ武術？

以上のような動物のポーズやストレッチから、格闘技雑誌などで、しばしば、「カラリパヤットは、ヨガの影響を受けて成立した武術である」と、記されているのをみます。だが、ヨガがハタ・ヨーガのことをさしているのであれば、それはちょっと違う。

ヨーガのアーサナは、モンドリアンやクレーといった抽象絵画に喩えることができましょう。

しかし、抽象絵画は、画家の頭の中で、最初から抽象として存在するわけではありません。風景とか静物とか人体とか、かならず具体的な象《かたち》から始まるのです。そうした具象的なものを、リズムを強調すると

か、色彩に焦点を当てるとかして、抽象化してゆく。抽象することによって、そのものの本質《エッセンス》をとらえようというのです。

ヨーガのアーサナもそれに似ています。

おそらく、はじめは、シャーマンのダンスであった。

インドには、猛蛇のコブラや、そのコブラを食べる孔雀、頭までの高さが二メートル以上もある世界最大最強の野牛ガウルがいる。つまり、そうした野生の動物の神秘的で偉大な力を、自分の裡《うち》に取りこむためのダンスが、まず最初にあったのです。このようなシャーマン・ダンスは、インド中部の山岳地帯に数多く残る太古の狩猟民が描いた岩壁画のなかにも見ることができます。

そうした魔術的なダンスが民俗舞踊や武術に採り入れられ、さらに抽象化してヨーガのシステムに取り入れられたものが、アーサナなのです。だから、たとえば、ヨーガのアーサナのなかに〝ヴィーラバドラ〟という連続したポーズがあります。ヴィーラバドラとは、武術の創造神シヴァのこと。このアーサナは、カラリパヤットの動物のポーズをダイジェストしてみせたものなのです（図7）。

舞踊も武術もハタ・ヨーガも、根をともにしているのです。

そのため、ケーララの伝統では、三者の境界は曖昧です。舞踊家がカラリで身体表現を学び、武術家がハタ・ヨーガの教師を兼ねることが多い。それが可能なのも、いずれも同一の身体観にもとづいた「身体祈願の法」でもあるからなのです。

身体を祈りのための装置にするのです。

ここでいう祈りとは、なにものかに捧げる、あるいはなにごとかを願う、というものではない。それは、いのちの底から湧いてくる極めて原始的な衝動である。

稽古では、おのれのすべての感覚を鎮める。フンドシの裡に締め込まれた肚《はら》（丹田）に、祈りの衝動を集中する——。

図 5　アタヴ（型）の例 Atavu

身体エクササイズの連続は、いかにもエクササイズだ。しかし、攻防の動作が秘められており、修熱することによって、徒手戦闘への用法（ウェルムカイ）が可能となる。

START
右頁上段へ

図6　一点集中 Ekāgratā

アタヴ（型）の最初のステップを“エーカグラダ”（一点集中のポーズ）という。なおこの名は『マハーバーラタ』の次のようなエピソードにちなんだもの。


武術の師ドローナは弟子たちの技量を試してみたくなり、あらかじめ作ってあった鳥の標的を大木の上に掛け、全員を集めた。

「よいか、わたしが射てといったら直ちに鳥の頭を狙って矢を放て」そういって、まずパーンダヴァ兄弟の長ユディシュティラに矢をつがえさせた。

「ユディシュティラよ、鳥が見えるか？」ドローナは矢を射んとする寸前の彼に向って問うた。

「見えます」ユディシュティラは答えた。

「では、鳥の他に樹とわたしと兄弟たちの姿が見えるか」と再び尋ねた。

「見えます」ユディシュティラは即座にいった。

ドローナは再度同じ質問を発し、再度同じ答えが返った。何度やっても答えは変らなかった。不機嫌さを押さえ切れず「もうよい。お前では駄目だ」といい、次にカウラヴァ兄弟の長兄ドゥルヨーダナに代らせたが、結果は同じだった。パーンダヴァの次男ビーマも他の王子たちも答えはすべて変らず、ドローナは最後に残ったパーンダヴァ三男アルジュナに望みをかけて問うた。

「どうだ、アルジュナ、鳥とわたしと樹と兄弟たちが見えるか？」

「いえ、鳥の他、何も見えません」

「よし、では鳥の何処が見えるかな？」

「鳥の頭だけが見えます。でも体は見えません」

「射て！」

ドローナの声が掛るや否や、鳥の頭は鋭い矢によって切り取られ、はらはらと地上に落下した。

「でかしたぞ、アルジュナ」ドローナは彼をしっかりと抱きしめた。

（山際素男訳、三一書房刊『マハーバーラタ』より）

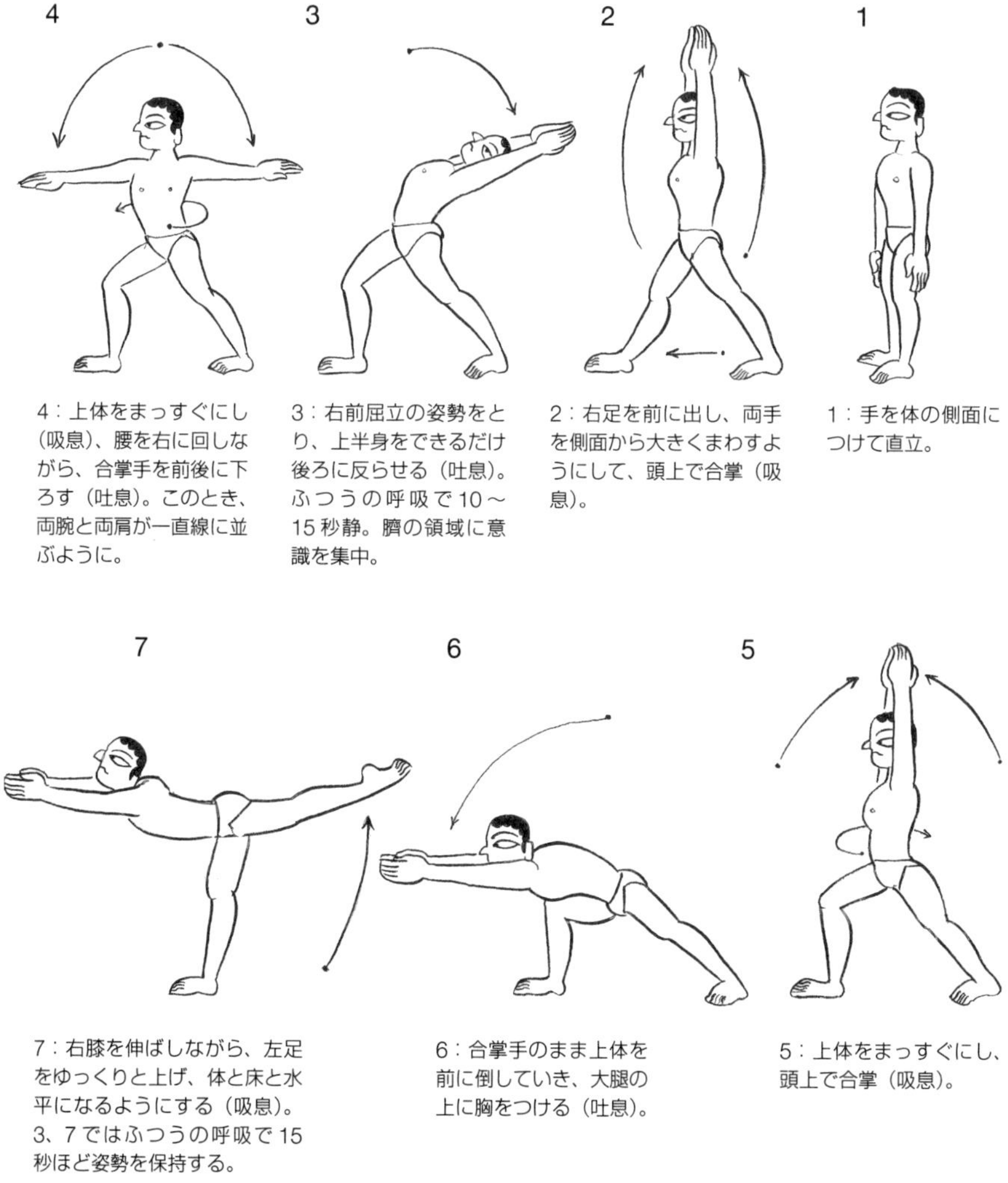

1：手を体の側面につけて直立。

2：右足を前に出し、両手を側面から大きくまわすようにして、頭上で合掌（吸息）。

3：右前屈立の姿勢をとり、上半身をできるだけ後ろに反らせる（吐息）。ふつうの呼吸で10～15秒静。臍の領域に意識を集中。

4：上体をまっすぐにし（吸息）、腰を右に回しながら、合掌手を前後に下ろす（吐息）。このとき、両腕と両肩が一直線に並ぶように。

5：上体をまっすぐにし、頭上で合掌（吸息）。

6：合掌手のまま上体を前に倒していき、大腿の上に胸をつける（吐息）。

7：右膝を伸ばしながら、左足をゆっくりと上げ、体と床と水平になるようにする（吸息）。3、7ではふつうの呼吸で15秒ほど姿勢を保持する。

図7　ヴィーラバドラ・アーサナ

ヴィーラバドラ（シヴァ神の忿怒相）は武術の開祖だ。武術の動物のポーズの動きをハタ・ヨーガの体位法に練り直したのがこのアーサナである。動物のボーズの動きが取り入れられているのがわかる。また、一本足で立つのはカラリの孔雀のポーズ。

効果：バランス感がよくなる。糖尿病の予防。ストレス解消。脚線を美しくする。

『ダヌルヴェーダ本集』118、119偈に、

弓を引くときは、生命風《プラーナ》を注意深く吸い込むべし。

目、鼻を閉じて気息《クンバカ》を保持したのち、吽《フン》の音とともに吐き、矢を離《はな》つべし。

弓術の成就を欲する者は、かような呼吸法を修するべし。


とあります。これは、ハタ・ヨーガでいう〝プラーナーヤーマ〟呼吸法にほかなりません。

動作と呼吸を一致させることは、カラリパヤットでも強調されています。

たとえば、蹴り《カール》のときは――。

蹴りと吐息（レーチャカ）
蹴り足の振りもどしと吸息（プーラカ）
踏み出しと保息（クンバカ）

を同時に行います。

「鼻じゃ、鼻で呼吸《いき》するんじゃ。口を開けてはならぬ」

苦しくなって、口が開きかけると、グルッカルはそう注意するでしょう。

「前蹴りが正しくなされ、足が（頭上にかかげた）手に触れるとき、呼吸も正しくなされるんじゃ」

口を閉じ、手を持ち上げ、背筋をしっかり保つことによって、祈りの力（シャクティ）はおのずと顕現をはじめます。

AGNI（火神）

5 人になる――武器術

ダヌルヴェーダの定むるところにしたがいて、七つのシャストラ（武器）を学ぶべし。

しかして、それらを、

「アストラ（スーパー武器）とすることこそ肝要なり」

とぞ大自在神《マヘーシュワラ》（シヴァ神）仰せらり。

『虎の巻』より

大量破壊兵器はあったか？

ここにいう「ダヌルヴェーダの定むるところ」とは、『ダヌルヴェーダ本集』8偈の、
素手の戦闘（バーフユッダ）にいたるまで七段階あり。すなわち――、
①弓（ダヌ）
②円盤（チャクラ）
③槍（クンタ）
④刀剣（カドガ）

短棒のお稽古

⑤短剣（チュリカー）
⑥鎚矛《つちほこ》（ガダー）
そして、これらの武器を失いしときにのみ、
⑦素手（バーフ）で闘う。

を承けたものと思われます。

こんにちの武器分類法にしたがえば、①②は「飛翔武器類」、③は「長柄武器類」、④は「刀剣類」、⑤は「短剣類」、⑥は「棒状打撃武器類」ということになりましょうか。

カラリパヤットの全盛期であったケーララ中世（十二〜十七世紀）の文学からはこれらの武器のすべてが用いられたことが知れるが、現在のカラリでは「飛翔武器類」が欠落している。弓や円盤が、火器の普及とともに衰退していったことは言うまでもありません。

ところが、このテキストはその火器についても記している。

ナーリーカーは球《まる》い形をした矢《バーナ》（弾）にして、
筒状の器械《ナラ・ヤントラ》（＝砲身）から離《はな》たれる。
遠く離れた標的や城塞を攻撃するときに用いる。（74偈）

また、拳構え《ムシュティ》（弓を引くときの右手のかたち）の一として、
人さし指を伸ばし、親指の付け根の下に運ぶ。
パターカとして知られるこの拳構えは、

遠方を射撃する鉄砲《ナリカー》に［も適用される］。（84偈）

『ダヌルヴェーダ本集』に説かれる弓は、古代に用いられた大型の単弓《ヴァンシャ》と合成弓《シャールンガ》のみで、中世の弓――半弓と金属弓についての記述はいっさいない。ために、このふたつの詩頌《シュローカ》が妙に浮いてしまっている。

公認の歴史では、火器を初めて実戦に用いたのは十二世紀の中国・南宋。

翌十三世紀の元寇では、日本人は「てつはう」（鎌倉時代の発音は、おそらく「てっぽう」）なる火器（中国でいう震天雷《しんてんらい》）に苦しめられる。これは、いわば焼夷弾である。

それが回回砲《かいかいほう》という大砲に進化し、中央アジアのトルコ系騎馬民族によってインドにもたらされたのは、十四、五世紀。ナーリーカーというのは、この回回砲のことであろう。台車にのせ、馬や駱駝にひかせて運ぶ。砲身は主として青銅製で、引金《トリガー》はなく、火縄《ファイヤーヒューズ》が燃え尽きると発射される。

そのため、この二偈はそれ以降に加えられたものと考えられている。

ところが、ところが――。

超古代文明ファンのかたは御存知のことと思いますが、古代インド人はすでに火器を有していた、とする説が根強くささやかれている。いや、それどころか、ヴィマーナという飛行艇や核兵器すら所有していたと主張する者もいる。かれらがあげる根拠のひとつが、例の『マハーバーラタ』なのであります。

パーンダヴァ五王子のひとりアルジュナは、パシュパティ（シヴァ神の別名）から直接武術を学び、皆伝のしるしとして、究極の武器《アストラ》を授かる。

また、アルジュナの兄でありながら武術のライバルでもあり、いきさつ上、敵方のカウラヴァ陣営に与《くみ》したカルナも、パラシュラーマ仙から武術を学び、同様の武器を得た。

このアルジュナとカルナの葛藤が、『マハーバーラタ』の筋立ての大きな柱となるのだが、両陣営、ついに現在のデリー北方のクルクシェートラの野で激突する。
しかし、カルナはゆえあって、これを用いることができなかった。
いっぽうアルジュナは、〈パシュパティの武器《パシュパターストラ》〉とよばれるその大量破壊兵器を——

パーシュパターストラが離たれた
その矢は輝く流れ星のように落下し、光となって敵をつつんだ
恐ろしい風が吹きはじめた
空に雲がうなり、血となり降りそそぐ
太陽が揺れうごく
宇宙は焼けこげ、異常な熱を発している
この武器に敵の戦士たちは、猛火に焼かれた木々のように倒れ
またある者は、恐怖に狂ったように、水を求め辺りを駆けまわった

パーンダヴァ軍は最終的にはこの武器によってカウラヴァ軍に勝利するのだが、パーシュパターストラが炸裂するシーンは、こんにちの戦術核兵器そのものである。火薬すらなかったはずの古代に、想像力だけで書かれたものとしては、あまりにも真に迫っているではないか。——と、かれらは主張するのです。
これをどう考えるかは後まわしにするとして、現在のカラリパヤットで学ばれる武器について、ざっと述べておきましょう。

武器の種類

カラリの武器術は、木製武器、金属武器の二つのカテゴリーに分類されている。そして、その修得はカ

ラリ稽古のそれぞれ第二階梯、第三階梯とされ、現在ケーララでもっともポピュラーな流派CVNカラリでは、ふつう、

棒↓短棒↓曲棒↓短剣↓刀剣↓槍

の順で教えている。前三者が木製武器、後三者が金属武器だ。身の丈《たけ》の棒から曲棒、短剣と得物を縮めてゆき、転じて刀、槍と難度の高い長柄武器を学んでゆく（図1）。

第一階梯の体術（メイターリ）は一人稽古だが、武器の訓練は二人一組になって行う。体術にしたがって跳んだり、屈んだり、回転したりしながら技をくり出す。型《アタヴ》の動きに武器を乗せるのである。

日本の古武術同様、防御と攻撃とが一体になった型がそれぞれの武器に十二〜十八ずつあり（失伝してしまった型も多い）、これによって武器操法を体に染みこませるのだ。

木製武器術（コールターリ）

木製武器術は、危険な金属武器使用の準備段階と見なされている。そして、武器体系が棒に始まるのにも、意味がある。

ヒトの先祖は獲物を狩るに、身近にあった木ぎれや鹿などの大腿骨《だいたいこつ》を棍棒に用いたときから、人類としてのみちを歩みはじめた。石器を棒の先にとりつけると槍、斧として人間の力を何倍にも増幅してくれる。すなわち、棒は、武器・道具の原形であり、それを手の延長として自在に使いこなせるようになることが肝要なのだ。日本でも、江戸時代初期に夢想権之助が開いた神道夢想流杖術の道歌に、

「突けば槍、払えば薙刀《なぎなた》、持たば太刀、杖はかくにも、はずれざりけり」

とあるように、刀槍・薙刀の術は、杖術の技法が発展してできたものといえる。杖（棒）は、柄と刃からなる刀剣類と異なり、手にする部分と、じっさいに相手を攻撃する部分の別がない。闘いの流れのなかで、両の手は杖の端《はし》から端まで休みなく移動し、杖端が右から左から打ち出される。杖は直線にも突き出

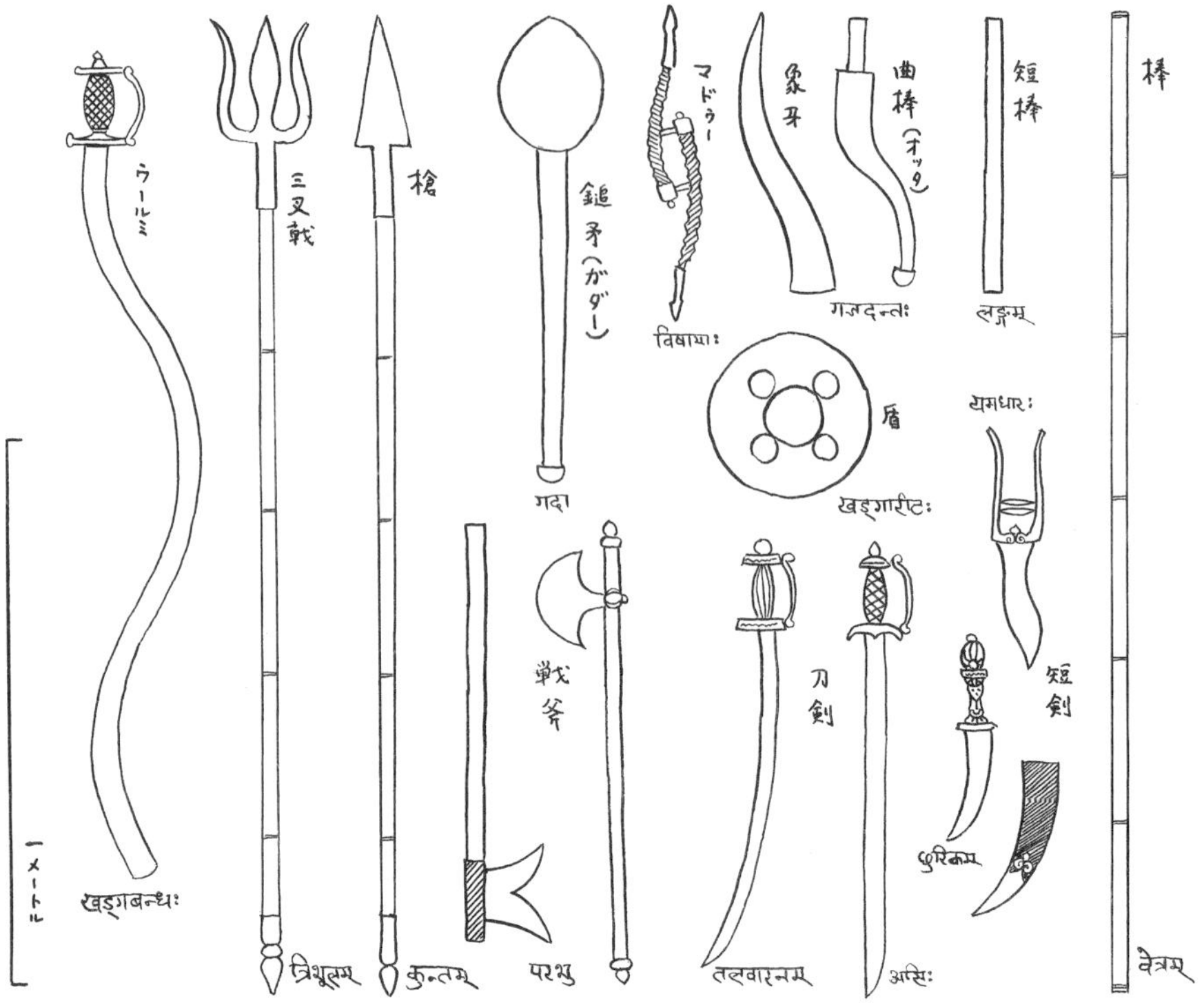

図1　カラリで用いられる武器

される。

カラリで使う棒（ケットウカリ）は、竹を各人の背丈の長さに合わせて用立てられる。手は体の前に、重心は前足にかける。棒は対手《あいて》との間《ま》を離して構える。

二人稽古は、日本の剣道のきりかえしを連想させる。ひとりが棒を相手の面に連打し、対手はそれをおのれの棒で受ける。そして打ちこまれる棒を巻き落としてカウンターをとるという動作を混じえる（図2）。

南派やタミル武術では、棒を風車のように回転させながら、打ちこんだり受けたりする技術が重視される。また、棒を用いた関節技も発達している。

短棒は〝ムーチャン〟という。チャンは長さの単位で、約十四センチ（八指幅）。ムーは三。つまり四十数センチの堅い棒である。ナイフや短剣のような短い金属武器の基礎訓練とされ、操法には棒以上の精度とスピードが要求される。手首のスナップを利かせて、連打する。熟練者は、一分間に百五十回以上の打突をくり出すことができる（図3）。

曲棒（オッタ）は、短棒よりやや長いが、ゆるいSの字をえがくように曲がった木剣である。柄の長さは十センチ。切尖《きっさき》で対手の急所を突くのだが、安全性を考慮して、先端は丸くふくらんでいる。

一部の者によってのみ実修される番外の木製武器として鎚矛（ガダー）、つまり先端に重りのついた棍棒がある。むかしのガダーは鉄製であった。しかし、現在のカラリでは堅いタマリンド樹の材から削り出したものを用いている。長さは一メートルほど。これを振りまわして対手をぶちのめすのだが、ひじょうに重量のある武器なので、ヘビー級の戦士にしか扱えないのだ（図4）。

北インドのクシティーの力士は、棒の先にでっかい石をつけた鎚矛をブンブン振りまわし、ウエイトトレーニングする。色気のない新体操といったあんばいだ。なんとか振ることができても、クシティー起源の鍛練法であるヒンドゥースクワットでばっちり下半身を鍛えておかないと、逆に体が振りまわされる。

また南派やタミル武術に特有の武器として、コークスクリュー状に渦を巻いたレイヨウの角《つの》を二本、たがい違いにして組み合わせたマドゥーがある。もっとも最近は角を入手することが難しくなり、木や硬質プラスチック製の模造品を用いることが多くなった。

古来シヴァ派の行者《サードゥ》に愛用されてきた武器であるため、英語でファキール・ホーンズ（行者の角）とよばれる。通常、棒や鉈《なた》をもった対手と演武する。術者は行者であることをしめす虎皮（アニマルプリント）の腰巻きを身につけ、一人または二人の敵と攻防をくり広げる（図5）。

図 2　棒術 Kettukari-payattu

図 3　短棒術 Mūcan-payattu

武器術にも蹴り技が併用される。

図 4　鎚矛術 Gadā-payattu

図 5　マドゥー術 Madū-payattu

金属武器術（アンカターリ）

短剣類の刀身は二十～三十センチほど。間合は短棒よりさらに縮まる。ナイフをふくめ数種類の短剣があるが、カラリでよく用いられるのは、柄の部分が二股になり、その間に渡されたバーを握るカッタラム。英語ではタイガーナイフとよばれている。柄は攻撃のさいに手指や前腕をまもる籠手《こて》の役をはたし、またこの部分をつかって敵の攻撃をブロックする（図6）。

刀剣類にも各種あり、歴史的な変移もある。形状が異なると、用法も違ってくる。鎌のように内側にカーブした剣は別として、世界のいずこも古代の剣は直刀であった。反りのある刀は、中央アジアの騎馬民族に始まる。かれらが用いる刀法は、馬上から振り下ろして断ち切るものであったため、直刀から曲刀にとしだいに変化していったのだ。

日本では、蝦夷《えみし》とよばれた人々が、八世紀までには反り身の刀を打ちはじめている。それが世界に誇る日本刀の誕生につながる。

インドには、火器と同じ経路で十四世紀ごろに入った。タルワールと称されるインドの曲刀は、神秘の鋼鉄バッタローハカ（ダマスカス鋼ないしはウーツ鋼）で造られたことで世界的に有名になった。反りのある刀としては、日本刀と並び賞される完成度を持つ。

タルワール刀であるが、用法は現代の日本剣道とはまったく異なる。

刀身は六、七十センチほど。防御には盾を用いる。すなわち片手操法である。

刀術の稽古を〝ヴァールワーリ〟（刀風）という。刀をクルクル回転させる。それが大気を灼《や》き切るようなうなりを生ずる。「刀で風を呼ぶ」のだ。対手との間合に応じて、回転の弧は大きくも小さく鋭くも変化する。回転とともに体も転々と変化する。タルワール刀が稲妻のごとくきらめく。そして一瞬の隙を

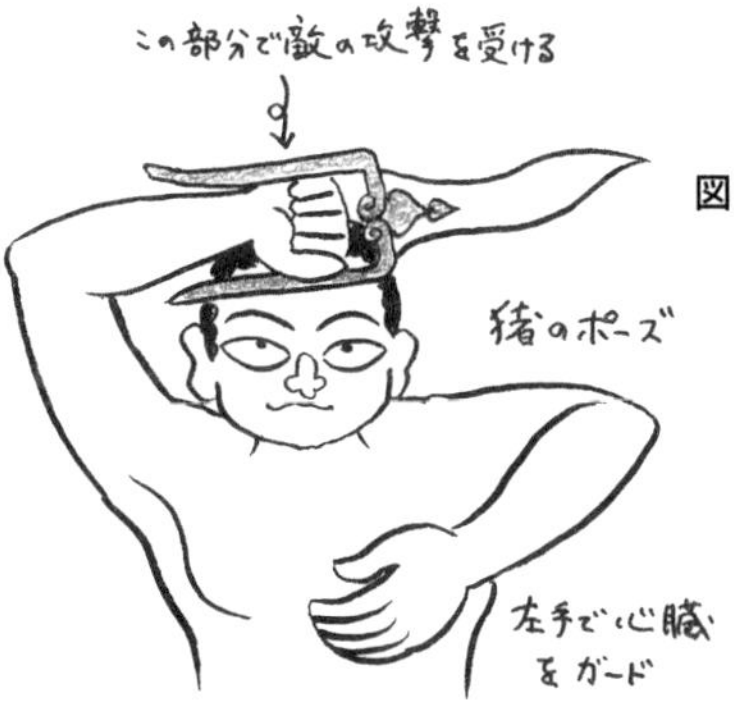

図 6　短剣術 Kattara-payattu

図 7　刀術 Talvār-payattu
跳躍して対手の横薙ぎをかわす技が多い。（右）盾の持ちかたは流派によって異なる。上は盾を前腕に固定させ手首の回転によって操作する持ちかたで、北派に独特なもの。盾を使っての体当たりに適している。下は鍋ブタのようにしっかりとつかむ。南派や他のインド武術はだいたいこの持ちかたをする。

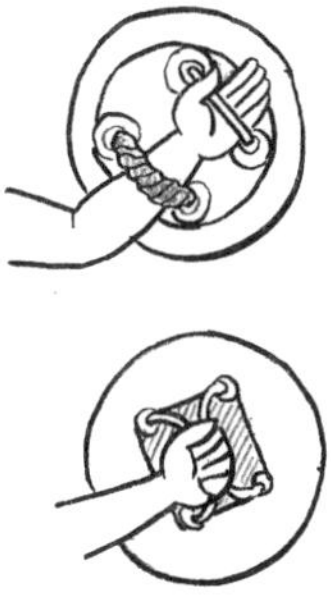

みるや閃光のごとく、あるいは鷲のごとく地上高く踊りあがりながら斬りかかってくるのである（図7）。

ウールミ（スプリング剣）という珍しい刀もある。これは直刀だが、長さがタルワールの倍以上もある。刀身は弾力性に富み、蚊取り線香のように巻いて携帯することができる。中世の女性はベルトがわりに腰に装着して護身具とした。ためにサンスクリットでは「刀の帯《カドガバンダ》」と称する。用法はむしろ鞭《むち》に似るかもしれないが、刃筋を立てれば首を斬りおとすこともできる。修得が困難なため、ふつうは武器術の最後に教えられる（図8）。

槍（クンタム）は、中国でも「刀術百日、槍千日」といわれるように、技法が高級で修得に長年月を要するが、基本となるのは最初の棒術である。はじめに戻るわけだ。

演武では、タルワール刀との決闘がよく行われる。間合が勝敗をわける。日本でも「槍をとめる剣はなし」といわれ、長い槍の優位は当然である。タルワールが槍をとめるには対手の近間《ちかま》に飛びこまねばならぬ。逆にいえば、槍術では対手との間を保ち、長器の利を活かすことが肝要となる（図9）。

武器をスーパー武器に易《かえ》る

さて、以上述べた武器のなかで、カラリでもっとも重んじられるものは――。

刀でも槍でもあらず。じつは木製武器の曲棒（オッタ）なのです（図10）。その操法を説くことで、先述の「超兵器をどう考えるか」のひとつの回答を語ることになるかと思われます。

ダヌルヴェーダの「武器」をあらわす語には、〝シャストラ〟と〝アストラ〟の二つがあります。

〝シャストラ〟は「利器／刃物」が原意だが、ここであげた金属武器、木製武器はすべてこの範疇に含められています。

図 8　ウールミ Ūrumi
腰に巻いて携帯することのできるウールミは、女性に愛用された護身具でもあった。15 ～ 16 世紀のウンニ・アルチャーはウールミ術の達人として名を残している。もっとも彼女に武器など必要ない。濡らしたショール 1 本で、暴漢の群れを蹴散らしたという。

図 9　刀対槍の決闘 Mara-pidicha kuntham
けっきょくは間《ま》――時間・空間の間を制した者が勝者となる。

〝アストラ〟とは、矢や円盤《チャクラ》、あるいはミサイルのような「飛翔武器」のことだが、ダヌルヴェーダでは「真言《マントラ》によってシャクティ（エネルギー）を吹きこまれた武器」の意をもたせています。

もし、汝がありふれたダルバ草に適切な真言をつぶやいて離てば、
それは武器《アストラ》に変わるであろう。
もし汝が、なにかに固有の真言を吹きこんで目標物か人間に向けて投げれば、
当たった瞬間それは破壊されてしまうであろう。

『今昔物語集』巻二十四にいわく、

「陰陽師《おんみょうじ》の安倍晴明《あべのせいめい》が草の葉を取り、なにやら呪文を唱えて投げると、蛙がつぶれて飛び散った」

いまや夢枕獏さんの『陰陽師』によってすっかり有名になった譚《はなし》ではありますが、これはまさにアストラの概念を語ったものといえましょう。

先の『マハーバーラタ』では、カルナはパラシュラーマ仙に師事するさい、身分を詐《いつ》わった。なぜなら、彼は師が嫌悪するクシャトリヤだったからです。

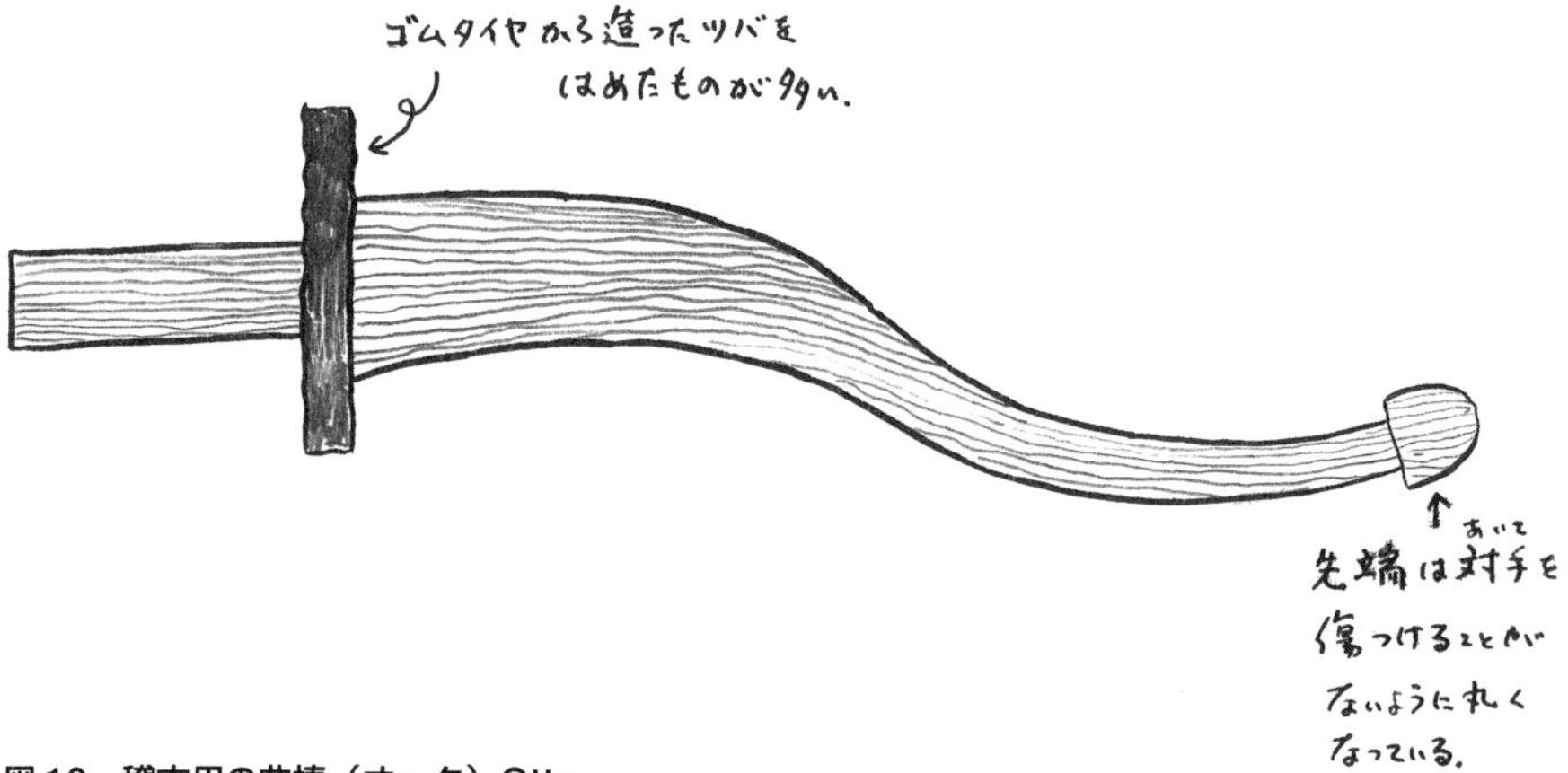

図10　稽古用の曲棒（オッタ）Otta
タマリンド材を削り出して造る。全長45～50センチ。

しかし、ささいなことからそれがバレてしまい、パラシュラーマの、
「おまえは、肝心なときに、マントラを忘れてしまうだろう！」
という呪詛を受ける。ために彼は実戦で、〈梵の武器《ブラフマーストラ》〉とよばれるその大量破壊兵器を使用することができなかったのです。

そしてダヌルヴェーダのいうマントラには、「呼吸」の意味が含められています。なぜなら、息を吸うときには「スー」、吐くときには「ハー」という音がする。この「スー・ハー」音をサンスクリットでは〝ソー・ハン〟といい、「我は梵（至高存在）である」という意味になる。

つまり、人間は呼吸をするたびに〝ソー・ハン〟という生きもの《プラーニン・プラーナ》としてもっとも根源的なマントラを唱えていることになる。

その呼吸に集中することが、ただの武器《シャストラ》を超兵器《アストラ》にかえる第一歩となります。

そして、オッタパヤット（曲棒術）とは――。

オッタパヤット――カラリの太極拳

オッタパヤットは、シヴァ神の息子で象の顔をした神ガネーシャに由来するという。これには、またしても、パラシュラーマがかかわってきます。

あるとき、パラシュラーマが武術のグルを表敬訪問した。

ところが、門番をしていたガネーシャ、
「父《おと》やん、昼寝中でっせ」
と、聖仙が室内に入るのを拒んだ。じつは妻のパールワティーと、昼間からアッハン、ウッフンしていたのだが。

「一番弟子のオレが来たんだ。取り次いでくれてもいいじゃんか」

「あきまへん。父やん、途中でジャマされると、キゲンが悪なる」

たちまち、口論が始まり、闘いとなった。

ガネーシャはラーマに負けるほど弱くはない。

得意の象のポーズ《ガジャ・ヴァディヴ》でぶっとばし、二本の牙で敵を固めた。が、ラーマはグラウンド・テクニックも学んでいる。

なんとかすりぬけて立ち上がり、はっし、と戦斧《パラシュ》を投げつけた。

しかしこの戦斧、じつはシヴァが造ってラーマに与えたもの。父の戦斧が無力な武器であることに耐えられないガネーシャ、合掌し、牙の一本でうやうやしく受けとめた。

そうして彼の牙は、根元からボッキリと折れてしまったのだ。


つまりオッタは象牙がオリジン。しかし、現在は強靱かつ粘りのあるタマリンドの材から削り出されています。

パラシュ（斧状武器類）も中世のカラリで用いられていたが、現在は祭壇《プータラ》の飾りになってしまった。しかしオッタは、数あるインド武術のなかでもカラリパヤットでのみ使用される武器であり、カラリがあるかぎり、なくなることもないでしょう。

動きは、ゆるいSの字をえがくオッタの形状がしめすごとく、直線でもなく、ものに逆らうでもない。つねに滞《とどこお》ることなく、滔々《とうとう》とたゆたう大河のごとく玄妙に動く。オッタパヤットの動きや体重移動は、既知の武術でたとえてみれば、太極拳がいちばん近いのではないかと思われます（図11）。

そして――、

太極拳の「馬歩《まほ》」。
空手の「騎馬立《きばだち》」。
日本古武術の「沈《ちん》なる身の位」。
インド弓術の足構え《スターナ》〝サマパーダ〟。
ハタ・ヨーガの体位法《アーサナ》〝ウトカティカー〟。

これらは、ほとんど同一の姿勢をしめすことばです。すなわち——、

足を開き、体重を両足に等分（サマパーダ）にかけて身を沈め、ちょうど馬に乗っているような格好をする、という。

そして太極拳で馬歩が貴重とされる理由は、深く呼吸に集中しながら、長くこの姿勢を保持すると、下腹にいわゆる〈氣〉が生じるということ。腰と下肢の緊張が呼吸の不可思議な作用と混じりあって、サンスクリットでいう「途方もない力《ウトカティカー》」と化すのです。太極拳ではこの勁《ちから》を蓄え、呼気とともに手足を通して撃ちだすことが秘訣とされる。

カラリ武術でも、この原理はまったく等しい。

オッタパヤットの二人稽古では、身を沈めた姿勢《オッタカール》での攻防が主体となる。また、この姿勢でのリキみのない流れる川のような動作は、前項で述べた祈りの衝動——シャクティを顕現させるトレーニングの典型とされている。

①「象のポーズ」でオッタを捧げ持つ。
②オッタカール（オッタの足）で右足を進める。
③上段への攻撃に対し、体で上げ受け、
④左足で立つ（鶏のポーズ）。
⑤右足を踏み出すと同時に、オッタを送りだすようにして突く。

図 11　オッタ術 Otta-payattu
背骨の位置が正しく維持されたオッタカールの実修は、臍の根（nābhi-mūla ＝丹田）と臀、大腿といった重要な部分を開発し、シャクティを顕現させる。

さらにオッタパヤットの特徴は、マルマンとよばれる急所への刺突と固め技が含まれていることであり、カラリ武術のなかでももっとも高級なウェルムカイ（拳法）の初歩を巧妙に教えてくれる（図12）。そのため、オッタの操法は「カラリ武術の文法」といわれ、「これに長じた者は《オッタ・パヤッティヤル》、眠っていても戦うことができる《ウラッカットゥム・パヤットゥム》」という言い回しがあるほどです。

『ダヌルヴェーダ本集』では、武術の要諦をつぎのように説いています。

> 弓術を成就するには、花を扱うごとく（優しく注意深く）弓束《ゆづか》を持ち、
> 竜蛇（サルパ）を殺すごとく弓弦《ゆづる》を引きしぼる。
> そして金《ダナ》を稼ぐごとく、的の一点を注視（集中）すべし。（121偈）

すでに述べたように、ダヌルヴェーダが語るのは、ひとり弓術のみならず、武術全般に共通する原則です。

「花を扱うごとく弓束を持つ」とは、武器をとる手も素手の拳も、やわらかく握るということ。かたく握ると、筋肉に、精妙な動きをさまたげるリキみが生じてしまう。

「竜蛇を殺すごとく弓弦を引きしぼる」とは、コブラにたとえられるクンダリニー（下腹に生じたシャクティ）を制御し、勁《ちから》を蓄えるということ。

「金を稼ぐ」。それには、熱心に仕事をしなければならない。仕事を集中して行うことを、インド人もわれわれ同様に「息を詰めて行う」という表現をする。息を詰めることによって、じっさい心も定まる。つまりこれは呼吸法の謂《い》いとなります。

呼吸をコントロールして、「的の一点を注視する」。意識を集中する。

ダヌルヴェーダを承けた『虎の巻』では、シンプルに、

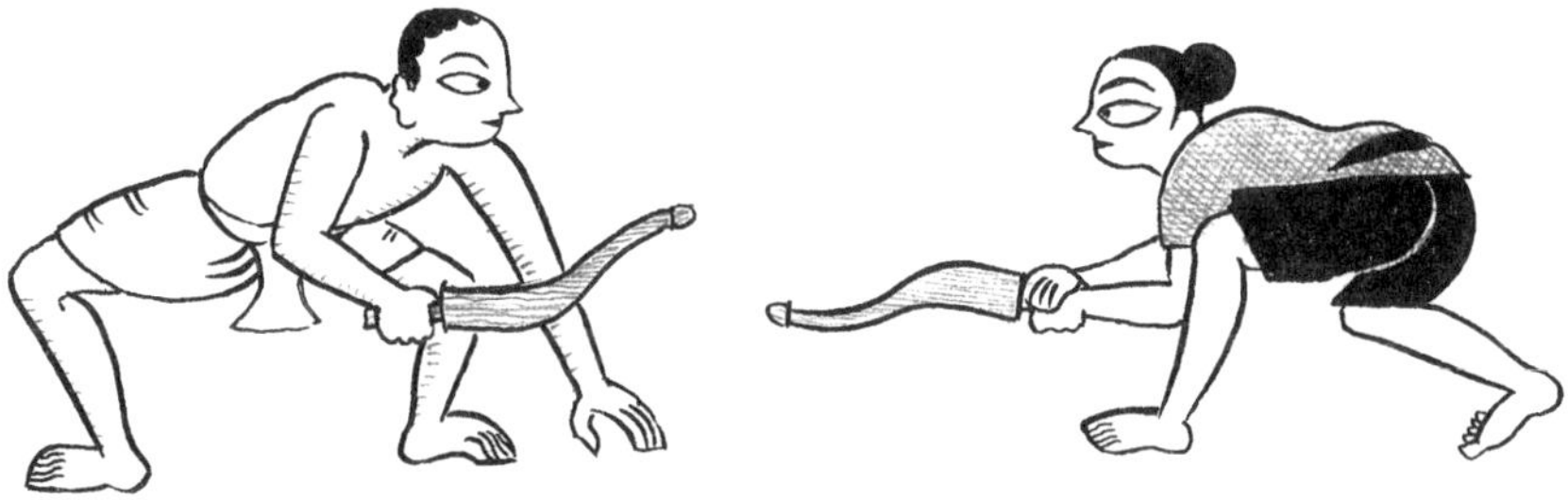

①オッタの攻防では、地を這うように姿勢を低く落とした動作が多い。

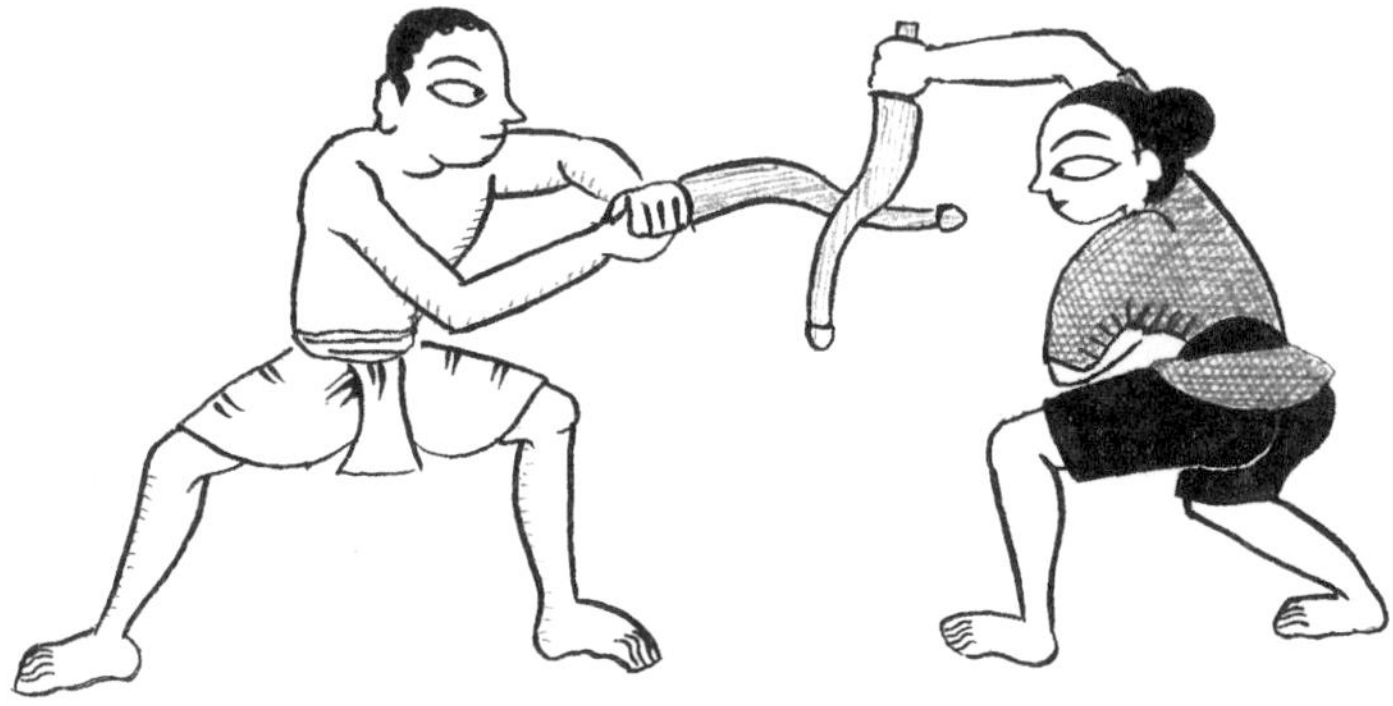

②オッタを持つ手の動きはウェルムカイ（拳法）のそれと一致する。

③対手の膝裏にオッタを通してねじり倒す。オッタ術には関節を極めるための用法が多く含まれている。

図12　オッタの二人稽古

視《み》るべし。汝、一点を観《み》るべし（集中すべし）！

とだけ書いて、以上のようなニュアンスをふくませています。

一点集中とは、たんに外部の対象を凝視するというだけではありません。それは、外と内の両方になされる行為です。

裡《うち》なるシャクティを観じ、それを完全なものとして立ち上げる。

これによって、ただの棒きれがスーパー武器に易《かわ》るのです。

YAMA(死神)

6 勇者になる——拳法術

もし、誰かが汝に攻撃をしかけてきたとする。汝は謙虚に挨拶（合掌）して、対手《あいて》の敵意を逸らすべし。神が汝を救いたもうであろう。そうであれば汝は、対手を赦《ゆる》すべし（図1）。

もし、彼が二撃目をくり出してきたとする。汝は［カルーリカの］技術と汝の心のなかにいるシヴァ神［の教え］を用いて、うまくそれを躱すべし。

もし、それでも敵が三撃目をくり出してきたとする。賢き者よ、その動作を注視し、馬鹿者《モーハ》が汝の膝の上に頽《くずお》れるようにすべし（反撃すべし）。

そして、その後、蘇生法をほどこすべし。

『虎の巻』より

拳法試合

カラリパヤットの拳法

カラリパヤットの第四階梯が〝ウェルムカイ〟。『ダヌルヴェーダ本集』にいう、第七の（最後の）武器、すなわち拳法です。これをして「勇者の術《マッラヴィディヤー》」とする表現もある。インドでは徒手空拳で闘える者こそ真の勇者とされたからです。しかし、かれは、たんに空《から》の手で闘えるから勇者なのでしょうか？

ウェルムカイは、カラリの全七階梯のちょうど中間にあたりますが、ここにきて、ガラリと雰囲気が変わる。『虎の巻』に「蘇生法をほどこすべし」とあるように、おのれが倒した敵の治療法が豊富にもりこまれるようになる。

ダヌルヴェーダも戦場以外での殺生をかたく禁じてはいる。が、それとは明らかに異なる伝統がまぎれこんでいる。それがなにであるかについては次章にまわすとして、まずは前項の流れから、カラリパヤットにおける拳法《バーフユッダ》をざっとみておきましょう。

①合掌手で敵の突きを払う。

②敵の体側に歩を進め、同時に脇に肘を入れる。

図1　合掌からの変化

インド系拳法では、合掌手からの用法がきわめて豊富にある。敬意や友愛をしめす手が、敵の攻撃を払って末魔《まつま》を断つ修羅《しゅら》の手にと変化するのだ。

拳は武器の延長

ダヌルヴェーダにもとづくカラリ武術の体系は、徒手の体術にはじまり、各種武器をあつかい、ふたたび徒手にいたる。武器が手の延長であるように、徒手格闘術も武器術の延長とみなされます。

それゆえ、ウェルムカイは、近代空手やキックボクシングのように、素手の格闘技として独立して存在するのではない。カラリ体系から、徒手術のみをひょいと取り出して学べるような代物ではない、ということになります。

そして、武器とおなじ体の使いかたが徒手でも用いられます。

たとえば、カッタラム（短剣）の突きかたは、ストレート・パンチに通じる。棒をふる腕の使いはフックやアッパーカットと等しい。短い棒きれでも対手の脇に通して腕と交叉させれば関節が極まる。

ことに、オッタ（曲棒）を執るときの手や肘の位置は、すべて素手の攻撃と防御のメソッドをしめすものであり、また関節技や投げ技にも発展できる。

このように武器でも徒手でも、おなじ体の使いかた、おなじ技で対処する。さまざまな武器の利を徒手に応用できるように練る。武器を通して、見切りや間合を学ぶ。

そして人体の組成《そせい》を熟知し、武器に習熟すれば、手刀は文字どおり刃のついた刀になる。

また、ウェルムカイでは、おのれは素手でも、敵は得物を有することが前提になっている。

このような対手に素手で撃ちかかっていっても、かならず敗れる。

対手の隙を待つ。隙ができるのは仕かけてくるときだ。その仕かけに合わせて、おのれの身を処す。

具体的には、対手が仕かけてきた瞬間に、その間合に飛びこむ。槍をとめる剣、の理合だ。そして、対手の力を利用し変化自在に動く。敵はおのれの力をもって、滅びてゆくのである（図2）。

②①からの変化と考えると、敵の右手首を左手で捕ったまま対手の右脇に歩を進め（こうすると敵の右肘関節が自然に極まる）、対手の顎に右手をかけ、背負いに投げる。

①敵の攻撃を「蛇のポーズ」の体勢、「猪のポーズ」の手で止める。このあと、その手首を左手で捕り、右足を進めると同時に喉輪を極めて押し倒す。

④パラシュ（戦斧）を持つ手を捕り、同時に胸の急所に肘を入れる。なお、ウェルムカイの技の流れについては、拙著『図説インド神秘事典』（講談社）の「武術」章を参照のこと。

③シックル（鎌の一種）を持つ手を足裏で止める。両手首を胸前で交差させるのは、カラリの基本ガード。

図２　カラリ拳法 Verumkai

素手で武器を征することを前提にあみ出された拳法が“ウェルムカイ”だ。まずは対手の武器を持つ手を封じる。それには対手の動き出しの一瞬を察知し、対手より速いスピードでふところに飛びこむ。対手は驚いて、一瞬呼吸が止まる。人間は生理的にそういうふうにできている。

結果、対手の力を弱めることができる。日本の大相撲の立ち合いの呼吸に通じるものがある。しかし、これには白刃の下をくぐり抜ける胆力を鍛えなくてはならない。

ここで大事なことは、いったん動きだしたら一瞬たりとも身を休めてはならぬ、ということ。動きの流れで対手を崩してゆく、ということ。波のように動いて、その流れのなかに対手を巻きこんでしまう、ということである。

全身で動く――これを『虎の巻』は、刀術《カドガヴィディヤー》の条で、

肩に始まる力まかせの斬撃《ざんげき》は、さほど怖れるに値せず。
全身から撥《はっ》せられざる斬撃は、つぎの斬撃につながらぬがゆえ。

と、説いている。動作が流れるようなものであれば――。

動作は、自然につぎの動作につながってゆく。シャクティ（エネルギー）の流れは、けっして滞ることはない。

技法の特徴としては、対手の重心を移動させ、体勢を崩してしまう。対手を反撃できない死に体にしておいてから、突き・蹴り・投げ・締め・逆（関節技）を用いて戦闘力を奪う、ということだ。

これには、円運動（回転動作）と入身を主体とした身のさばきと、急所の知識《マルマ・ヴィディヤー》、そして呼吸法が不可欠となる。

人の心と体は、呼吸とともに〈虚〉と〈実〉を繰りかえしている。

息を吐いているときは充実する。吸っているときは空虚になる。

だから武術家の仕合《しあい》は呼吸の探りあいとなる。

出す息はしずかに長く、吸う息はきわめて瞬間的に――、これが原則だ。

達人は対手の吸う息をうかがい、間髪いれずに撃ちこむ。だから、のんびり息を吸うことは許されない。

対手に気づかれぬよう瞬間的に息を吸う。対手の隙をねらって攻撃するときは、強力な腹圧をかけ、瞬間的に息を出す。いわゆる〈氣〉を発するのだ。仏教、ヒンドゥーを問わず密教《タントラ》の真言《マントラ》によくある〝フーン・パット〟という音声も、古代インド武術の気合に由来する。

対手を崩すときも、対手の手首を捕るなどしてから、有声無声の気合を発する。接触部分を介して、おのれの体重移動と気合によって、対手の重心を移動させる。おのれは中心軸がぶれないようにして下腹の丹田（力の焦点）から動き、呼吸法を利用して、対手の力を抜き崩す。つまり、対手の丹田を不安定な状態にしてしまうのだ。

そのためにも、〈風《プラーナ》〉を煉《ね》り、勁《ちから》（シャクティ）を蓄えることは、カラリ武術家にとって、必須の条件となる。

自然の武器

しかしカラリパヤットには、ダヌルヴェーダの「武器から徒手」とは別の、

——自然の武器、人工の武器

という発想もあります。タミル的な南派に濃厚な考えかたです。

自然の武器とは、棒などの鈍器、そしておのれの身体。

南派やタミル武術では、人工武器（金属武器）以上に棒や拳法を練ることを重視する。

北派カラリでは、武術は金属武器術《アンカターリ》でひととおり完成する。先述したような拳法は、一部の門弟のみに教えられる秘伝である。拳法は武器術に付属する。

しかし、南派カラリやタミル武術では、拳法は独立して存在する。武器を学ぶ前に拳法を学び、武器と併行して拳法を修める。スパーリング——約束組手や自由組手もガンガン行う。おそらくそれは、古代のカラム（ドラヴィダ武術）、そしていまは失われたもうひとつの伝統に色濃い要素だったのでしょう。

身体武器の代表は、手指である。

武器としての手には、拳《ムシュティ》、手刀《カルタリー》、竜頭《プラスリタカ》、喫《キーラ》、錐《ヴィッダ》などの多様なかたちがある（図3）。革紐、木、壁、バケツに入れた砂を突くなどの修練を重ねることによって、不安定な五本の指から必殺の武器へと変身を遂げるのです。

この指で〝マルマン〟と呼ばれる人体の急所を突く。

この稽古によく用いられるのはバナナの茎で、これを切ったものを人体に見立て、マルマンのおおよその位置をマーキングし、指、手、拳で「マルマンを断つ」のに適当な深さまで突く。

しかし、これらの修練を行う前に、掌、指、手首を油でマッサージし、血液の循環を調節しなければならない。通常この修練は、じょじょに負担を強くしていくようにして、週三日だけ行うことが勧められている。

『虎の巻』は攻撃に用いる指に神秘的な合みを持たせています。

親指は母なる指
右の人さし指はグル（師）
中指は死の神シャニ（土星）
薬指は心臓に直結し、
小指はタントラの実修のために
……
汝が対手を殺したいときは、死の中指を用いて「マルマンを貫通する」。
もし、対手を無力にしたいときは、シャニにグルの指を添わせよ。
さすれば貫通するのは半分だけになる（それゆえに殺すことは避けられる）。

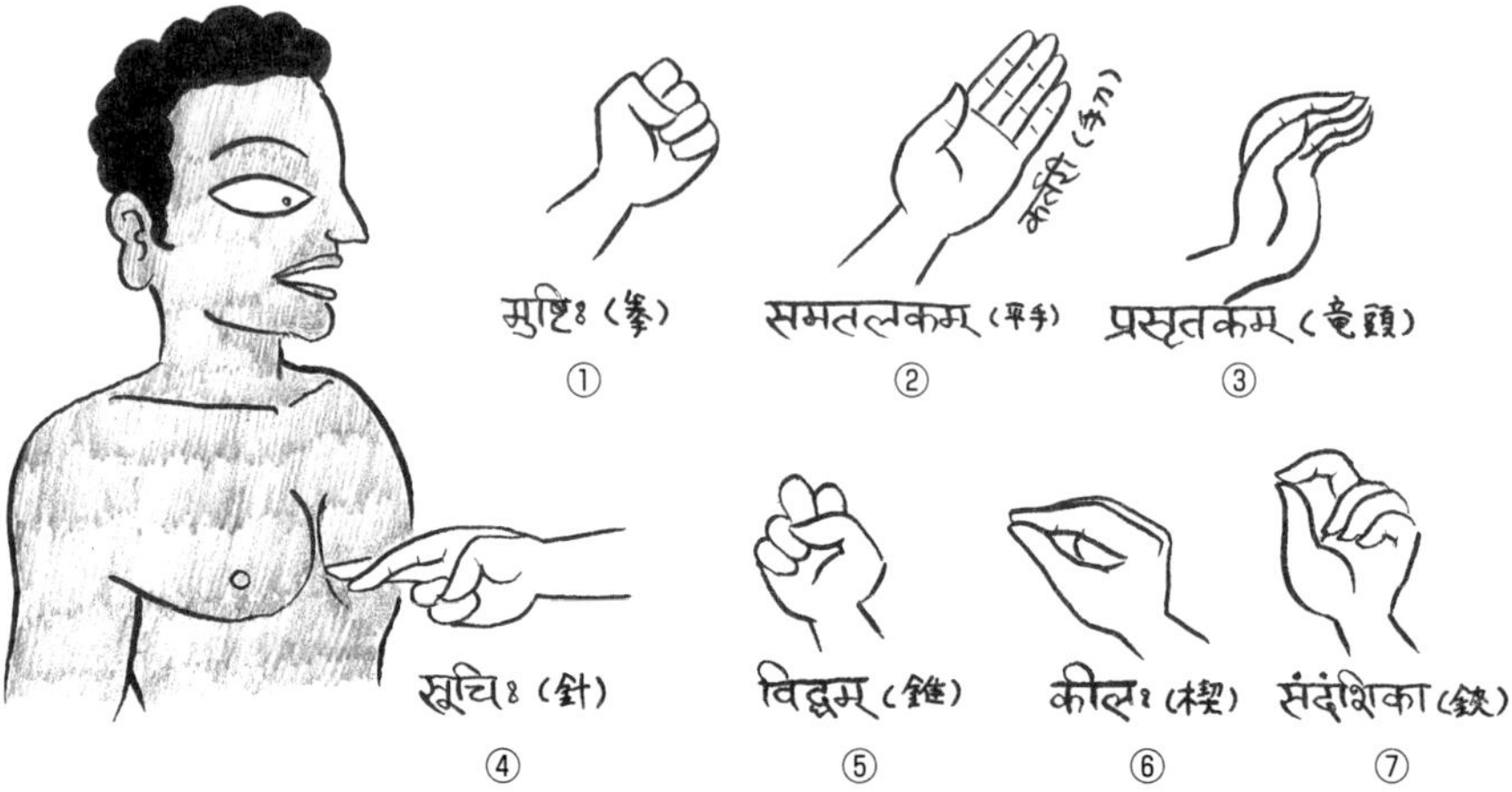

図3　拳の形

①拳打 muṣṭi：拳を握り、腹部などを打つ。裏拳（apahasta）や拳槌も用いる。
②平手打 samatalaka：平手で頭頂や顔面を打つ。手刀（Kartari）で首筋などを打つ。
③蛇頭打 prasrtaka：印契でいう sarpaśīrṣa の形をなし、その指先で頭部を打つ。
④針打 sūci：敵を殺すときは、中指でマルマンを貫通する。対手を無力にするときは、中指を添わる。
⑤錐打 viddha：人さし指ないしは中指の第2関節を高く突き出し、その尖端で水月などを打つ。
⑥楔状打 kīla：人さし指と中指と親指の尖端で胸などを打つ。
⑦鋏状打 saṃdaṃśika：親指と人さし指を合わせ、腕や脇腹などの筋肉や脈管を引きちぎる。

マルマンに関する技術を、北派カラリは、南派やこんにち〝ワルマアティ〟、〝シランバン〟などと称されるタミル武術に学んだのでしょう。

そもそも北派で拳法を意味する〝ヴェルムカイ〟のヴェルムは、タミル語でマルマンを意味するワルマンの訛ったかたち。カイは手。すなわち「マルマンに手」の謂いとなり、カラリ拳法の戦術を表示するものになっている。

しかし、カラリパヤットの次なる第五階梯は〝チキツァー・ヴィディカル〟(治療術)。こんどは一転して、人間を癒すためのさまざまな技術が学ばれることになる。そして、カラリの治療術の焦点になるのも、このマルマンなのです。

第二篇
カラリの身体

インド最南端コモリン岬は、むかしから世界有数の天然真珠の産地だった。

こんな物語がある。

あるとき、ヒマラヤにお住まいするシヴァ神とパールワティー女神が、犬も食わぬ喧嘩をした。夫は思わず言ってしまった。

「おまえなんか、この世の果てに消えちまえ」

シヴァともなると、言ったことは、どんなことでも本当になるのだから、最高神もけっこう不便なものだ。

パールワティーはインドの果て、コモリン岬で生まれ変わり、漁師の娘として育てられた。長じて彼女は、ヨーガの呼吸法をもちいて深海に潜り、真珠採りを始めたのだった——。

ちなみにマルコ・ポーロは、この地の真珠採りについて、こう証言している。

「かれらは海面下、なんと五、六十メートルも潜水し、あの美しい宝石を運んでくるのだ。その間、陸では呪術師（またはバラモン）が祈禱をし、サメの自由を奪ってしまうのである」

マルコ・ポーロは、ヨーガ行者の信じがたい能力についても述べているが、ヨーガの開祖もシヴァ神である。

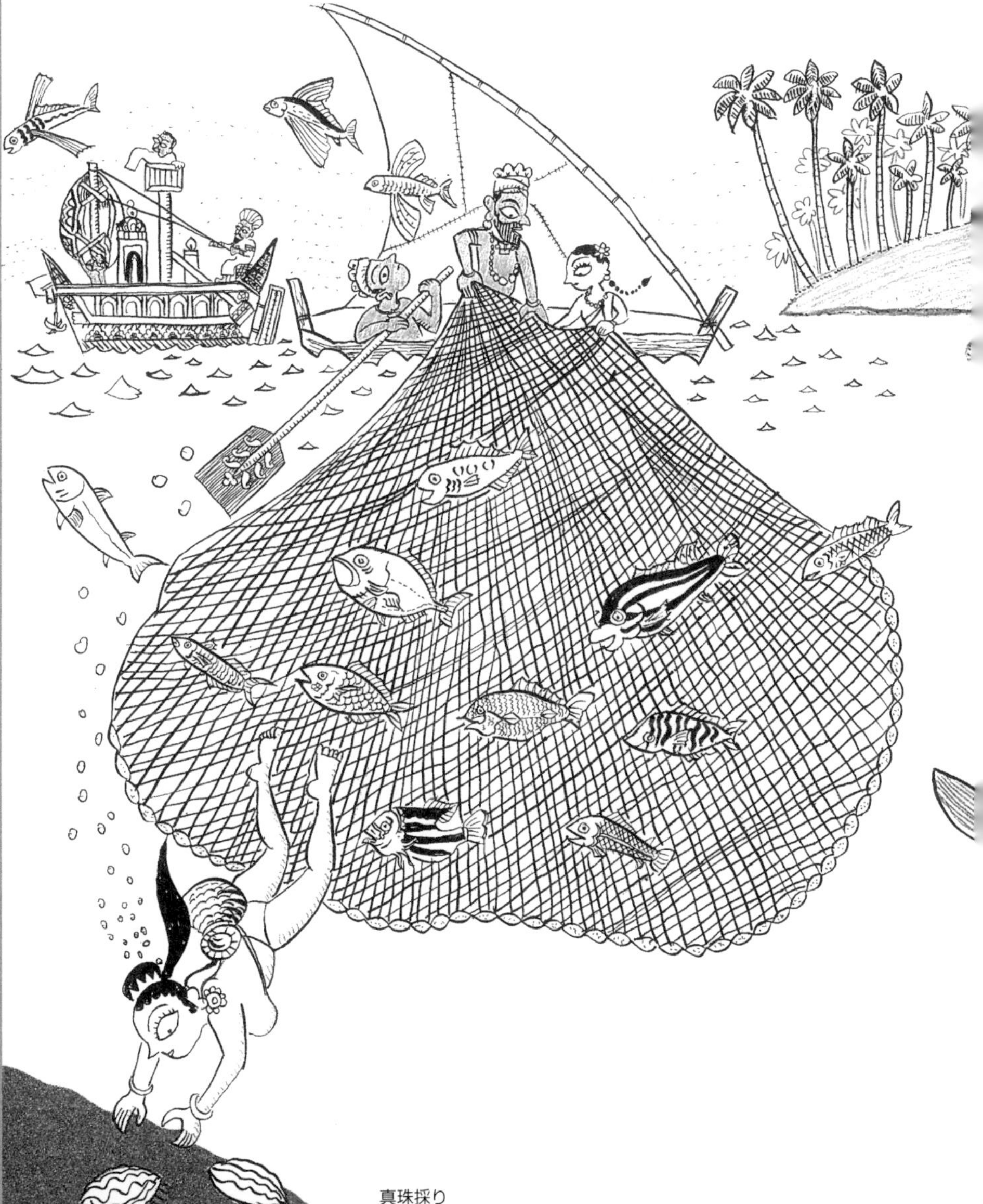

真珠採り

7 断末魔の悲鳴

汝に十人の弟子おらば、汝、かれらの胸中《フリダヤ》を注視し、かれらの上達ぶりを注視し、かれらの帰依を注視すべし。しかしかれらのうちで、汝の息子のごとく、汝の魂を継げるは唯一人。かれに末魔の知識《マルマ・ヴィディヤー》を与うべし。

汝はかれをカルーリカ（カラリ）に連れてゆき、扉をかたく閉ざし、祈禱し、神々を供養《プージャー》し、汝じしん神々の御前にひれ伏し、すべての神々に特別の礼拝を捧ぐべし。

しかるのち、汝はかれに末魔の知識《マルマ・ヴィディヤー》を伝うべし。

『虎の巻』より

「末魔《マルマン》」の定義

……彼女は、断末魔の悲鳴をあげた。

小説でよく使われる表現です。しかし「断末魔」の意味を知る人は案外少ないのではないでしょうか。

これはつまり、末魔を断つ、ということである。

ん？　そのくらいわかる。その末魔とはなにものだ、って。

古代日本に入った横文字で、末魔に似たことばがもうひとつある。

乳海攪拌神話（外科医祖ダヌワンタリ誕生）

魔羅《マーラ》。

すなわち、男性のシンボルである。カラリ神話で、シヴァ神に一矢報いた〝マーラ〟（死神）の音訳である。こいつの存在は、往々にして男を破滅にみちびく原因になる。ために死神よばわりされる、厄介きわまる代物《しろもの》なのである。といって、魔羅を断てばいい、というものじゃありません。

「末魔」は、前章の最後に述べた〝マルマン〟の音訳。ここでいいたいのは、死神の「魔羅」とは語源を等しくしている、ということなのです。つまり、サンスクリットの動詞語根 mṛ（死ぬ）が変化し、

→ māra（魔羅、死神）

→ marman（末魔、死にいたる箇所）

というかたちになる。

marman は、上座部仏教のパーリ語では mamman、ケーララのマラヤーラム語では marmmam、タミル語では varmam。

複合語の前節にくるときには、部尾の -n をとっぱらって、〝マルマ〟となる。たとえば、〝marma-adiga〟で「断末魔の」。それゆえ本書でも、場合に応じてマルマンともマルマとも表記いたします。

ともあれ「死にいたる箇所」とは急所のこと。「断末魔」とは、その急所が刀で斬られたり、槍で突かれたり、矢で射られたり、弾丸で撃たれたり、あるいは拳で殴られたりして、損傷することを意味しているのです。

この「末魔《マルマン》」という語の初出は『リグ・ヴェーダ』。遅くとも紀元前二〇〇〇年ころには成立していたインド最古の聖典で、そこにはつぎのようなことが書かれています。

神々の王インドラ（日本でいう帝釈天《たいしゃくてん》）は、恐ろしい巨竜《ヴリトラ》と戦った。

インドラは〝ヴァジュラ〟という武器《アストラ》を投げつけた。

ヴァジュラは巨竜のマルマンにふかぶかと突き刺さった。

ヴリトラのからだは、ばらばらに引き裂かれて飛散した。

〝ヴァジュラ〟という語も、インド武術のキーワードのひとつとして、ぜひ記憶にとどめておいていただきたい。

以前、〝ヴァジュラ・ムシュティ〟という語を紹介しました。この場合のヴァジュラはムシュティ（拳）にかかる形容詞。〝ヴァジュラ・ムシュティ〟とは「堅固な拳」の意味です。一般には「金剛拳」と訳され、弓術の拳構え、さらに武術の稽古を通した「身体祈願の法」と解される。

が、ここでの〝ヴァジュラ〟は名詞である。スーパー・ウエポンなのであります。

いっぽう、マルマンという語は、その後もヴェーダ文献や叙事詩にひんぱんに登場する。インド初期の武術家たちが、断末魔の美学――いかにして敵のマルマンを断つか、のアートにこだわったからです。

たとえば、〝ヴァルマ・マルマン〟という慣用句がある。ヴァルマンは鎧。犀のように鎧で全身を固めた戦士と斬りあうとき、狙いどころは数少ない。古代インドの武人たちは、鎧の接合箇所や動きでずれる場所など、すなわち「鎧はずれ《ヴァルマ・マルマン》」を狙う研究をさかんに行っていたことが『マハーバーラタ』などからも知れる。

露出した目鼻、首筋、脇の下、小手を薙ぎはらい、突きとおす。甲冑からはみ出た部分の関節や靱帯、動脈を切断する……。

ややこしい文法的な説明はここまでにしますが、カラリパヤットの奥義とされるのが、この〝マルマンの知識《マルマ・ヴィディヤー》〟なのです。

ボクシングでノックダウンを奪うに有効な急所といえば、こめかみ《テンプル》、顎《ジョー》、頤《チン》、心臓《ハート》、肝臓《レバー》、みぞおち《スタマック》などですが、マルマ・ヴィディヤーは、むろん格闘スポーツの急所のように単純でわかりやすいものではありません。

秘伝とされるのも当然で、人をたやすく死や病にいたらしめる知識、柔よく剛を制し小よく大を倒す知識にあふれている。

マルマンの理解は武術の稽古により、心身の構造と働きを、おのれの〈からだ〉を通して把握することから始まる。そして『虎の巻』にあるように、師は言を置くにあたいすると見込んだ弟子にのみ、体系だったマルマンの知識――、

マルマンの箇所とその迷路のようなつながり
マルマンの攻撃法
マルマンを攻撃されたときの治療法

――などを伝授する。そのため、マルマンの語には「秘密の知識」「ものごとの深奥」のニュアンスもこめられています。こんにちのケーララでも、

「あの役者は演技のマルマンを心得ている」

などといった言いかたをよくします。日本語の「ツボを得ている」とよく似た表現です。しかし、

「首相の〇〇は、政治のマルマンをよく知っている」

これは、二枚舌、三枚舌を駆使し、金権にまみれながら政界を泳ぎまわっているやからのことで、ほめ言葉ではありません。

話が脱線しそうです。武術におけるマルマンのことでした。

けだし、現存する古代のダヌルヴェーダ文献には、マルマンそのものに対する専門的な記述はほとんど見当たりません。が、同時期の医学文献に系統的なマルマンの知識が記載されている。王につかえ、戦争に従軍する外科医たちの教科書とされた『スシュルタ本集《サンヒター》』（おそらく紀元前五世紀～紀元後二百年にかけて成立）がそれです。

北派カラリパヤットは『ダヌルヴェーダ本集』とともにこの『スシュルタ本集』を依拠する経典としているため、『虎の巻』にもそれを承けた記述が多い。たとえば、『スシュルタ本集』のマルマンの定義――、

マルマンは、プラーナがその本性により特別に拠って立つ、筋肉・脈管・靭帯・骨・関節の緊密なる結合。（Ⅳ－六－15）

を継承して、

もし体のどこかを武器や打撃で傷害を受け、
それが原因で死ぬようなことがあれば、
そこはマルマンであると知るべし。
もし体のどこかを拳で撃たれ、
その箇所の痛みの強さが絶えず変動し、
痛みが増大したり減少したりをくり返すようであれば、
そこはマルマンであると知るべし。
肉、骨、腱、シラー管、ダマニー管、そして関節の六箇所が、
マルマンの場である。

それらは生命《ジーヴァ》の座である。

とあります。

マルマンの位置

それでは、そのマルマンは具体的にどこに位置するか？

むろん、筆者のごとき新参者に伝授される知識ではない。『虎の巻』の貝葉《ばいよう》写本にはマルマン図が付せられていたが、ひじょうにアバウトなもので、なにがなんだかわからない。

そこで、『スシュルタ本集』と現代の解剖図典、さらに古代の美術テキスト『ヴィシュヌ・ダルモーッタラ・プラーナ』を比較しながら作製したのが、図1です。美術書には人体のプロポーションが細かく書かれているので、大いに参考になる。

『スシュルタ本集』では、全部で百七のマルマンを列記しています。北派はこの数にしたがっているが、南派では百八マルマンを立てている。

『スシュルタ本集』では、これらマルマンが身体組織のどの部分に属するかにしたがって、

①筋肉《マーンサ》のマルマン
②靭帯《スナーユ》のマルマン
③脈管《シラー》のマルマン
④骨《アスティ》のマルマン
⑤関節《サンディ》のマルマン

の五つのカテゴリーに分類している。それをイラストにしたのが、図2〜4です。

マルマンのサンスクリット名と、おおよそそれに相当する器官の今日の解剖学での名称を書きこみましたが、これらはあくまで目安であって、必ずしも、イコール、というわけではありません。なぜなら古代医学のマルマンと現代の解剖学とでは、依って立つ考えかたも方法論も違いますから、いっしょにして考えたらとんでもない勘違いをおこす可能性があるからです。

たとえば図2は筋肉—靱帯系マルマンをひとまとめにしたものですが、筋肉と靱帯が明確に区別されていないように思われます。そこでインド人に聞いてみると、

「皮膚の上に出ているのが筋肉のマルマン、筋肉の内部にあるのが靱帯のマルマンだ」

とのこと。それゆえ筋肉、靱帯の原語のマーンサ、スナーユはわれわれのことばの筋肉、靱帯とぴったりと一致するわけではない。

図3は脈管系マルマンです。おおよそは動脈にあたります。〝フリダヤ〟(心臓または心臓動脈)、〝ニーラー〟(頸動脈)、〝ウルヴィー〟(上腕動脈および大腿動脈)は、いずれも出血多量が原因で死にいたる急所です。

また〝アパラーパ〟(腋窩)には血管に沿って複雑な神経叢があるため、今日の外科手術でもメスを入れるのは危険な場所とされています。

〝パナ〟(嗅神経)や〝アパーンガ〟(視神経)といった神経系が脈管系のうちに包含されているのは、古代人が心臓を意識の座とみなしていたという事実によって、理解されうるでしょう。

『虎の巻』では、この脈管をシラー管とダマニー管に二分している。導管の色や太さにもとづく分類法で、動脈や静脈、あるいは神経管を意味するものではない。

図4は骨—関節系マルマンです。これはこんにちの解剖学とさほど矛盾はないが、〝アーヴァルタ〟(眼窩上孔)や〝アディパティ〟(大泉門)といった骨に開いた孔や、頭蓋骨の縫合線にあたる〝シーマンタ〟

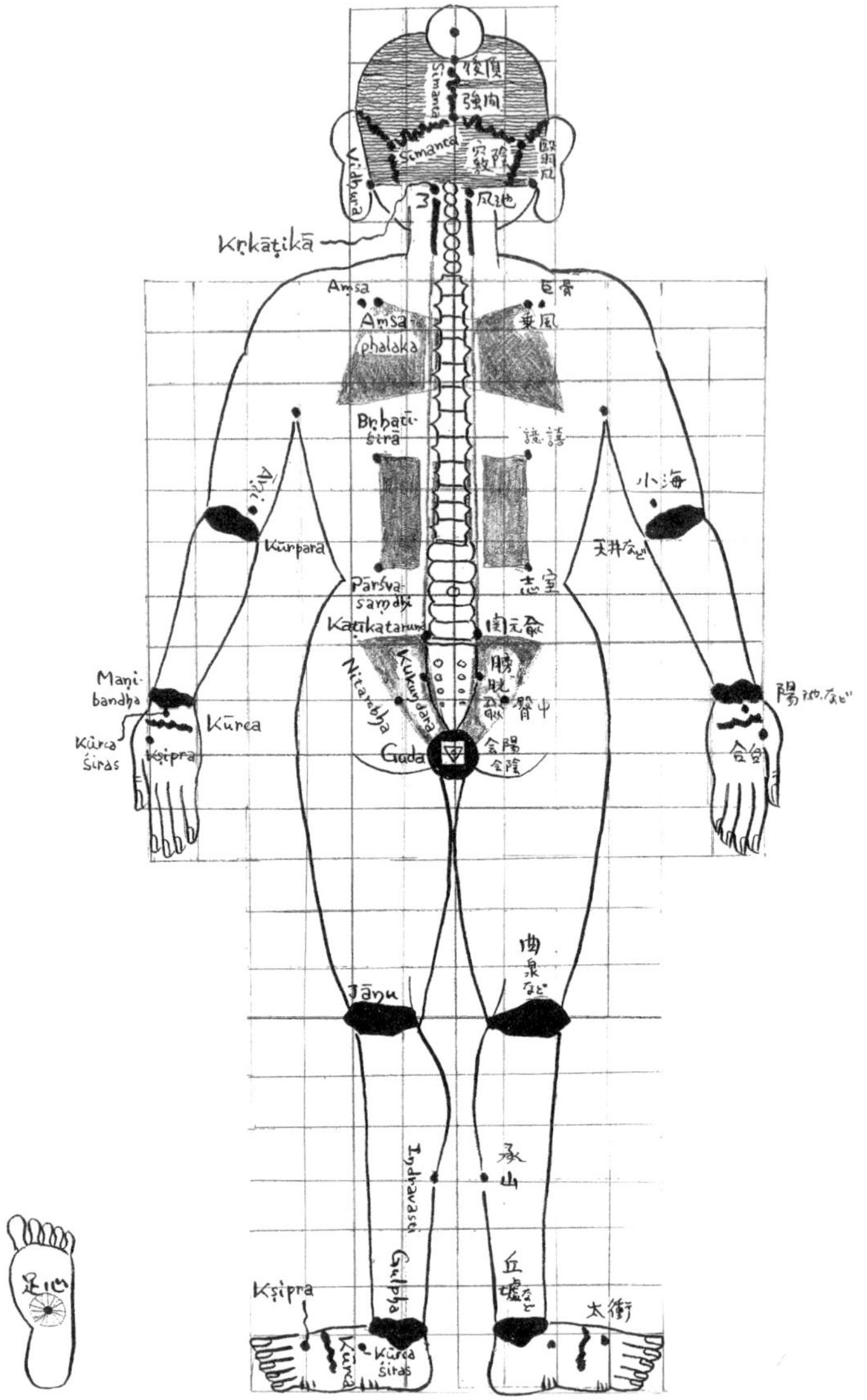
後頂
強間
Sīmanta
Vidhura
風池
Kṛkāṭikā
Amsa
巨骨
Amsa-phalaka
秉風
Bṛhatī-śirā
譩譆
Āṇi
小海
Kūrpara
天井など
Pārśva-saṃdhi
志室
Kaṭikataruṇa
関元兪
Nitamba
Kukundara
膀胱兪
Maṇi-bandha
Kūrca
Kūrca-śiras
Kṣipra
陽池など
合谷
Guda
会陽
会陰
曲泉など
Jānu
Indravasti
承山
Gulpha
丘墟など
Kṣipra
Kūrca
Kūrca śiras
太衝
足心

図1　マルマンの位置

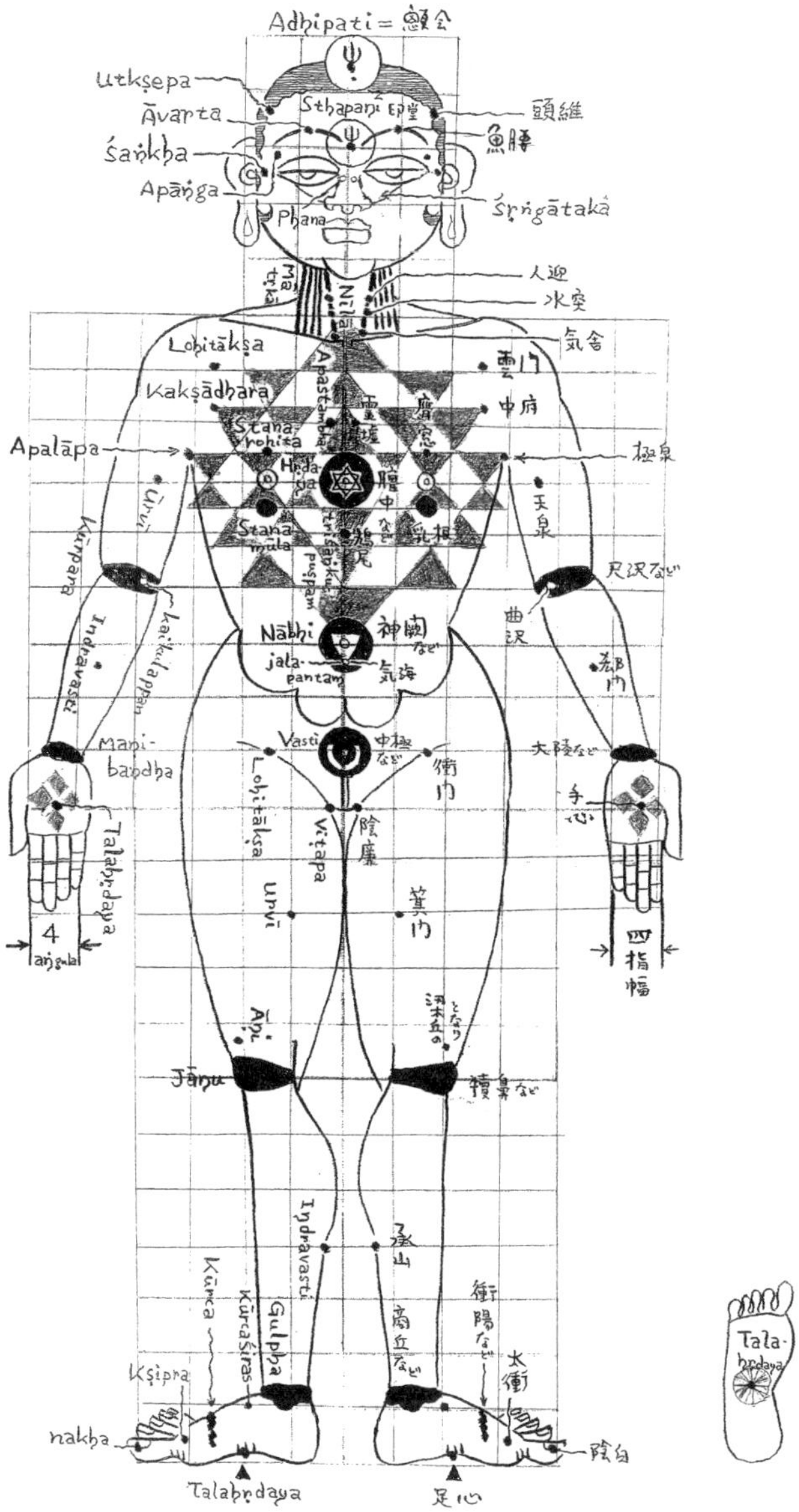
Adhipati＝顖会
Utkṣepa
Āvarta
Śaṅkha
Apāṅga
Sthapani 印堂
頭維
魚腰
Śṛṅgātakā
Phana
人迎
水突
気舎
Lohitākṣa
雲門
Kakṣādhara
中府
Apalāpa
極泉
Stana rohita
Hṛdaya
膻中など
乳根
Stana mūla
鳩尾
天泉
Kūrpara
尺沢など
曲沢
Indravasti
Nābhi
神闕など
気海
郄門
Maṇibandha
Vasti
中極など
大陵など
衝門
手心
Lohitākṣa
Viṭapa
陰廉
Talahṛdaya
Urvī
箕門
4 aṅgula
四指幅
Jānu
犢鼻など
Indravasti
承山
Kūrca
Kūrcaśiras
Gulpha
商丘など
衝陽など
太衝
Kṣipra
nakha
陰白
Talahṛdaya
足心
Tala-hṛdaya

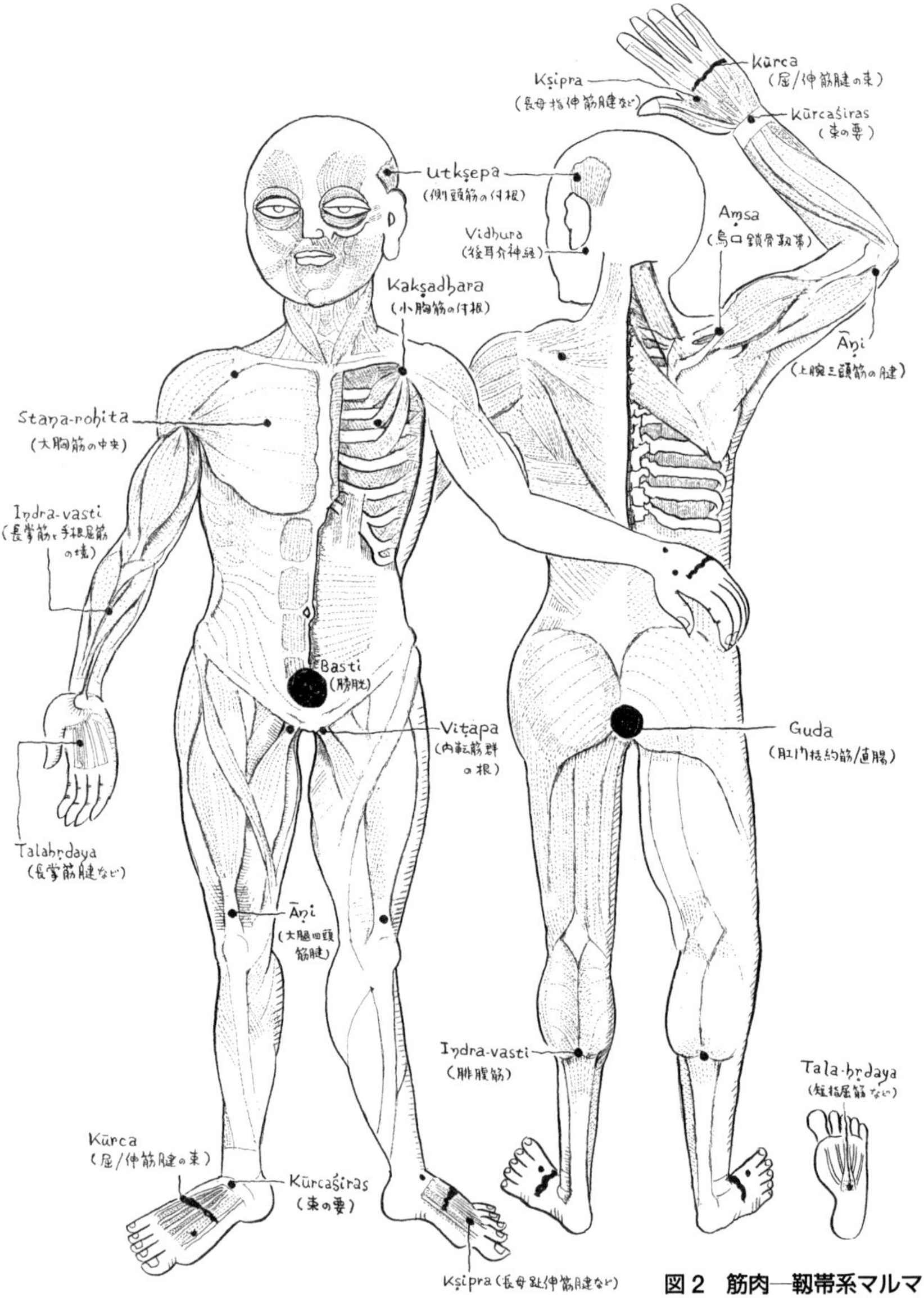

図2 筋肉—靭帯系マルマン

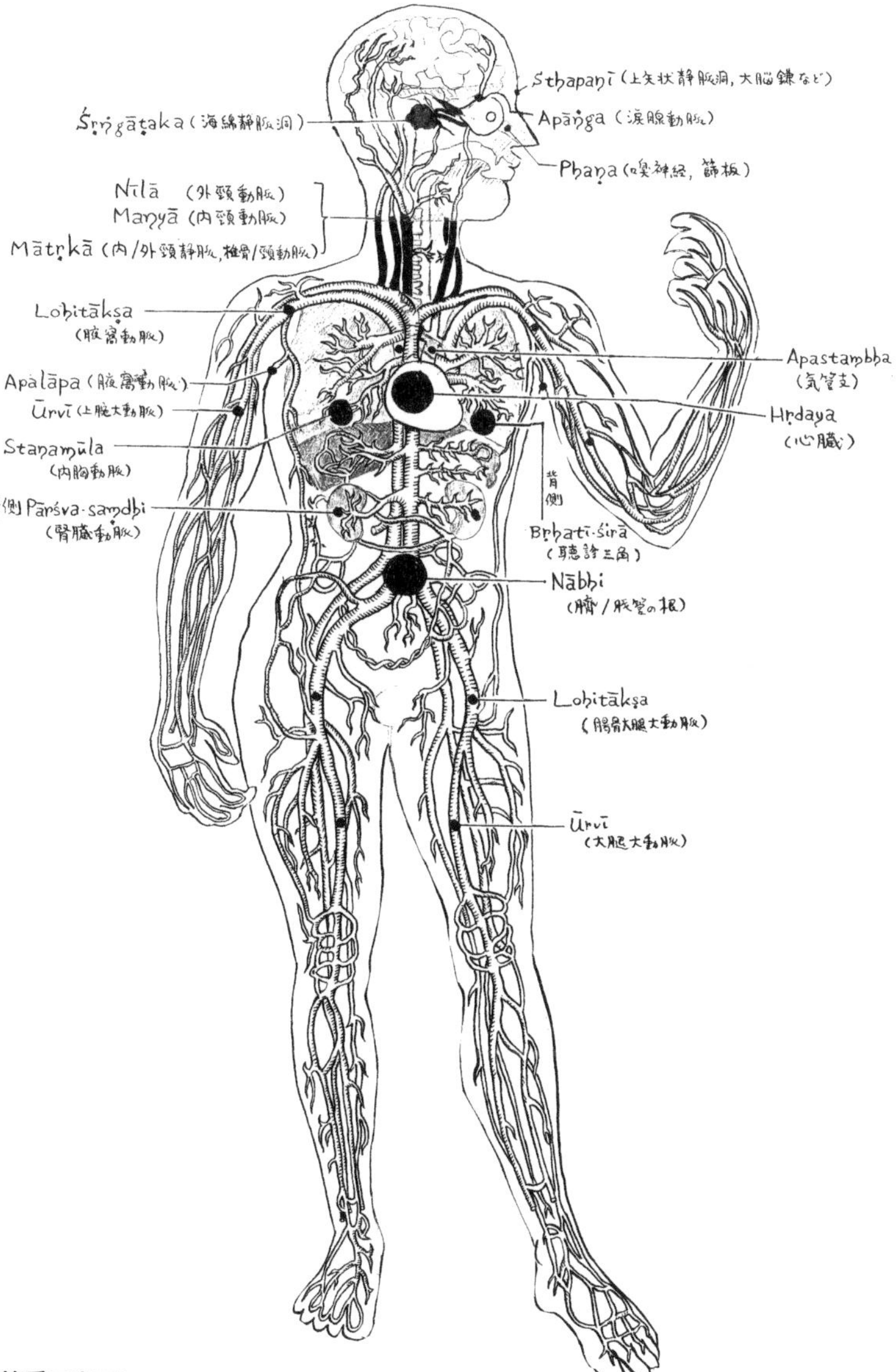
Sthapanī（上矢状静脈洞，大脳鎌など）
Śṛṅgāṭaka（海綿静脈洞）
Apāṅga（涙腺動脈）
Phaṇa（嗅神経，篩板）
Nīlā（外頸動脈）
Manyā（内頸動脈）
Mātṛkā（内／外頸静脈，椎骨／頸動脈）
Lohitākṣa
（腋窩動脈）
Apastambha
（気管支）
Apalāpa（腋窩動脈）
Ūrvī（上腕大動脈）
Hṛdaya
（心臓）
Stanamūla
（内胸動脈）
背側
背側 Pārśva-saṃdhi
（腎臓動脈）
Bṛhatī-śirā
（聴診三角）
Nābhi
（臍／膀胱の根）
Lohitākṣa
（腸骨大腿大動脈）
Ūrvī
（大腿大動脈）

図3　脈管系マルマン

なども関節とされている。

ただし、この分類は、筋肉〜骨の五つのカテゴリーのうちいずれが優勢を占めるかにもとづくものであって、ほとんどのマルマンは、これらの組織が複雑に錯綜することによって構成されています。図4の右下に描いた〝クールパラ〟(肘のマルマン)をご覧ください。肘は関節のマルマンに分類されますが、じっさいはこのように骨や脈管や靭帯も含まれています。いろんな組織が密集して、結果、

――神経が集中している箇所がマルマン

といういいかたもできるかと思います。

また、サンスクリット名は、アジのあることばが多い。

たとえば、股間にある〝ヴィタパ〟というマルマン。ヴィタパには「藪、若葉、若枝」とかいった意味があるが、この場合は「藪からのびる根っこ」の謂い。藪とはアンダーヘアのこと。股を開くと、性器――男だと例の死神マーラの両脇に堅いスジが浮き上がって、それが大腿の内側をとおって膝の方へ伸びている。このスジが「藪からのびる根っこ」に喩えられているのです。

また膝の上の〝アーニ〟は「車軸の楔《くさび》」。古代の車輪は、車軸にとおした轂《こしき》が抜けないように楔を打つ。脚全体を車輪に見立て、まんなかのヒザの皿を車軸に、ヒザの皿と大腿直筋をつなぐ大腿四頭筋腱を楔に喩えている。ここが断末魔したら、膝が「すっぽ抜け」てしまうというわけです。

ふくらはぎのマルマンである〝インドラヴァスティ〟という名にも興趣をおぼえる。アーユルヴェーダに馴染みのあるかたは「ヴァスティとは膀胱か浣腸でしょ」とお思いでしょうが、この場合のヴァスティは下っ腹のことです。古代インドの美術テキストを見ると、インドラみたいに恰幅《かっぷく》のいい神や人物を表現するときは、その下っ腹が、

――牛の鼻面のように割れているように描かなければならない

とある。腓腹《ひふく》筋は、日本語でも「ふくらはぎの腹」と書く。恰幅のいい人物の腹みたいに左右に割れて

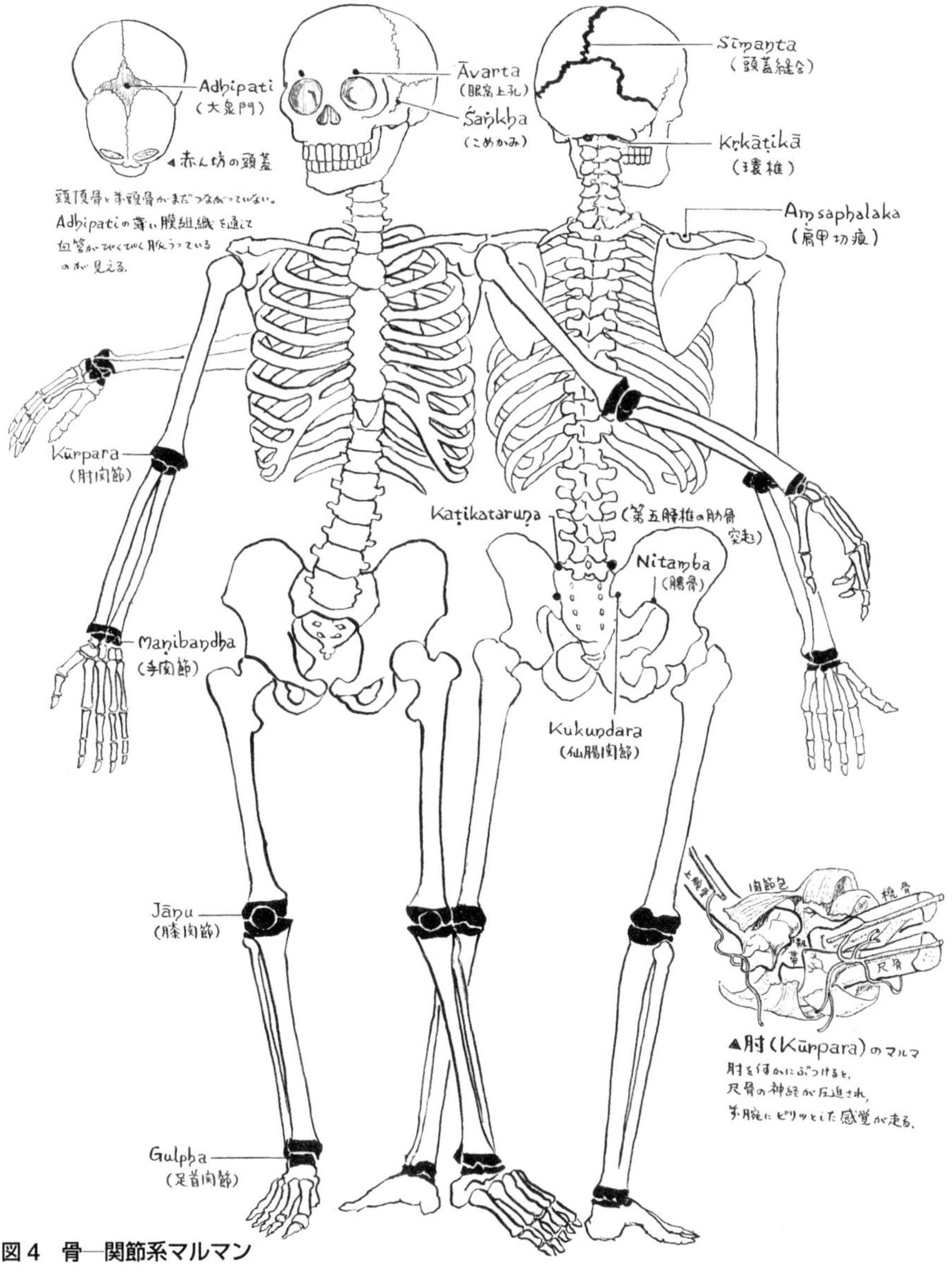
Adhipati
（大泉門）
◀赤ん坊の頭蓋
頭頂骨と前頭骨がまだつながっていない。
Adhipatiの薄い膜組織を通じて
血管がぴくぴく脈うっている
のが見える。
Āvarta
（眼窩上孔）
Śaṅkha
（こめかみ）
Sīmanta
（頭蓋縫合）
Kṛkāṭikā
（環椎）
Aṃsaphalaka
（肩甲切痕）
Kūrpara
（肘関節）
Kaṭikataruṇa
（第五腰椎の肋骨突起）
Nitamba
（腸骨）
Maṇibandha
（手関節）
Kukundara
（仙腸関節）
上腕骨
関節包
橈骨
靱帯
尺骨
▲肘（Kūrpara）のマルマ
肘を何かにぶつけると、
尺骨の神経が圧迫され、
手腕にビリッとした感覚が走る。
Jānu
（膝関節）
Gulpha
（足首関節）

図4　骨―関節系マルマン

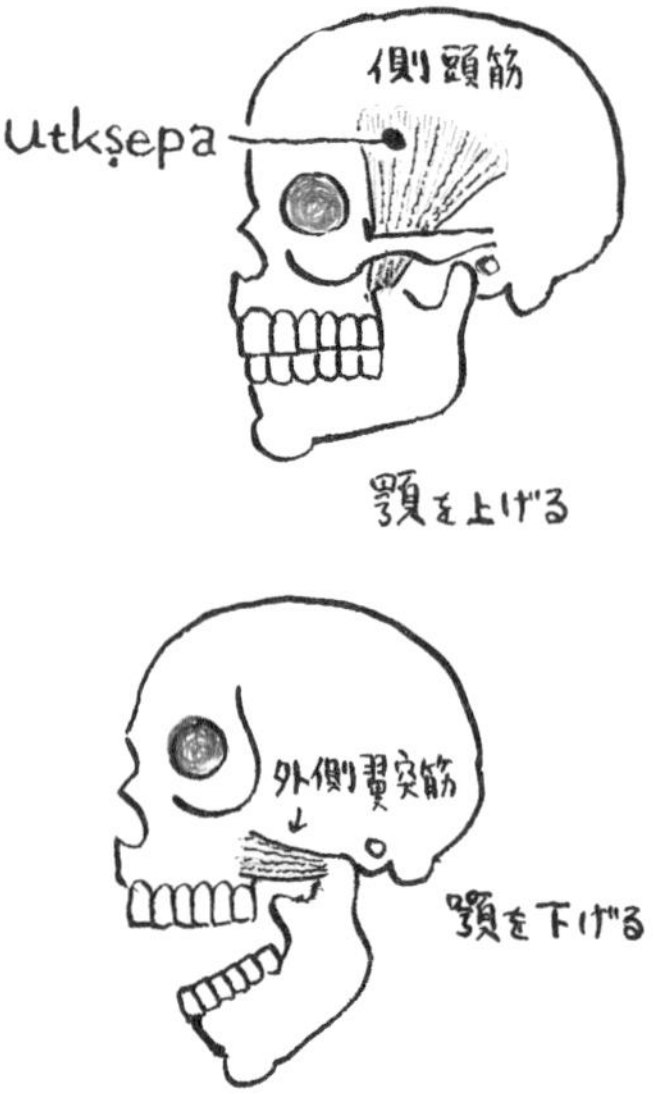

図5　“ウトクシェーパ”「持ち上げる」

いるから、〝インドラヴァスティ〟なのです。

解剖学的な機能を示すのが側頭部の〝ウトクシェーパ〟。「持ち上げる」の意で、顎を持ち上げる側頭筋の付根にあるためこの名があります（図5）。

さらに、脳の基底部の〝シュリンガータカ〟は「交差点」。視神経がXの字に交差することに由来する命名かと思われる（図6）。

「断末魔」したら

それらのマルマンが損傷したら、つまり「断末魔」したらどうなるか――。

『虎の巻』は、つぎのように説いてます。

もしマルマンが断たれると即、死につながる。

小っぽけな草の茎にマルマンを貫かれても、人は生きながらえることができぬ。

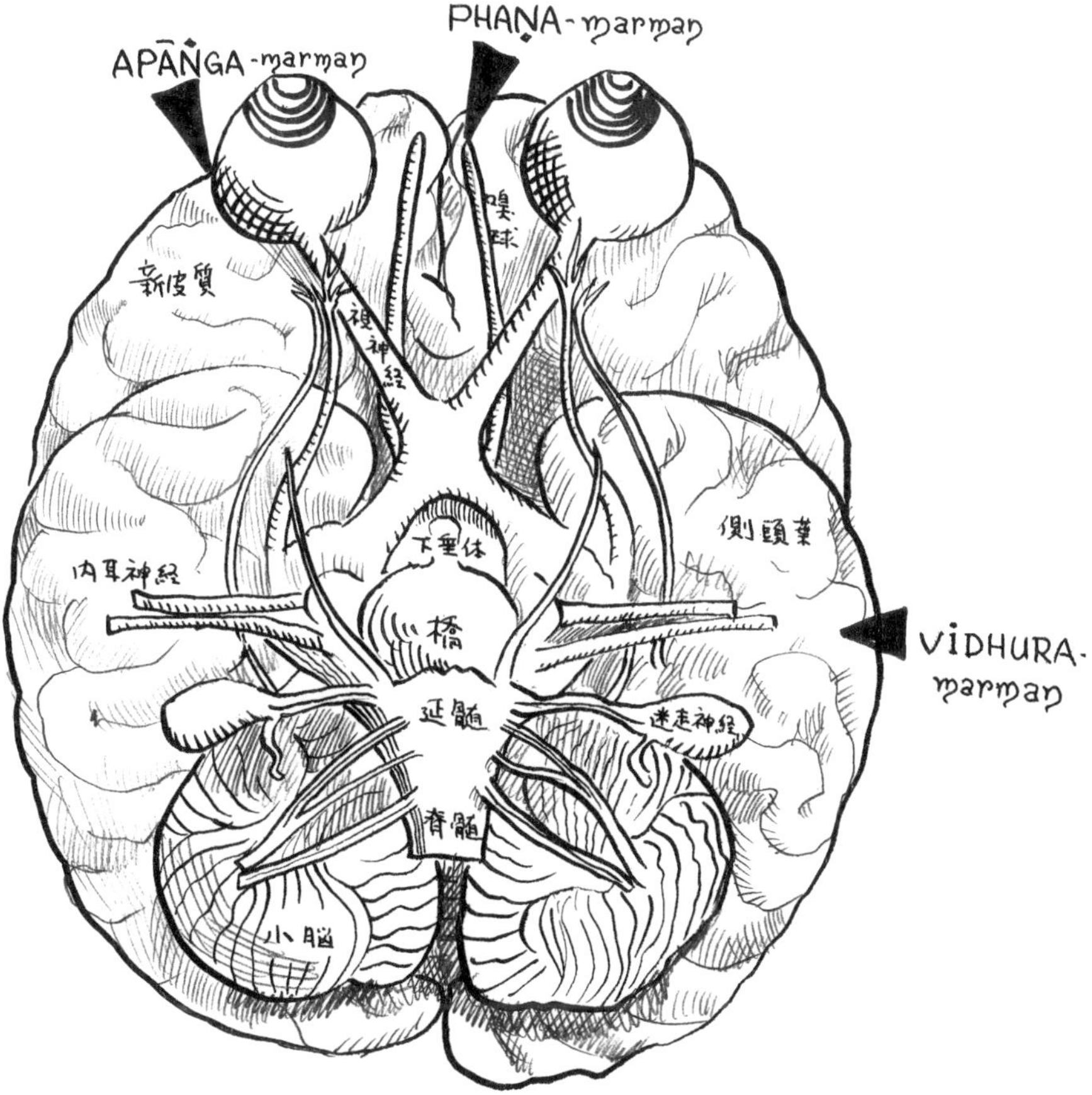

図6 "シュリンガータカ"「交差点」

『スシュルタ本集』に「舌と鼻と眼と耳の４つの路が口蓋と出会う箇所」と説明されるシュリンガータカ・マルマン。これはおそらく脳の基底部に見られる脳を起点とする神経系（すなわち脳神経）であろう。鼻からの嗅球、目からの視神経、耳からの内耳神経、舌から小脳に伸び舌咽神経、さらに心臓や肺、腹部の器官をつかさどる迷走神経などが含まれる。

生きながらえるとすれば、
医師の技倆のおかげか、あるいは傷害が深くなかったかのいずれかである。
たとえ生きながらえたとしても、後遺症に悩まされることになる……

小さな傷でさえ、そこがマルマンであれば、多大な苦痛をもたらす。
たとえ善く治療されたとしても、多くの疾病をひきおこす。
マルマンはかように、甚大な被害を生み出すのである。

逆に傷害が起きたとしても、そこがマルマンでなければ――、

たとえ大量に出血しても、人は死ぬことはない。
たとえ百本の矢が突き刺さったにしても
そこがマルマンでなければ、人は死ぬことはない。
人は、純粋であり、長生きする運命に恵まれていれば、
なにがあっても死ぬことはない。

ようするに、「断末魔」の結果、命を落としたり、そうでなくてもハンディキャップを負ったり、病気になったりする、ということです。
また、マルマンは、「断末魔」のダメージの度合に応じて、

①即死、または一日以内に死にいたるもの

②二週間から一ヵ月以内に死にいたるもの
③突き刺さった矢などの異物を除去すると死にいたるもの
④ハンディキャップを負うもの
⑤激痛を起こすもの

の五つに分類されています。

例のヴィタパ、「藪からのびる根っこ」が傷を受けると、男ですとインポテンツになってしまう（ハンディキャップを負う）、とされています。

蘇生術（マルカイ）

カラリ拳法〝ヴェルムカイ〟は、このマルマンへの攻撃を中心に組み立てられています。『虎の巻』にもそのメソッドが豊富に記されている。

敵のマルマンを撃って気絶させたり、麻痺させたりする。しかし、どうじに、蘇生させる、日本でいう「活を入れる」方法が、かならず併記されています。この方法（蘇生術）は〝マルカイ〟（反対の手）と称されます。

たとえば、臍の一・五指幅下にある〝ジャラパンタン〟というマルマン——。

ここを狙われたときは、左手でブロックし、
右足を一歩踏みこみ、同所を右手で撃つべし。
彼は意識を喪い、小便を流すであろう。
［敵を蘇生させるためには］その箇所と反対側の、

股関節の六指幅上、背骨の中央に［回復のための］パンチを入れよ。
ときに［ペニスから］血を流出するかもしれぬ。
そのときは、同部に掌底で圧を加えよ。

また肘の内側のかたいスジの下にある〝カイクラパン〟——。

敵の攻撃を十字受けでブロックして、その手を捕り、
〝カイクラパン〟を指で圧すべし。
敵の手はしびれ、武器を取り落とす。
［麻痺を止めるためには］反対側の肘の外側のなかほどを圧すべし。
手の震えは熄《や》む。

あるいは水月《みぞおち》のマルマン〝トリシャンクプシュパ〟——。

この部位（胃袋）は液体で満たされており、
蓮華の蕾のような形をしており、わずかに右に傾き、心臓と接近している。
ここを狙われたときは左手で防御し、対手の同部位を右肘で攻撃せよ。
敵は失神する。
［蘇生させるためには］背のちょうど反対側にパンチを入れよ。

日本の時代劇でも、相手の水月を撃って気絶させるシーンがあるが、ふつうに殴っても気絶などしてく

れません。ボクシングでスタマック・ブローでダウンしても、苦しいから倒れるのであって、意識はしっかりしています。現在の日本の近代武道では、水月への当て身で失神させる技法は練習されていません。

水月への当て身は、正確に、しかも正しい角度と強さをもって突かなければならない。水月には太陽神経叢という神経のかたまりがある。そこの〈氣〉の流れをショートさせるのが当て身なのです。ただ胃袋の上を殴りつけるのとはわけが違う。

カラリパヤットでは、さらに下腹の丹田で〈風《プラーナ》〉を煉《ね》りあげておいて、それを腕や手、指を通して相手のマルマンを撃つ。すると、雷に撃たれたようなショックを受けて、ぶっ倒れてしまうのです。

そして、『虎の巻』には、水月を撃って気絶させた者を蘇生させるには、

——その反対側を刺戟《しげき》せよ

とあります。日本の古武術でも、水月に当て身して気絶させた者に活を入れるときは、水月の反対側の背骨の第六胸椎をグイと押してやる。

カラリパヤットの七階梯のうち、最初の体術はともかく、二番目三番目の武器術は基本的に殺しの技の修得ですが、拳法は相手を殺さないでおくための技なのです。五番目の〝チキツァー・ヴィディカル〟は、さらに一歩進んで、けが人や病人を癒す「治療術」である。修行者は拳法の修得によって得たマルマンの知識を基礎に、こんどは人間を病から救うための修練を積み重ねてゆく——。

そして、治療の焦点になるのも、マルマンなのです。これを〝マルマ・チキツァー〟(マルマ療法)と称しますが、水月の当て身に対しては背中に活をいれるように、

——反対側を刺戟する

というのが、その第一の原則である、ということをしかと記憶にとどめておいていただきたい。

反対といえば、死神のマーラ。しかしマーラは、『カーマ・スートラ』とかいうときのカーマ、愛の神の別名でもあります。同じ神格が、見方を変えれば、愛の神になり、死の神にもなる。例の魔羅も使いかたしだいで、男女和合の愛の神となる。

マルマンもおなじ。使いかたしだいで、「死をもたらす急所」から「生をもたらす救所《きゅうしょ》」になる。そのためのターニング・ポイントが、拳法なのです。

達磨は来たか？

そして、拳法を発達させたのは、ほかならぬ仏教徒であった——。

すくなくとも、筆者は、そう考えています。

というと、奇異の念をいだく方も多いことでしょう。不殺生を旨とする仏教が、殺戮の技である武術と結びつくはずがない、と。たしかに、初期仏教にあっては考えられぬことでした。シャカは弟子たちに、村まつりで行われる相撲のたぐいすら見物することを禁じたのだから。

しかし、仏教も大乗になると、戒律についても新たな規定がもうけられるようになる。西暦三〇〇年ころに編まれた『大乗涅槃経《ねはんぎょう》』には、小乗にはなかった、

「あらゆる肉食を禁止する」

「僧侶を護るために、在家者に武器を執ることを勧める」

というふたつの戒律が追加されている。これは、なにを意味しているのか？

二千五百年前のインドに生きたシャカが、肉食を禁じたわけではありません。初期仏教教団《サンガ》が、食を托《たく》

鉢《はつ》に依っていたからからです。つまり一般庶民の食が修行僧の食でもあった。だから、いまでもオレンジ色の長衣をまとって払鉢するタイやラオスなど上座部仏教圏の坊さんは、なまぐさも迷わず口にする。選り好みできる立場ではないのです。

ところが、のちの仏教教団は、インド諸王の庇護を受け、荘園を寄進されるようになる。托鉢せずとも、荘園からの上がりだけで食をまかなうことができるようになったのです。荘園経済があってこその、精進料理なのです。

僧院には財が蓄積された。と、とうぜん、それを狙うやからが出てくる。武力が必要となる。武器を執るのははじめは俗人にかぎられたが、出家のなかにも護身のために、武術を行う者が現れる。しかし、仏教最大の戒律が「殺すなかれ」。

殺す武術から活かす武術への転換が求められました。そうして、仏教僧院で発展したのが、棒や拳などで対手のマルマンを撃つことで戦闘能力を奪ってしまうテクニックなのです。

七世紀以降、ケーララをふくめた古代ドラヴィダ世界で仏教が衰退してゆく。この技術は、土着武術の伝統に吸収された。こうして、戦士の武術と仏教徒の拳法が結びついたのです。

その証拠に、カラリ拳法ウェルムカイでは、用いるマルマンが『スシュルタ本集』の百七マルマンとは異なります。百七マルマンは、戦士が戦場にあって敵を確実に屠《ほふ》る目的で学ばれたもの。が、ウェルムカイでは、これを整理した、あるいは独自なものをいくらか追加した六十四のマルマンに集約される。たとえば、『虎の巻』にあるジャラパンタン、カイクラパン、トリシャンクプシュパは『スシュルタ本集』には見られないマルマンです。

そして、この六十四というのは、仏教の『具舎論《くしゃろん》』に記されたマルマンの数なのです。また、ウェルムカイが、金剛乗《こんごうじょう》（タントラ仏教）のシンボルであった金剛杵《こんごうしょ》、すなわち〝ヴァジュラ〟の用法をこんにちにまで伝えていることも、拳法仏教起源の根拠になるかと思われます（図7）。

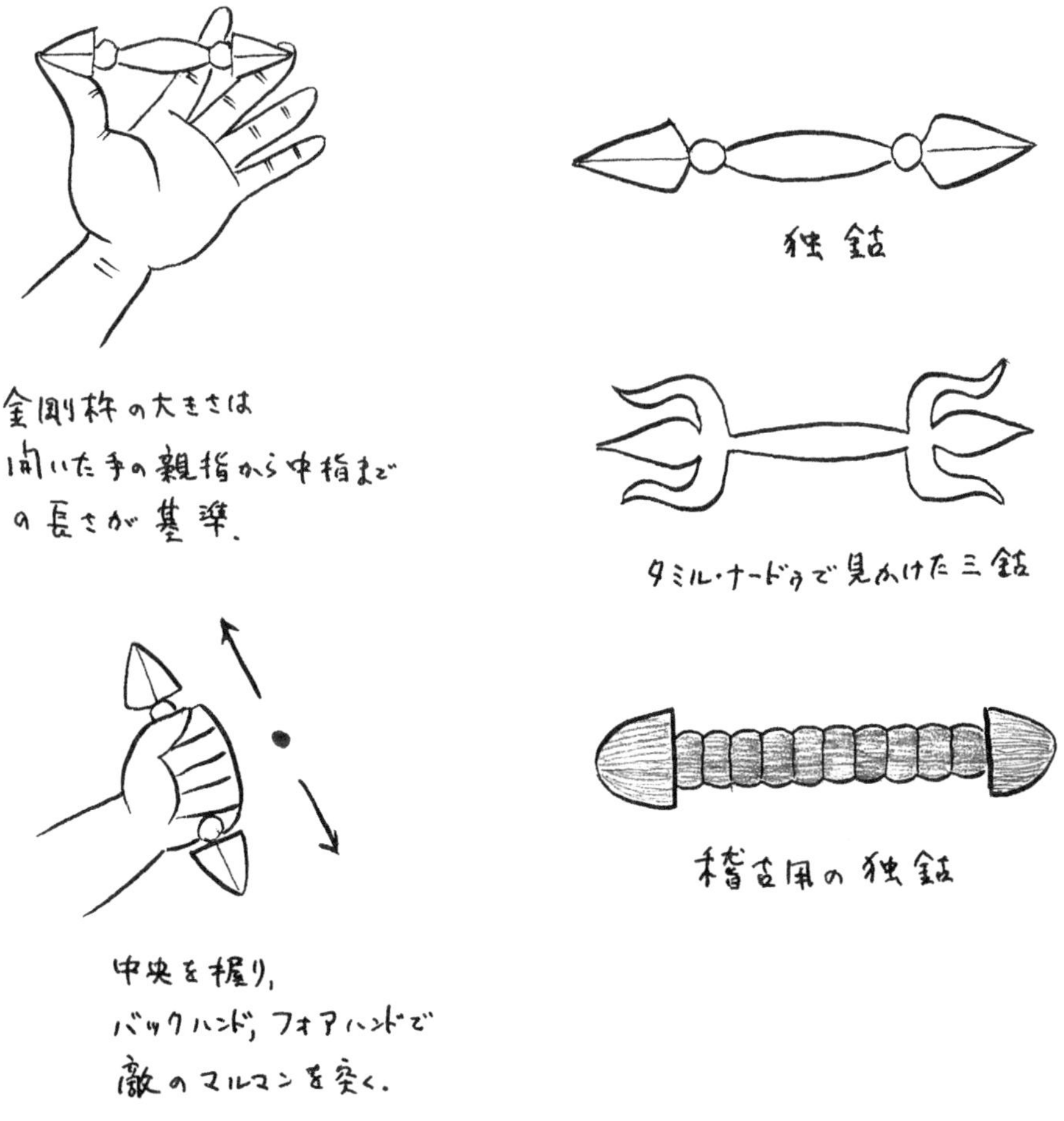
金剛杵の大きさは
開いた手の親指から中指まで
の長さが基準。
独鈷
タミル・ナードゥで見かけた三鈷
稽古用の独鈷
中央を握り、
バックハンド、フォアハンドで
敵のマルマンを突く。

図7　ヴァジュラ（金剛杵）

ヴァジュラ（マラヤーラム語では cottaccan）の用法は、武器術ではなく、拳法術に含められている。中央を握り、両端で敵のマルマンを突く。マルマンとヴァジュラは、ヴェーダのインドラ神話以来、セットにされて考えられているのだ。通常は真鍮製。「手の内に隠し持てる」大きさで、これが「密教そのもの」のシンボルにもなる。すなわち、一般の仏法は「開いた手」で伝授される。ブッダの教説に秘密はない、ということだ。対し、タントラ仏教の伝統では、ブッダの秘儀は、選ばれた弟子にのみ、「閉じた手」で伝えられるとする。

——拳法仏教起源説。

というと、インドの僧侶・菩提達磨《ボーディダルマ》が中国嵩山《すうざん》・少林寺に禅と拳法を伝えた、という伝説を思い浮かべるかたも多いはず（図8）。

ところが、こんにちの中国、日本の歴史家や武術研究家はこの説を否定しています。その理由は、

①インドと中国の拳法に共通点がない。

②「達磨伝拳伝説」が初出するのは明《みん》末（十七世紀）の文献。達磨の時代（六世紀）から隔たりがありすぎる。達磨が伝えたとされる『洗髄経』『易筋経』もそのころ創作《つくら》れた偽経《ぎきょう》である。

③達磨伝説は荒唐無稽《こうとうむけい》にすぎる。彼はキリストみたいに、死んでは生き返る、という奇蹟を何度も何度もくり返している。彼は、禅宗布教の手段のためにまつり上げられた架空の人物である。

しかし——。

①については、ここまで読んでくれたかたは、「共通点がないのではなくて、学者さんが知らなかっただけでしょ」とお思いになるでしょう。が、それも仕方がない。インドの武術家がその技術の公開を始めたのは、ここ数年のことなのだから。

しかし、きちんとフィールドワークしていれば、達磨の出身地とされるタミル・ナードゥ州カーンチープラムが、南インドにおいても仏教武術の発祥の地、とみなされていることぐらい容易につきとめられたはず。共通点がない——どころか、中国拳法の秘術とされる発勁《はっけい》（勁《ちから》の発し方の技術）も点穴《てんけつ》（いわゆる秘孔《ひこう》突き）もインド拳法にはある。

②中国で拳法がさかんになるのは明末からである。それまでは、少林寺武術の看板も拳法ではなく、棍《こん》法《ぼう》（棒術）であった。拳法が武術の表芸になるにともない、少林寺口伝の身体鍛練法を文書化し、達磨を

図 8　菩提達磨伝

①西暦 386 年、達磨、香至国の第 3 王子として生まれる。400 年のある日、禅の 27 代祖般若多羅が王宮に来た。喜んだ王は師にマニ（宝石）を寄進。と、師は王子たちに、「これにまさる宝があると思うか？」

②「ございません」2 人の兄。が、幼い遊磨「そのマニは光を反射しているだけ。でも、おのずから発光するマニがあります。それは誰もがもつ如来蔵（仏になりうる可能性）。これこそいちばんの宝です」

③ 410 年、ダルマは、父王が亡くなると、般若多羅のもとで出家。そして 40 年あまりの修行の末、師の法を継いで、禅仏教の 28 祖となった。

④ 517 年、131 歳になった達磨は、マハーバリプラム港からダウ船に乗る。南海を経巡り、520 年、広州に着いた。

⑤達磨は梁武帝に見《まみ》えたが、武帝はその才を用いなかった。そこで川辺にいき、葦を 1 本抜いて川面に投げ、それに乗って長江を渡った。

⑥そして嵩山少林寺に赴き、9 年間壁に向かって坐禅した。その間、左腕を切り落として求道の決意をした慧可らに禅法を授けたが、多くの修行者が彼のめざす禅行実践の苦行に耐えられず落伍していくのを見て、

⑦「まず身体を鍛えるべし」といって『洗髄経』と『易筋経』の 2 経を与えた。修行僧たちは、これによって心身を鍛練し、苦行に耐えることができた。少林拳の始まりという。

⑧ 536 年、達磨は 150 年の生涯を終えた。しかし復活し、パミール高原を歩いて、インドに帰っていった。その途中で、逆にインドから中国に帰る宋雲が達磨と出会う。

⑨ 613 年、達磨来日。聖徳太子が大和・片岡山で衰弱した達磨に会い、衣を与えた。翌日、達磨は亡くなる。太子は埋葬させたが、その数日後、達磨は復活してどこかに消えた。

その著者に託したということも考えられる。文献に重きをおくのであれば、点穴法も清《しん》の康熙八年（一六六九）に著わされた「王征南《おうせいなん》墓誌銘」が初出。「拳法家・王征南は人を搏《う》つに、皆その穴《つぼ》をもって……」とある。

③不老不死は、中国の仙道がめざす境地である。仙道の水銀を丹薬《たんやく》となす技法や房中術《ぼうちゅうじゅつ》は、紀元後の早いうちにタミル・ナードゥにもたらされ、「中国の行法《チーナーチャーラ》」として南インドの伝統と合流している。また、タミル・ナードゥには「達磨」とは逆に、中国人道士《どうし》ボーガルが伝えたとされる「中国拳法《チーナアティ》」が残っている。ボーガルに仮託されたタミル語文献『末魔論《ワルマサストラム》』には、このような説明がある。

鼻の末魔《ムックワルマン》に、拳か打撃が入ると、
感覚を失い、眼は曇り、鼻血がふき出て、気が遠のく。
蘇生させるには、頭頂部（大泉門）に適当な打撃を与うるべし。

人が動けば、文化も動く。
インドと中国の交流史は、ややもすれば偏狭なナショナリズムと結びつきがちなアカデミズムを離れ、さらに大きな視野をもって、いまいちど捉えなおしてみなければなりません。

8 末魔と経穴

臍末魔《ナービ・マルマン》は身体の中央、大腸と小腸の間に存在する。
これはすべての脈管《ナーディー》の起点である。
これは掌で測られる。

『虎の巻』より

『スシュルタ』のゆくえ

「マルマとはインドのツボのようなものです」

美を追求してやまないおネエさまがたが通うアーユルヴェーダ式エステティック・サロンのパンフなどでよく見る説明であります。が、

——ツボのようなもの

ビミョーな言いまわしである。中国の経穴《つぼ》と同じものなのか、違うものなのか、はっきりしろ、と言いたい。しかし、それも、仕方がないことではある。現在、主流になっているアーユルヴェーダは内科が中心で、マルマンを説いたスシュルタ系の外科は端っこに追いやられている。高名な医学僧（バラモン）も、外科は滅びた、と言ってはばからないのですから。

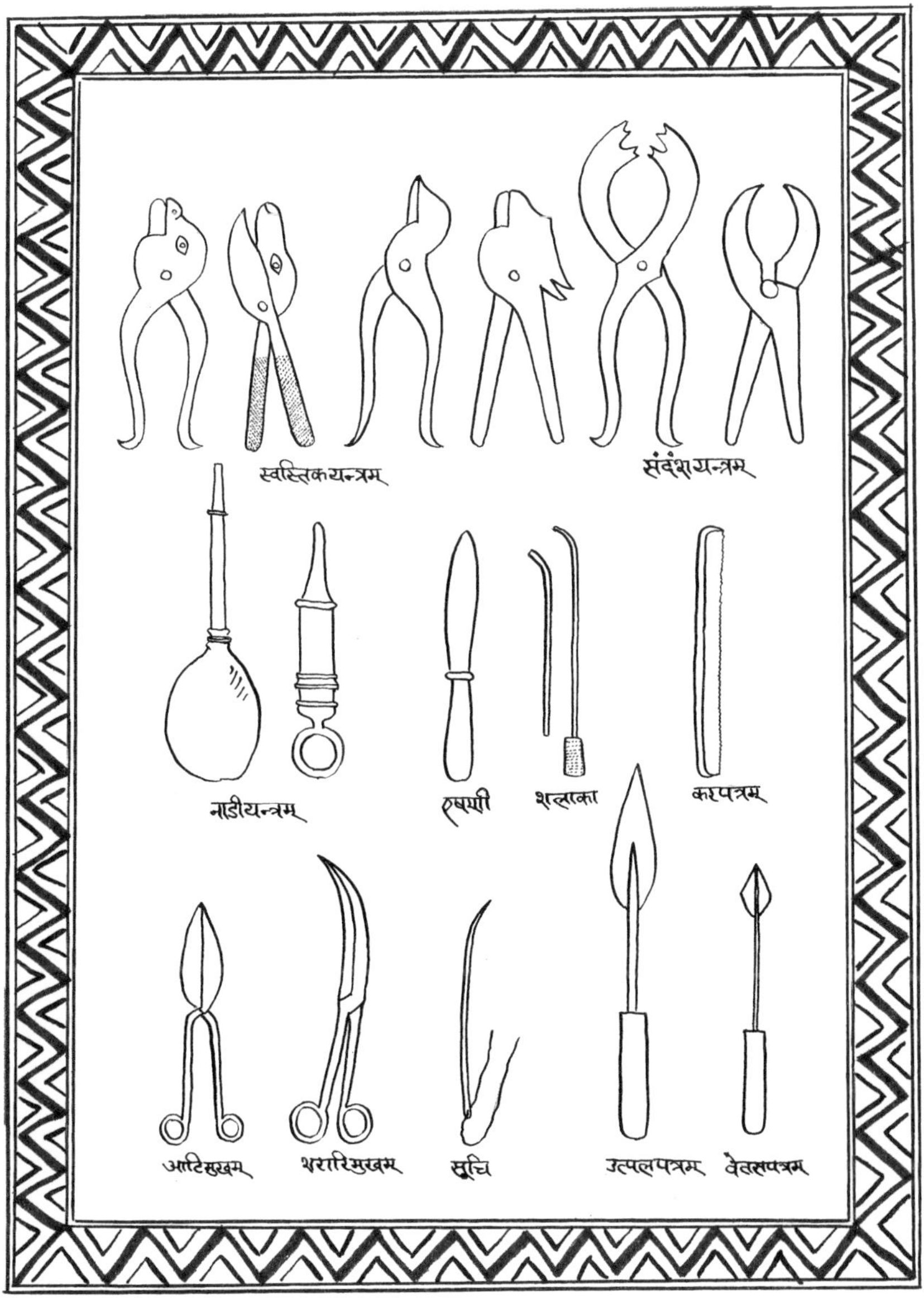

古代の外科器具（『スシュルタ本集』より）

しかし、それは正しくない。

サンスクリット語で「外科」は、〝シャリヤ・シャーストラ〟。「矢に関する学問」の義で、「弓の科学」である〝ダヌルヴェーダ〟(武術)と対応を見せるとともに、外科の始まりを観じせしめる語です。

戦士たちの矢傷を看る従軍医師たちの姿が泛《うか》んできます。大麻やチョウセンアサガオを混ぜた強い酒で負傷兵に麻酔をかけ、彼の身に埋まった矢を慎重に抜き取り、断末魔した手足を切断し、針と糸を使って破れた血管と傷を縫う戦場の医師たちの。

そして過去も今後も、戦争があるかぎり、外科は絶対になくならないのです。

カラリの武術家たちは特殊な進化をはたしたスシュルタ系アーユルヴェーダを伝承しているが、『虎の巻』にも、

マルマンに傷害が起きたときは、
生命風《ヴァーユ》が上空に向かって旅だつ前に(=死ぬ前に)、
[傷害を受けた末魔の]上部をすぐに外科手術で切断しなければならぬ。
切断がなされると、シラー管と関節は縮み、出血は止まる。
それゆえに、患者は生きながらえる。

とあります。

負傷兵の体を「切ったり貼ったり」する外科医の仕事はいきおい職人芸になってゆく。インドでは職人は低カーストだし、ましてや外科医のやることといったらチャマール(家畜の屍体処理や靴づくりをいとなむ不可触民)とたいして変わらない。そのため外科は、バラモンからは離れていった、というのが実情でしょう。

さらに、急所《マルマ》の知識《ヴィディヤー》はインド武術の奥義とされ、特殊な家系の親から子へ、子から孫へと、あるいはもっとも優れ、そして信頼のおける門弟にのみ伝授された。

マルマンについて語るべき武術医は口をつぐみ、内科医はこの分野だけ中国のツボの理論を借用してごまかしてきた、というのがこれまででした。

では、ほんとうのところはどうなのだ？　マルマンとツボは同じものなのか、違うものなのか？

はい。結論からいわせてもらいましょう。

「マルマンとツボは同じもの、すくなくとも同一の起源をもつものである」

経穴（ツボ）との比較

マルマンとツボを精細に比較すると、『スシュルタ』のポイント（〇・五または一指幅大）のマルマンのうち、約七十％がツボと一致していることがわかります。

さらに肛門とか膀胱、臍、心臓、あるいは関節部分といった面積を持ったマルマンの範囲内では、ツボがだいたいは五、六、あるいはそれ以上と密集している。たとえば、『虎の巻』に「掌で測られる」（掌ほどの大きさ＝四指幅である）と語られる臍《ナービ》のマルマンには、臍の穴を上下にはさんで水分《すいぶん》と陰交《いんこう》、左右二個ずつの盲兪《こうゆ》と天枢《てんすう》がある。

そういうものを含めると、マルマンとツボは、九十％まで一致します。

残りは、頭蓋内部の感官をつかさどる〝シュリンガータカ〟や、鼻の奥の嗅覚細胞である〝パナ〟といったマルマンだが、これらは顔面や頭部に散在する数多くのツボによって表現されているのでしょう。

名前や場所の表現も似たものがいくつかある。

たとえば、乳首の下の〝スタナムーラ〟（乳の根）。同じ場所のツボは、ずばり「乳根《にゅうこん》」。

お尻の、腸骨と坐骨神経と梨状筋が重なる部位のマルマン〝ニタンバ〟（臀）は、中国でも「臀中《でんちゅう》」でござる。

また、側頭部の〝ウトクシェーパ〟（前章参照）の位置は「こめかみ《シャンカ》のマルマンの真上の髪の生え際」と説明される。これに相当するツボは「頭維《ずい》」だが、その位置の説明のしかたは「こめかみの真上の髪の生え際」。

それでは、なぜ面積をもったマルマンが中国ではいくつものツボに分割されるのか、といえば、これはその治療法の相違から説明することができましょう。これについては次章で詳述するが、ほんらい「死をもたらす急所」であるマルマンにシャープな刺戟を与えてはならない、というのがマルマ療法の基本的な考えなのです。

ただし、マルマ療法では大きな面積のままで扱っていても、ウェルムカイ（拳法）では細かいポイントで刺戟する。たとえば、前述した臍下のマルマン、ジャラパンタンは臍のマルマンの範囲内にあるが、位置としては「気海」と一致している。

しかし、両者の総数――ツボは三百六十五あるのに対し、マルマンは百七しかないではないか、とおっしゃられるかたもおいででしょう。

けれどもツボには、一年の日数である三百六十五に一致させるために理論的に想定されたものがいくつかあり、じっさいに使われるのはその半数くらいです。逆にインドの武術医が用いるマルマンには『スシュルタ本集』の規定以外のものも多くあって、けっきょくはインドも中国も同じような数に落ち着いています。

それらのことから、同一起源だ、と推定されるのです。

さて、中国でツボに関するまとまった情報の初出は、西暦二〇〇年ころの後漢時代に成立した漢方治療

『傷寒論』の原典『傷寒論《しょうかんろん》』といわれています。しかし、ツボの起源は、じつはよくわかっていません。『傷寒論』の少し前に編纂された『黄帝内経《こうていだいけい》』の、

北方の寒冷な高原地帯の住民は遊牧をおこない、乳や肉を主食としている。そのため鬱血による疾患が多いので灸による療法が発達した。……南方の地は高温で湿気の多い平野部で農業がおこなわれる。穀物を主食にしているので血行障害による筋脈（末梢神経）の病気が多い。ここでは針による療法が発達した。

という記述のなかに、「ツボの発見と鍼灸の発明」を想い描いている程度。それに対し、マルマンの起源は明確です。『スシュルタ本集』は、

マルマンは、矢の学問《シャリヤ・シャーストラ》（外科学）の半分を占める。（Ⅳ―六―33）

と宣《の》べています。

マルマンは、前記したごとく指の幅四本分の長さとか面積をもつものもありますが、多くは指の幅半分から一本分（〇・七五～一・五センチ）の小さなポイント。それは、戦士の身の一点に突き立った矢の傷に由来するものだったのです。

ヴェーダ時代の始まりからスシュルタにいたる数千年ものあいだ、何万もの負傷者を診てきた、何十世代にもわたる外科医カーストの伝統が、マルマンの神秘を見出しました。

肉や骨に矢が刺さるのは、むろん痛く苦しい。が、同じ胸や背に矢が立っても、その場所が指の幅一本分違えるだけで、生死を大きく分けることがある。指一本分ずれるかどうかで、助かるか出血多量で死ぬ

かが決定されてしまう。

骨と骨のすき間、筋肉と筋肉のすき間……そうした処《ところ》（すなわちマルマン）を貫いた矢は、身の奥深くを走る脈管（血管や神経）を破壊して、そこから生命（プラーナ）が漏れて、死に至るのだ。

医師たちは、マルマンを慎重に手当てするうちに、それによって体の不具合が著しく改善されることにも気がつきます――。

したがって、インドのマルマンが仏教とともに中国に伝わってツボになった、と考えるのが妥当です。

しかし、身体の活殺点《ヴァイタル・ポイント》の発見は多元的であったかもしれない。いくつもの文化で、なんの関連もなく見出された、ということです。

たとえば、約五千三百年前のアルプスの冷凍ミイラ、エッツィの存在がある。彼のからだを詳しく調べたヨーロッパの学者がいうには、

「このミイラは生前ツボのことを知っていた。なぜなら、エッツィのからだのあちこちに刺青が刻されていて、その位置が東洋の風病（痛風やリウマチ）のツボ・ポイントと正しく一致する」（図1）

にわかには信じがたい説であるが、頭から否定することもできない。古代人の知恵は、現代人が想像する以上に深いものであったと信じるからです。おそらく、太古の呪術師の秘儀のなかに、その知識の源泉があるのでしょう。

〈氣〉またはプラーナ

マルマンとツボは、起源は同じだとしても、それをどう考えるか、については、アーユルヴェーダと中国医学ほどの差はあります。似ているようで違っていて、しかし雰囲気は共通する、という感じ。

似ているのは、どちらも〈氣〉、ヨーガでいう〝プラーナ〟（風）の通路にある特異点だ、ということで

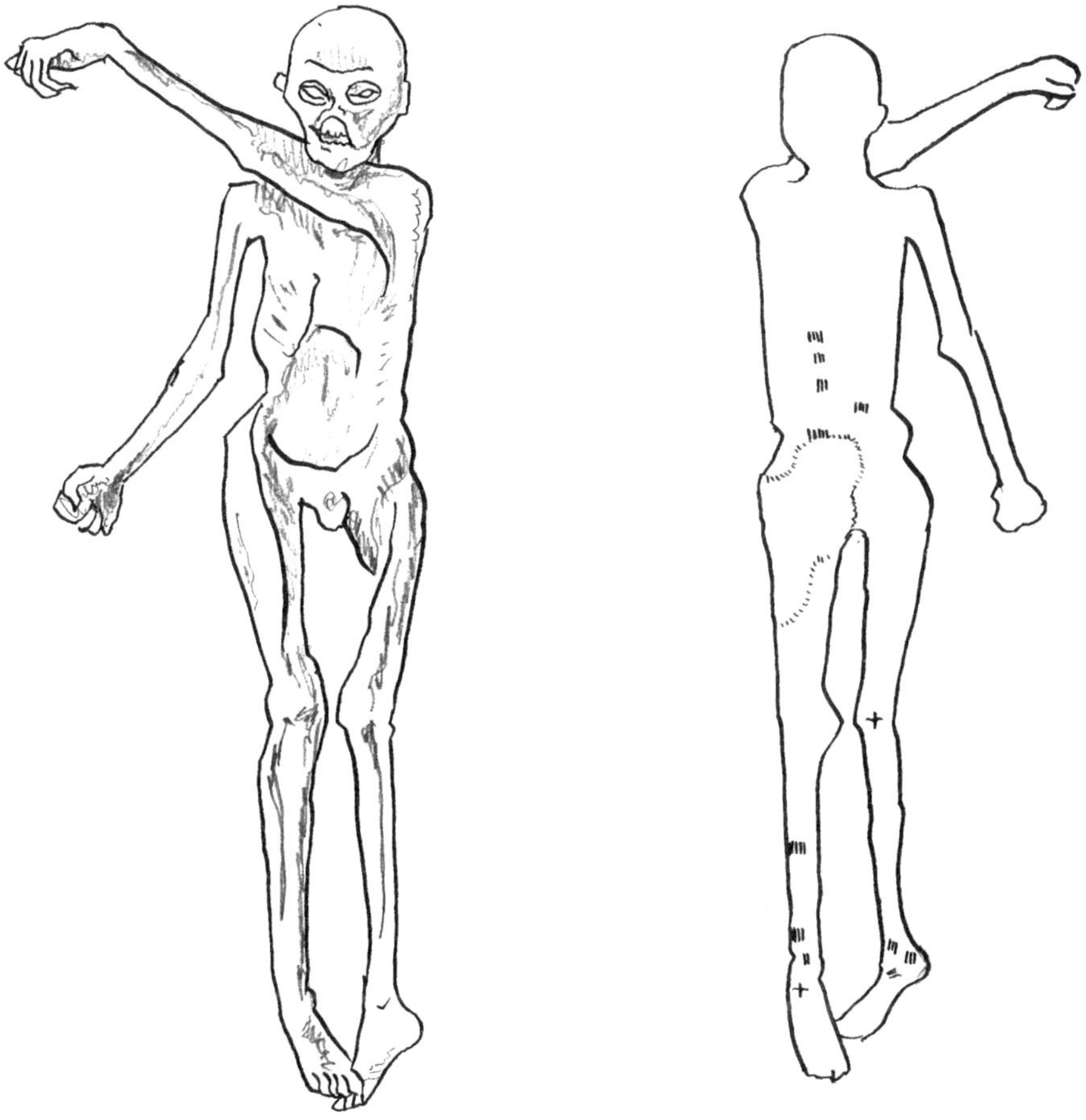

図1　エッツィ

エッツィは、1991 年にイタリアとオーストリアの国境をなすハウスラブヨッホ山中で発見された約 5300 年前の男性の遺体。右図は刺青の位置（文藝春秋刊『5000 年前の男』より）。たしかに腰の大腸兪など神経痛のツボとおどろくほど一致している。これらとほとんど同じ箇所に刺青されたミイラは、シベリアのアルタイ山中でも見つかっている。民俗医療学者は、ユーラシアの多くの未開民族に灸の習慣があることを報告している。

す。

プラーナに関していえば、カラリの医学は、現在主流になっているグジャラート・アーユルヴェーダ大学の考えとは、すこし違います。しかしカラリの身体観は、ハタ・ヨーガのそれとまったく同じです。こんにちのアーユルヴェーダでは、〝プラーナ〟は三《トリ》ドーシャを構成するヴァータの一要素にすぎません。むろん、ここでもヴァータはひじょうに重要な原理ではあるが、ピッタ、カパと鼎立《ていりつ》することで存在する（図2）。

しかし、カラリの身体観では、より大きな生命原理としての〝プラーナ〟を想定し、これを前者のそれと区別するために、〝プラーナ・ヴァーユ〟などと称しています。

その差がどこからきたのか――。

ひとことでいうと、カラリの医学は古くさいのです。ヨーガやタントラの理論が渾然としている。カラリパヤットが完成した千年ほど前のアーユルヴェーダのすがたが、そのままとどめられているのでしょう。それに対し、こんにちのアーユルヴェーダは、古代の文献や伝統を重視しつつも、近代的な科学の概念にも学び、曖昧なものは切り捨てないまでも、とりあえず置いておく。

くわえてカラリの医学は、外科の『スシュルタ本集』にもとづいている。戦場での負傷兵の手当てが外科の始まりです。武器で傷つけられた者のヴァータは急激に悪化し、その処置は緊急を要する。ために、〈氣〉を独立した原理と見なしたのでしょう。

そして、その焦点になるのも、近代アーユルヴェーダではほとんど語られることのないマルマンなのです。

マルマンは、プラーナがそこを流れるとき、もっとも活性化し、健康にメリットも多いが、同時に傷つきやすくなる。

『スシュルタ本集』には、末魔を断つ（断末魔）と、なぜ死に至るのか、あるいは病気になったり後遺症

図2　トリドーシャと〈風〉

天では太陽が燃えている。地では水が熱せられる。空には水蒸気が沸きあがり、風が起こる。太陽（火）、水、風。この大自然のいとなみを人体宇宙のダイナミズムに当てはめたのが、ピッタ、カパ、ヴァータのトリドーシャである、と考えればよい。アーユルヴェーダでは、ピッタは胃や肝臓、カパは肺、ヴァータは大腸で発生する、としている。そして三者のバランスがくずれると病気になると。しかし、カラリやヨーガの生理学では、トリドーシャを包摂するより大きな原理としての“プラーナ”を想定している。

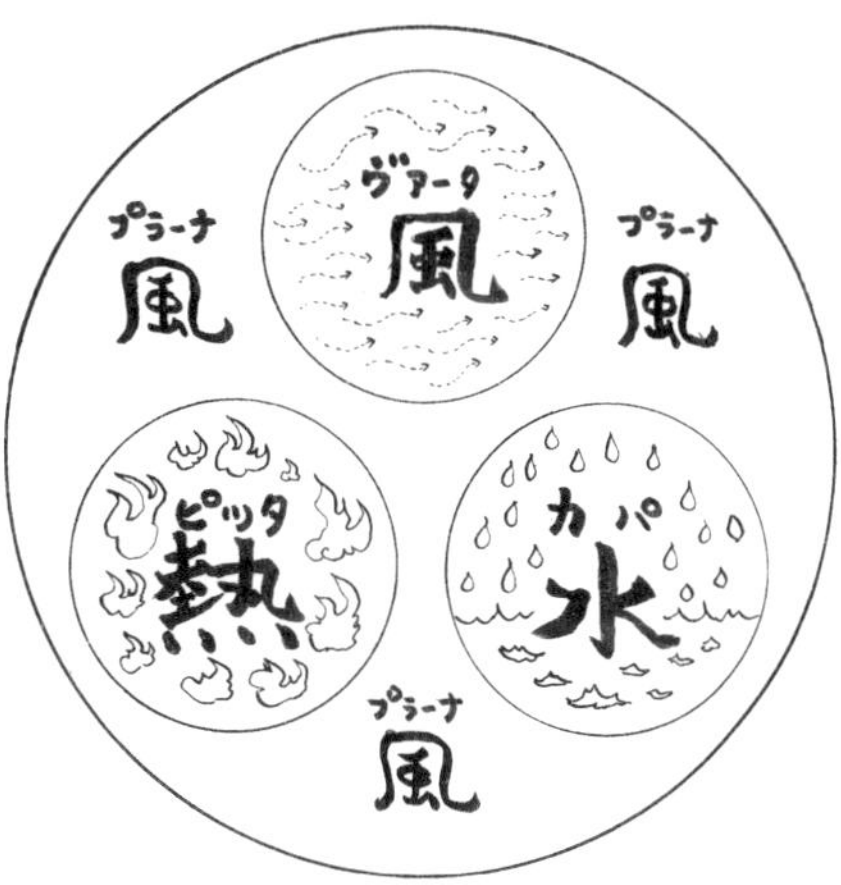

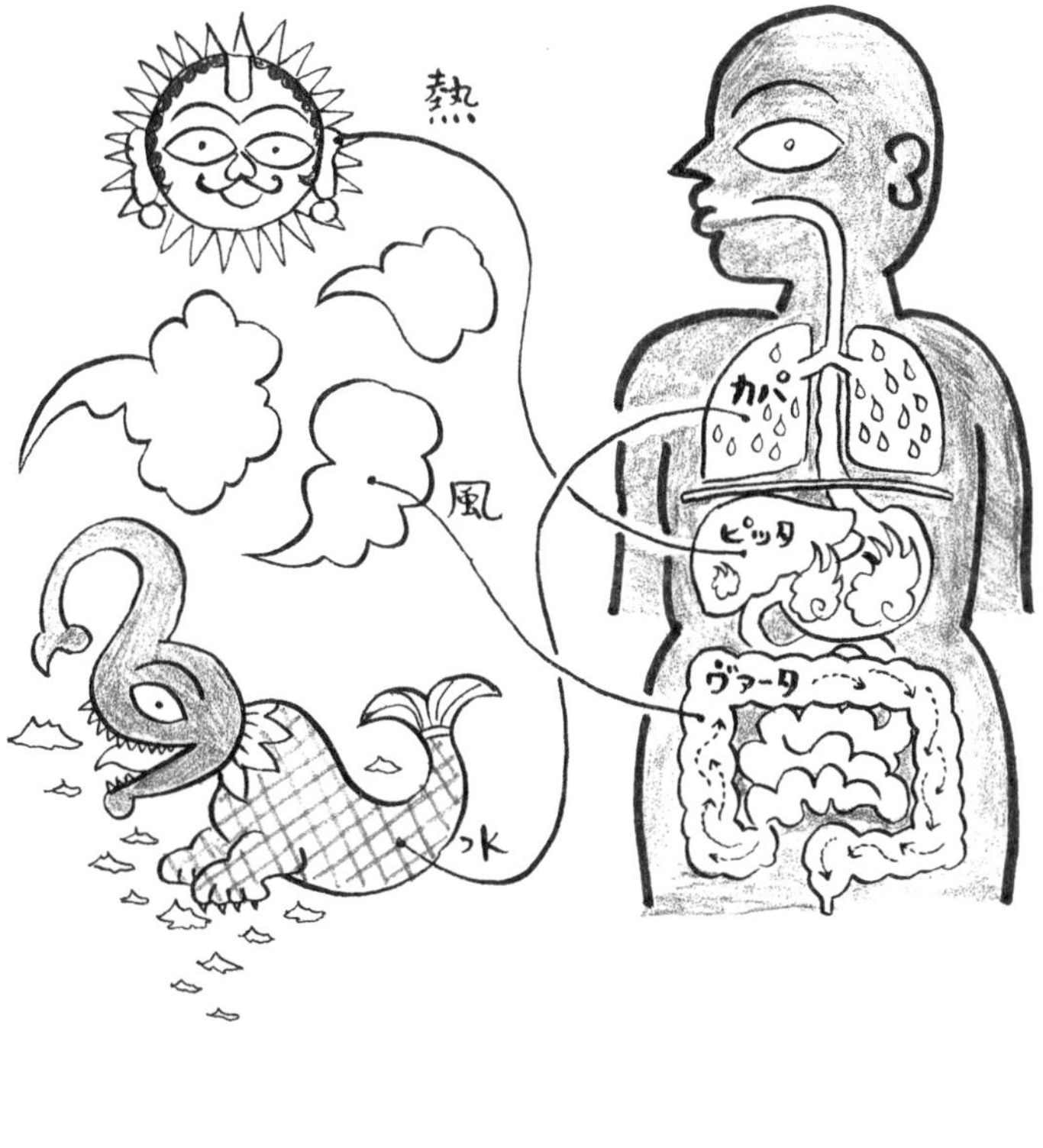

に悩まされるのか、について複雑な説明があります。しかし、『虎の巻』の説明は、

「断末魔した穴から、〈風〉が抜けてしまう」


と、きわめてシンプルなものになっています。

つまり、マルマンを刀で斬られたり、槍で突かれたりすると、ちょうどタイヤがパンクするみたいに、その傷口からプラーナが抜けてしまって、死んでしまうのです。

それゆえ、矢などを身に受けたときは、傷口が広がらないように、慎重に抜かなければならない。なるべく手で抜かず、釘抜きのようなものを用い、すこしずつ引き出すようにしなければなりません。

マルマンを拳などで撃たれたときは、穴が開かないから急に死んだりはしない。が、プラーナの流れに変調をきたし、結果としてドーシャ・バランスがくずれることによって、気を失ったり、病気になったりするとされています。

逆にいえば、人間が具合が悪いという状態は、プラーナの供給が妨害され、不足した状態と考えられる。そこで、マルマンに働きかける治療法によって、プラーナの流れを正常にしていく。これがマルマ療法が拠って立つ原理になっています。

臍――脈管の根

ところで、冒頭にあげた『虎の巻』からの引用文――。

「臍はすべての脈管《ナーディー》の起点である」

現代の医学知識からは、ちょっと理解しがたい一文である。心臓のまちがいではないのか？

そうお思いのことでしょう。

しかし『虎の巻』はべつのところで、

両乳の間、腹と胸が合するところ、横隔膜の上に心臓のマルマンが在る。

これは掌で測られ、すべての血管《シラー》の起点である。

傷害を受ければ、即死する。

としているから、臍が血液循環の中枢ではないことぐらい知っていた。臍と心臓の関係は、つぎのように考えればよろしい。

母親の胎内にいるときは、みな臍の緒から栄養をもらっている。つまり、臍が口である。老廃物《マラ》が出ていくのも臍、つまり肛門でもある。胎児は臍から広がり、臍で閉じる脈管のかたまりといってよい。

しかし、子宮から出ると、心臓が脈管の根になる。といって、臍を根とする脈管がなくなるわけではない。目に見えぬ地下水流のようになって、〈風《プラーナ》〉を運んでいるのである——。

これら臍から全身に放射状にひろがる脈管の総数は、カラリやハタ・ヨーガでは伝統的に、七万二千本ある、とされています。これら無数の脈管の中で、重要なものとして取り上げられるのは、十、十四、十五などの脈管です。図3はこの説を受けて成立したタイ・マッサージの脈管図で、臍を起点に広がるエネルギー・ラインのうち、最重要なもの十本を選びだし、マッサージに用立てる。

しかし、これらの脈管の経路は、流派やテキストによって、かなりの差異があるようです。時間によっても変化するという。ようするに、〈風《プラーナ》〉の通路は文字どおり流動的である、ということなのでしょう。

いっぽう中国では、治療の便をはかるため、五（六）臓六腑説にしたがい、脈管を十四経絡《けいらく》に固定化し

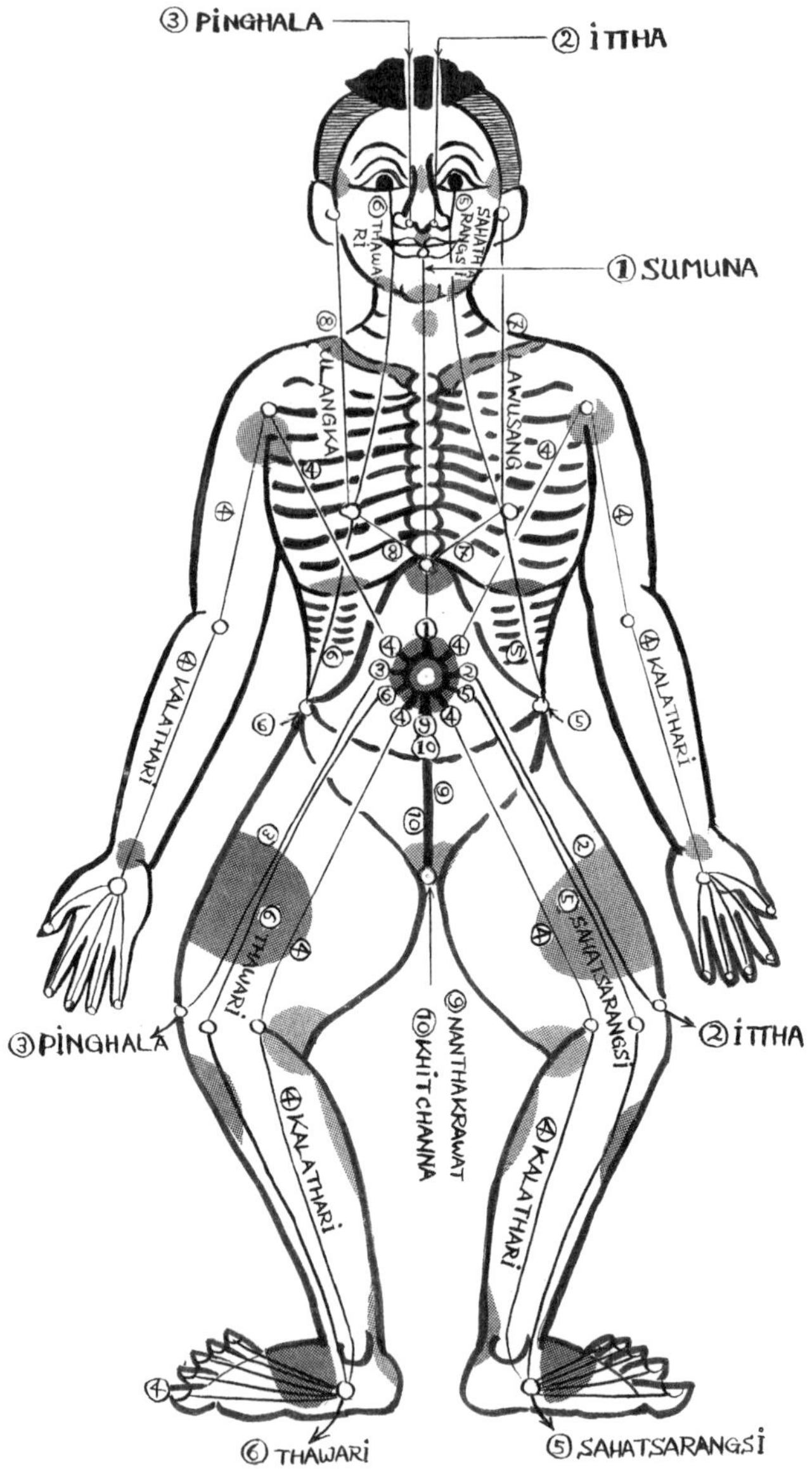
③ PINGHALA
② ITTHA
① SUMUNA
⑥ THAWARI
⑤ SAHATSARANGSI
⑧ ULANGKA
⑦ LAWUSANG
④ KALATHARI
③ PINGHALA
② ITTHA
⑨ NANTHAKRAWAT
⑩ KHITCHANNA
⑥ THAWARI
⑤ SAHATSARANGSI

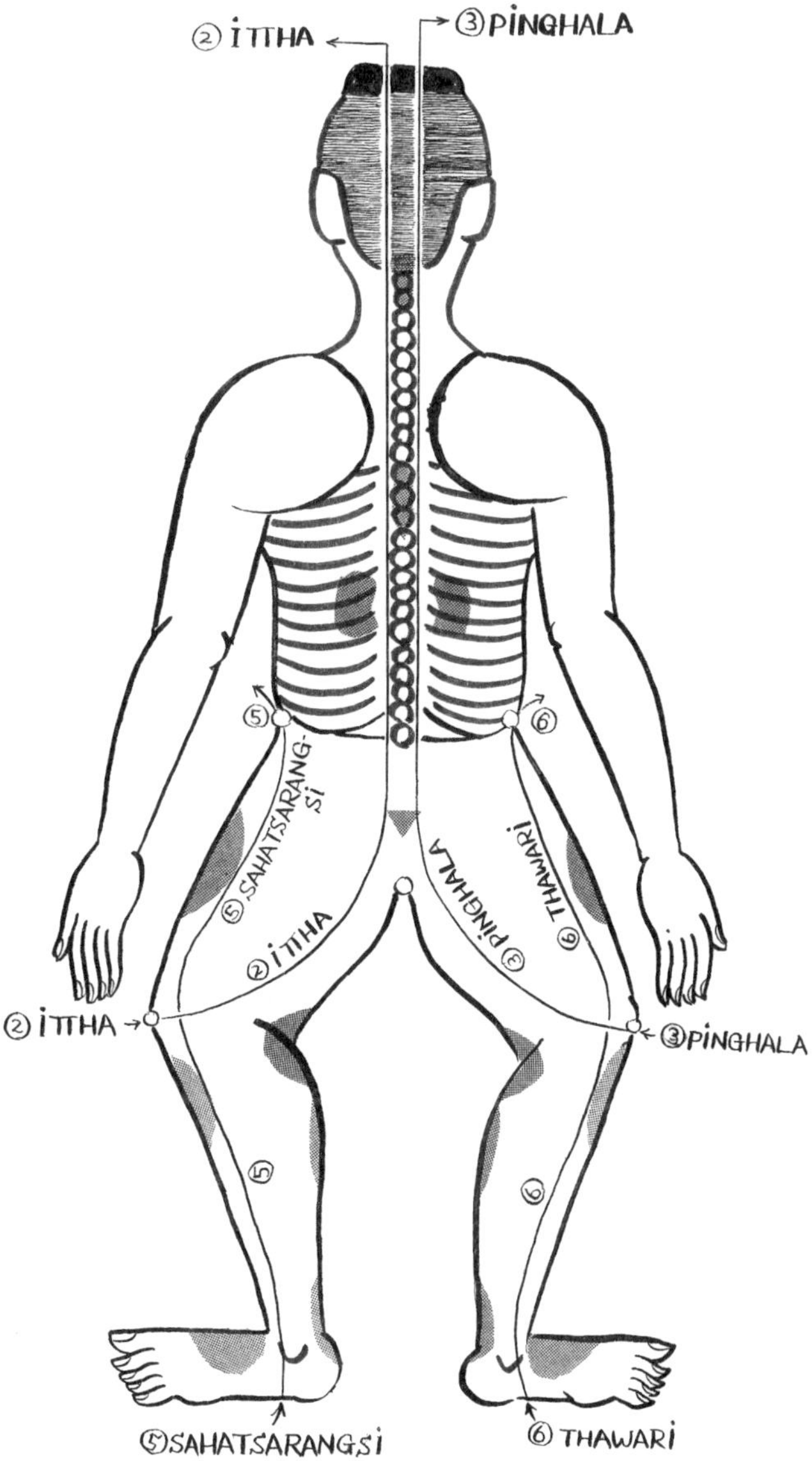

図3　タイ・マッサージの脈管図（ワット・ポー、19世紀前半）

タイ・マッサージは、アンコール王国を通してアユタヤに伝えられた南インドの武術医学がもとになっている。体に無数にある脈管（タイでは“セン”という）のうち、最重要なもの10本を選びだし、マッサージに用立てる。センは臍のチャクラを起点に全身に広がるエネルギー・ネットワークで、ハタ・ヨーガでいう主要脈管と重なる。

センの名称も、ヨーガ用語で解釈されうる。たとえば、セン①の“sumuna”は梵語のスシュムナーの、②の“ittha”はイダーの、③の“pinghala”はピンガラーのタイ訛りである。

なお、図のアミ部分はシャム武術における急所をしめす。（詳しくは拙著『古式ムエタイ見聞録』を参照のこと）

ています。

いずれにせよ、マルマン／ツボは、これらの脈管／経絡上に位置し、各時間、〈風／氣〉の流れを調節し、結果、生命エネルギーを強化する。そしてマルマンは、プラーナがそこを流れるとき、もっとも活性化するが、同時にもっとも傷つきやすくなるのです。

アムリタ・ニーラ──日周期

ところで、鍼灸《しんきゅう》をやっている人から、時間によってツボが動く、という話を聞いたことがあります。ツボの位置そのものが移動するわけではないが、時間によってツボ・ポイントが大きくふくらんだり、あるいは小さくなったりする、ということでしょう。

マルマンのほうでは、〝アムリタ・ニーラ〟という考えがあります。この場合のアムリタはソーマ＝月。ニーラは「マークする」とかいうときのマーク。つまり「月のしるし」です。月齢によって、プラーナの充実するマルマンが移動してゆく……。

それを描いたのが、図4です。

新月の日──陰暦の朔《ついたち》は、足の親指からクシプラ（親指と第二指の間）あたりが興奮します。それが右半身を下から上に移動し、満月の日──十五夜お月様の十五夜──には脳天の〝アディパティ〟にきます。そしてまた新月に向かって、左半身を下っていきます。

これも奇妙な考えのようですが、むかしから世界の各地で、

「月のしずくが繁る宵は正気があぶない」

「満月のときはお産が軽い」

「月の夜は人死にが出る」

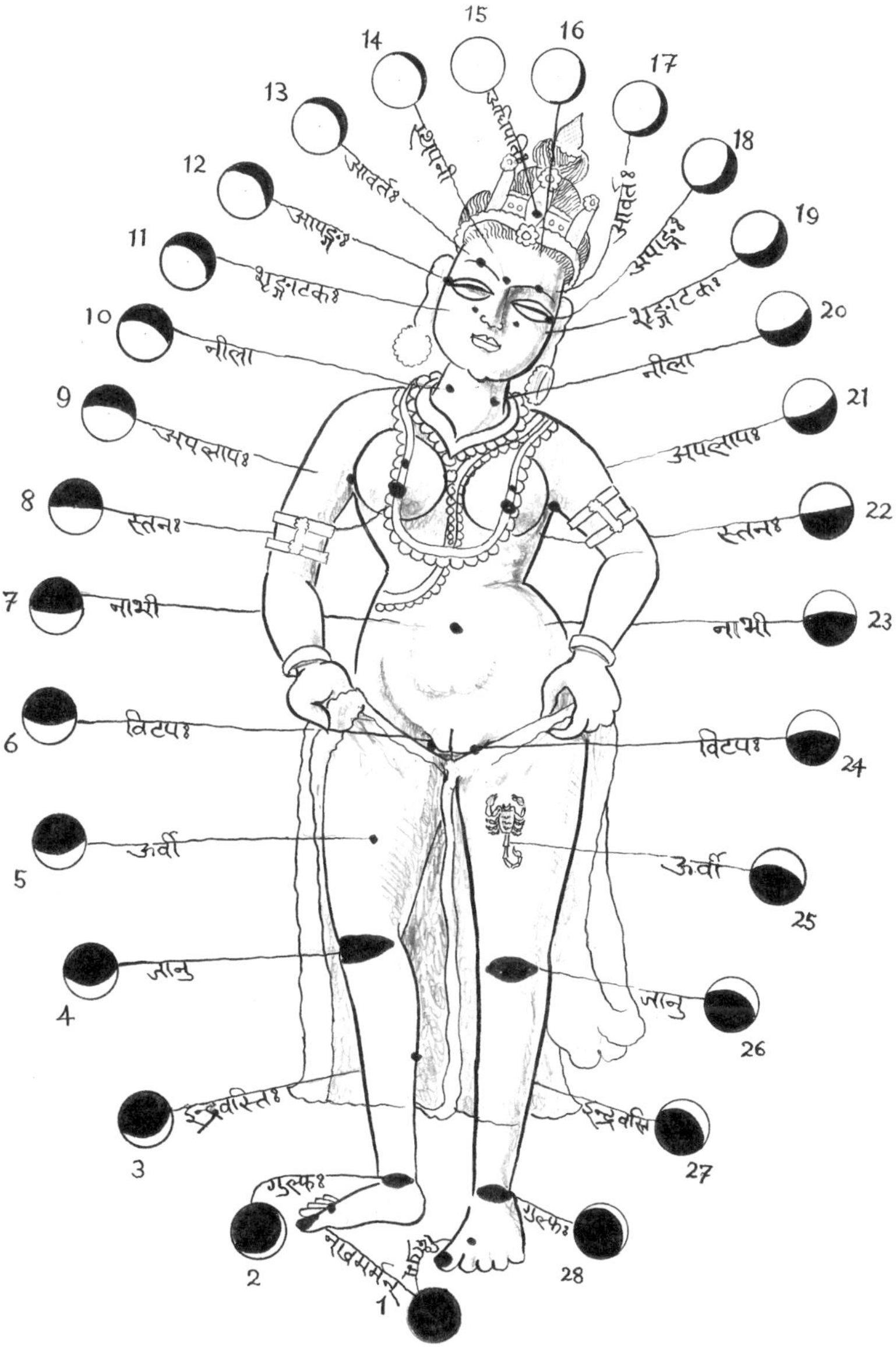

図 4　月齢とともに活性化するマルマン（カジュラーホ、11 世紀）
もっとも活性化するマルマンは月齢とともに移動する。女性の左大腿（ウルヴィー・マルマン）を這うサソリは、この日が太陰暦の 25 日（黒半月の 10 日）であることを示している。

「月の光は情熱をはらむ」

などといわれていました。現代の統計が、そんな古《いにしえ》の諺《ことわざ》を裏づけています。月の引力は、潮の満ち干だけではなく、体内水分約六十％の人間にも影響を及ぼしている。体調が悪い、イライラする、眠れない……そんな夜は、満月が冴え冴えとした月光をふりそそいでいることが多い。満月の日に出産が多いのも、産婦人科医であればだれでも知っている。大怪我をしたり手術を行ったりすると出血も多くなる。精神病をはじめとして、猩紅熱《しょうこうねつ》や癲癇《てんかん》、心臓病や結核による死亡、自殺など、そのすべてに、月の周期リズムとの関連があることも、統計学的に実証されました。さらに、

「月光が動物の生殖腺を刺戟して性ホルモンの分泌をうながす」

という動物学者の戸川幸夫氏の報告もあります。

そして、急所が月齢によって移動する、あるいは時刻と人間の生理の変化の関係が現実的なものであるということが、最近になって医学界や生物学界からも注目されるようになってきました。これを「日周期」といいます。

日周期の研究によれば、人間は時刻によって、脈拍も内臓の状態も変化する。体温は時刻によって右半身と左半身では異なり、毒薬や麻酔薬も時刻によって効き目に大きな差があるというのです。

この絵のモデルは、中部インドのエロティックな彫刻で有名なカジュラーホの、カンダーリヤ・マハーデーヴァ寺院の彫刻。十一世紀の作品です。現物をご覧になったかたもいらっしゃることでしょう。

インド人ガイドが日本人観光客に説明しているのを、こっそり盗み聞きしていたら、

「このひと、スコーピオン・レディね。こころにサソリ、飼ってます。毒をもってます。コワイですね。こんなひとには気をつけなくはいけません」

この解釈はまったく幼稚なものです。というより、カジュラーホのある中インドから北インドでは、イスラム支配期になって、〝マルマ・ヴィディヤー〟が失われてしまったことを物語っています。

この彫刻では、サソリの這う左大腿のマルマン〝ウルヴィー〟が興奮していることを表現しています。これは陰暦の二十五日にあたります。じつはこの作品は、

「月齢によって性感帯が移動する」

という当時のセクソロジーにもとづいたものなのです。マルマンのアムリタ・ニーラを性戯に応用したもので、現存するセックス経典では『ラティ・ラハシヤ』『アナンガ・ランガ』といったテキストに書かれています。

もし、試されるかたがいらっしゃれば、月齢をお調べになって――これは男も女もおなじ――その結果をお知らせください。筆者にとっては、貴重なデータになります。

また、以下に述べるテクニックも、本文をよくお読みのうえ、お試しください。

寝ぼけたマルマンをたたき起こす方法

時間、天体の動きによって、マルマンは変化する。したがって、致命的なマルマンが、日によってはそれほど危険でもない、ということがあります。

古代のバラモン学校サライに由来するカラリの体系には、ヴァーストゥ（建築）、ジョーティシャ（占星術）、マルマン（急所）、アーユルヴェーダ（医学）、アーサナ（ハタ・ヨーガ）、タントラ（密教）、マントラ（真言）の七つのヴィディヤー（科学）が含まれているとされていますが、それがこの武術が占星術と結びつく理由でもあります。

マルマンを狙う拳法では、いまどのマルマンが興奮しているかを知らなくてはいけませんし、あるいは、眠っている不活性なマルマンを起こしてやる、つまりプラーナを通わせてやる必要があります。

酔っぱらいのケンカを観察していると、みぞおちなどの急所にパンチが入っているのに、いっこうにひるまない、ということがある。酔っぱらいのマルマンはアルコール漬けになって麻薄しているのです。

そういったときは、どうするか？

寝ぼけたマルマンをたたき起こすにはいくつかの方法がありますが、手っとり早いのが、脳天、つまりアディパティ（大泉門）を刺戟してやることです。拳法では平手《ひらて》でひっぱたいてやります。ただし、アディパティは断末魔すると即死する、もっとも危険な箇所のひとつですから、力を加減しなくてはいけません。掌を凹めて、じぶんの〈風〉を相手の脳天の孔にこもらせるようなつもりで撃つのがコツです。

そうしますと、全身のマルマンが、電気のスイッチを押したみたいに起き上がるのです。それから別のマルマンを攻撃します。

そして、この、

——脳天を平手で撃つ

というのが、マルマ療法の第二の原則でもあります。

アーユルヴェーダのオイルマッサージ、アビヤンガでも、最初に頭をやさしくマッサージしますよね。それによって全身のマルマンを起こしてやるのです。

また、ヨーガでも瞑想する前に、シールシャーサナ（脳天を床につけた逆立ち）をやります。これによって、全身のマルマンが活性化して、瞑想に入りやすくなります。

そういえば、オウム真理教の麻原彰晃は、シャクティ・パットとか称して、信者の脳天をどついて、高いカネをふんだくっていました。彼は一九八〇年代の前半、筆者と同じころ、インドをほっつき歩いている。武術にも興味のあった人らしいから、おそらくカラリを覗いて、このテクニックを盗んだのでしょう。

NIRṚTI (非理女神)

9 末魔と密教

筋肉、靭帯、シラー管、ダマニー管、骨、関節の交点たる末魔《マルマン》は、
五大（地、水、火、風、空）が、
三ドーシャ（ヴァータ、ピッタ、カパ）が、
三グナ（サットワ、ラジャス、タマス）が、
生と死が、
脈管《ナーディ》をめぐりて出逢う秘処であるとも知るべし。
さらに末魔《マルマン》は、認識の三相（裡なる自己、外部世界、その両者を繋ぐ認識プロセス）の逢処《おうしょ》なり。
食物身（肉体）と微細身と原因身の、
肉体と意識《マナス》と霊我《アートマン》の臥処《ふしど》なり。
〈からだ〉と〈こころ〉の蝶番《ちょうつがい》なり。

『虎の巻』より

ダヌルヴェーダ瞑想の基本

『ダヌルヴェーダ本集』は、その内容から大部分がグプタ時代に記されたものと思われます。医学的な説

金剛界五仏マンダラ

明は、薬草の利用法を述べる以外にみあたりませんが、ひろくマルマンの文化をながめるうえで、ひじょうに興味ぶかい偈頌《げじゅ》があります。

至高神《シヴァ》は弟子の頭頂に、ケーシャヴァ神（ヴィシュヌ）は両臂《ひじ》の関接に、
創造神《ブラフマー》は臍の穴に、ガネーシャ神は大腿に置かれて観想される。（19偈）

武術の師が弟子を受け容れるさいに執行する一連の入門儀礼のひとつで、師は入門者の頭頂、肘、臍、大腿のマルマンを右手の親指で指圧《ニヤーサ》し、〝オーン・ホーン〟というマントラを唱えながら、神々を召喚《しょうかん》する。

頭頂のアディパティに、シヴァ神。
両肘のクールパラに、ヴィシュヌ神。
臍のナービに、ブラフマー神。
両腿のウルヴィーに、ガネーシャ神。

かように体軀に［守護神を］配することによりて恩恵を得、
吉祥なるマントラを誦《しょう》することによりて
［弟子は］なにものからも害されることなし。（20偈）

この観想は、入門後は日々の稽古に先立って、弟子みずからが行う。
身体に神々を封じてゆく――つまり、おのれの〈からだ〉を神々の集うマンダラ、あるいはヤントラにしてゆく（図1）。

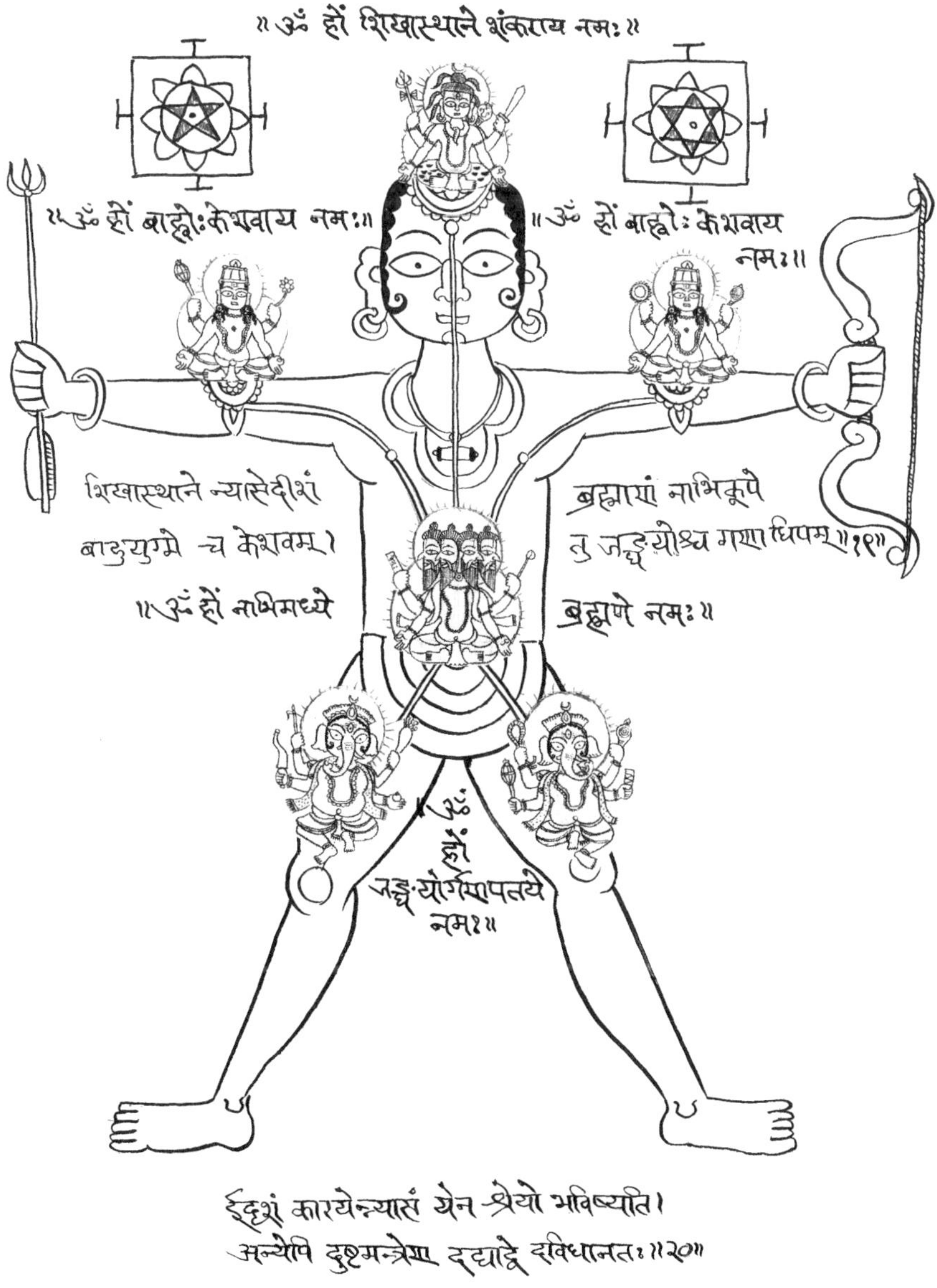

図１ 『ダヌルヴェーダ本集』の観想法

脈管の起点である臍のマルマンに創造神ブラフマーが、脳天にダヌルヴェーダの至高神シヴァが、四肢にヴィシュヌ神とガネーシャ神が配置され、全体としてシヴァのヤントラである五芒星が形成される。図左上はそのシヴァのヤントラ、右は女神またはガネーシャのヤントラ。

六世紀後半のグプタ帝国の崩壊から十三世紀初頭のインド仏教滅亡までの約六百年間は、インド思想史上「タントラの時代」と称されています。そして、この武術家がおのれの身を守るためにあみ出した観想法は、タントリズム発展の核のひとつになってゆくのです。

つまり、ダヌルヴェーダは、密教《タントラ》とも深いきずなで結ばれているということです。

金剛乗《ヴァジュラヤーナ》（仏教タントラ）に顕著な特徴のひとつに、それまでの仏教にはいなかった武器を執《と》って仏敵を威嚇《いかく》する明王《みょうおう》や守護尊の存在がある。不動《ふどう》、愛染《あいぜん》、降三世《ごうざんぜ》あるいはヘーヴァジュラ、チャクラサンヴァラといった忿怒《いか》れるホトケたちです。

忿怒尊の存在を、仏教学に携わるかたがたはヒンドゥー教の影響のひとことで片づけていますが、仏教僧院で武術が行われていたということを思い出してください。かれらは、僧院を守護する武術僧のすがたの投影でもあるのです（図2）。

武術の修行によって得られる強大なシャクティを、菩提心《ボーディチック》（ヒンドゥー・タントラでいうクンダリニー）に転用します。

マルマンからチャクラへ

そして古代の〝マルマ・ヴィディヤー〟は、タントラの時代、〝チャクラ・ヴィディヤー〟に再編されてゆきます。すなわちハタ・ヨーガでいうチャクラ、これはカラリパヤットでも重視されますが、体幹部にある重要かつ、損傷すると即死、ないしは一日以内に死に至るとされる大マルマン、下から——

①肛門（グダ）
②膀胱（ヴァスティ）

図2　仏教タントラの忿怒仏

6世紀後半にグプタ帝国が崩壊すると、仏教僧院の武装化も進んだ。外来のフーナ族（エフタル）が仏教を目の敵にしていたからだ。図は後期密教で信仰された最強のホトケ、チャクラサンヴァラ尊。シヴァ神より強いとされ、シヴァとカーララートリ（カーリー）女神を踏んでいる。ちなみに、この図のチャクラサンヴァラの姿勢を、日本では「展右」を呼んでいる。左膝を屈し右脚を伸ばしているからだ。サンスクリット原語は〝プラティヤーリーダ〟。ダヌルヴェーダ用語である（71ページ参照）。

③臍（ナービ）
④心臓（フリダヤ）
⑤首にある頸動脈（ニーラー）その他の脈管
⑥眉間（スタパニー）
⑦大泉門（アディパティ）

――を特殊化したものなのです。

チャクラはふつう背骨に沿ってある、とされますが、反対側を刺戟する、というマルマ療法の第一の原則を思い出してください。つまり、膀胱や臍のマルマンは体の前面に位置しますが、それを背骨に移動させて実体化したのが、スワーディシュターナ・チャクラ、マニプーラ・チャクラです（図3）。

そして、ヨーガをなさっているかたは、臍のマニプーラと心臓のアナーハタの中間の左右にスーリヤとチャンドラという副次的なチャクラがあることをご存知かと思いますが、これは腎臓のマルマン、〝パールシュワ・サンディ〟がチャクラ化したものです。スーリヤとチャンドラ、太陽と月ですが、これは右半身が陽、左半身が陰であることを示しています。

その他の小さなマルマン（小チャクラといってもいい）は、チャクラからのびる脈管《ナーディ》で相互に連結され、全体として緊密な人体マンダラを構成する。それが、タントラ的なヨーガおよびカラリの修行者が想いえがく身体観の基本となります。

カラリパヤットの体系が完成したのは十一世紀ごろだと述べましたが、東インドやデカン地方で活躍した金剛乗の行者ヴィルーパが、ハタ・ヨーガのマニュアル本『アムリタ・シッディ』を著し、ハタ・ヨーガを完成させるのも、このころです。

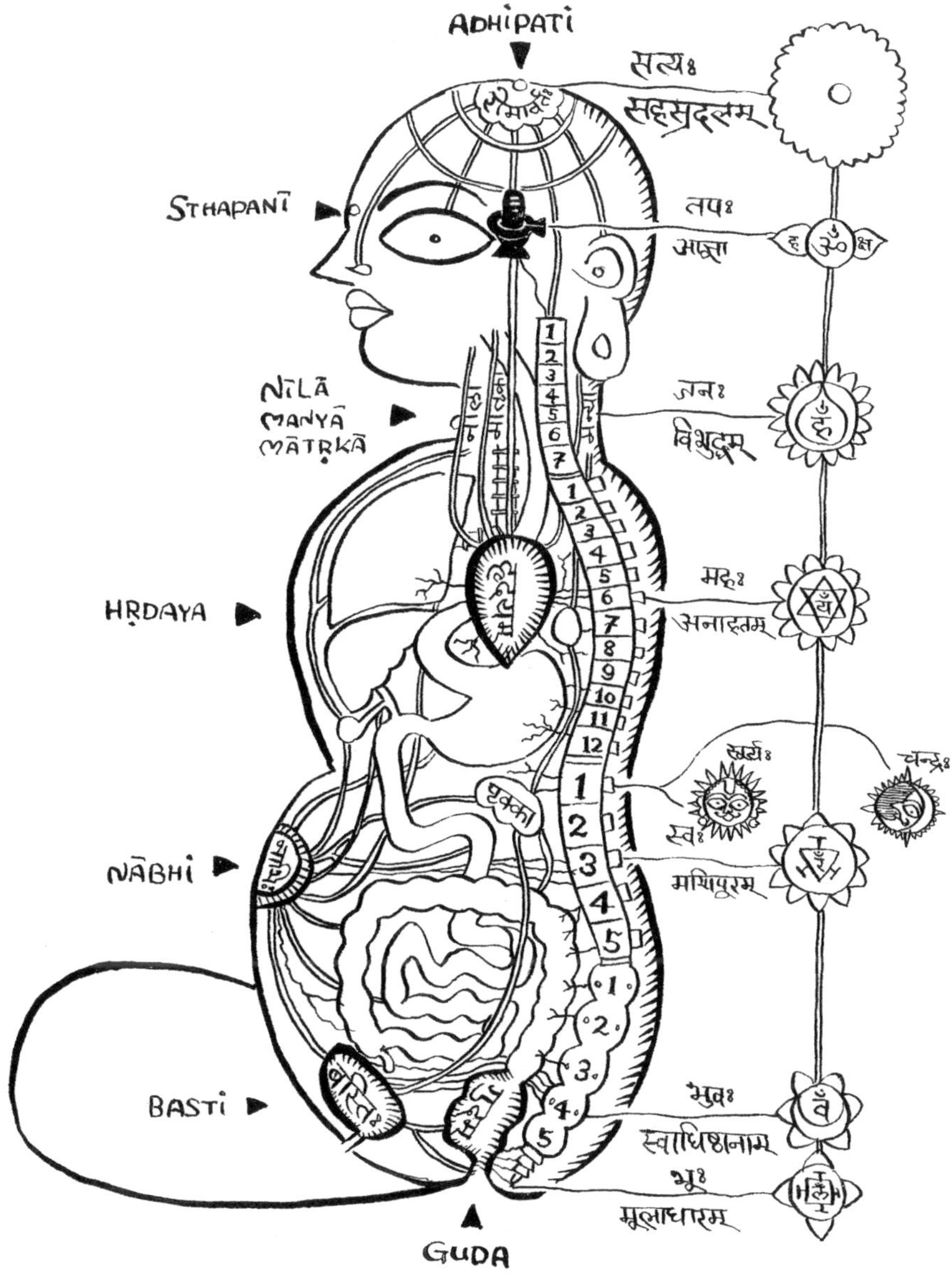

図 3　心臓などの大マルマンとチャクラの関係

真言の秘儀（マントラ・タントラム）

カラリパヤットの第六階梯が、〝マントラ・タントラム〟（真言の秘儀）。

カラリやヨーガの身体観では、肉体の内側にスークシュマ・シャリーラ（微細身《みさいしん》）という〈風〉から成る第二の身体が在るとされるのですが、この〈からだ〉にも肉体同様にマルマンが存在する。これを〝ヨーガ・マルマン〟と称します。

そして、この第六階梯に精通した者は、敵のヨーガ・マルマンを意識するだけで、かれを倒すことができるようになるという。

魔法のような力です。

信じる信じないは別にして、『虎の巻』からそのためのヨーガを記述した部分を引いてみます。『ダムルヴェーダ本集』の観想法と比較してみてください。

ヨーガ・マルマンの攻撃を可能にする
マナ・シャクティ（精神力）を開発せんと欲する者は、
梵行《ブラフマチャリヤー》（禁欲）と四十八日間の断食を行わなくてはならぬ。
この期間に口にできるのは、水と椰子の漿《しる》だけである。
これを学ぶ者は、けっして他人に害意を抱いてはならぬ。
次は、忍耐力を磨かねばならぬ。
この期間、特別な真言《マントラ》を百万回誦《とな》えねばならぬ。
この真言を誦《じゅ》すとき、〝禅定身《ディヤーナ・ムールティ》〟を観想せねばならぬ。
禅定身は、バドラカーリー女神の穏やかな御相《すがた》（パールワティー）である。

……

汝は、四十八日のあいだ、禅定身とは別に、〝チャクラ〟を観想せねばならぬ。
はじめになすべきは、ムーラーダーラの幽《かす》かな振動を感じることである。
汝は熱《タパス》が身体を上昇してゆくのを感じるであろう。
そして熱が頭に達したとき、〈光〉を観じるであろう。
この観想と体験はくり返して行われる。
毎日、七つのアーダーラ（チャクラ）が観想され、マントラが誦《とな》えられる。
毎日、夜の明けぬ三時十五分から七ナーリカ（二時間四十八分間）行い、
夕方（日没の二ナーリカ＝四十八分前）から、もういちど七ナーリカ間行じる。
残りの時間は、プラーナーヤーマを行うべし。
気息《プラーナ》が身体中の脈管に吹きわたっていく様子を観想するのである。

第三篇
カラリの医術

心理学者のユングは言っている。

「……ケーララのカタカリの踊りと似たような光景に出会う唯一の場所は夢の中しかない。しかし、カタカリにみられるものは、夜の幽霊のようなものではない。それは、いまだかつて存在したことのない現実、つまりいつでも存在の限界をこえて現れてくる潜在的な実在なのである」

カタカリは、神話世界を直截《ちょくせつ》、写し出そうというこころみだ。

その神（役者）を育てるためのカリキュラムは、カラリパヤットの身体訓練をそっくりそのまま取り入れている。

とくに重要なのは、ウリチルという足で踏んで行うマッサージだ。

すなわち、カタカリのグルは弟子のからだを足で揉む。陶芸家が、造形を意図しながら、粘土をこねるように。

これによって、弟子のからだから無駄な脂肪がとれ、関節の可動域が広がり、英雄であれば英雄、女形であれば女形といった役柄にふさわしい姿かたちができあがるのだ。

神々の顕現

10 タントラの医学

我《われ》、いまより、斬られ、落下し、撃たれたる人びとのために、
把手《とりて》を外し高所《たかしょ》より墜落《おち》たる人びとのために、
さまざまな理由で軀に損傷を受けたる人びとのために、
それゆえに、永く苦しみ、身罷《みまか》る人びとのために、
末魔を断たれた人びとのために、
断末魔ゆえに、艱難辛苦《かんなんしんく》する人びとのために、
あまたの薬油を、裡《うち》と外なる医薬を、詳述する。

『虎の巻』より

マルマ療法のこんにち

かつて、ケーララのすべてのマハーラージャ、すべての寺院、どんな村でもひとつ以上のカラリをかかえていました。カラリはたんに武術の道場であるのみならず、人びとを病から救う施療院《せりょういん》でもあったからです。

骨折などの怪我、リウマチや痛風といった慢性病、神経痛、片麻痺《かたまひ》、さらに深刻な精神病にいたるまで、

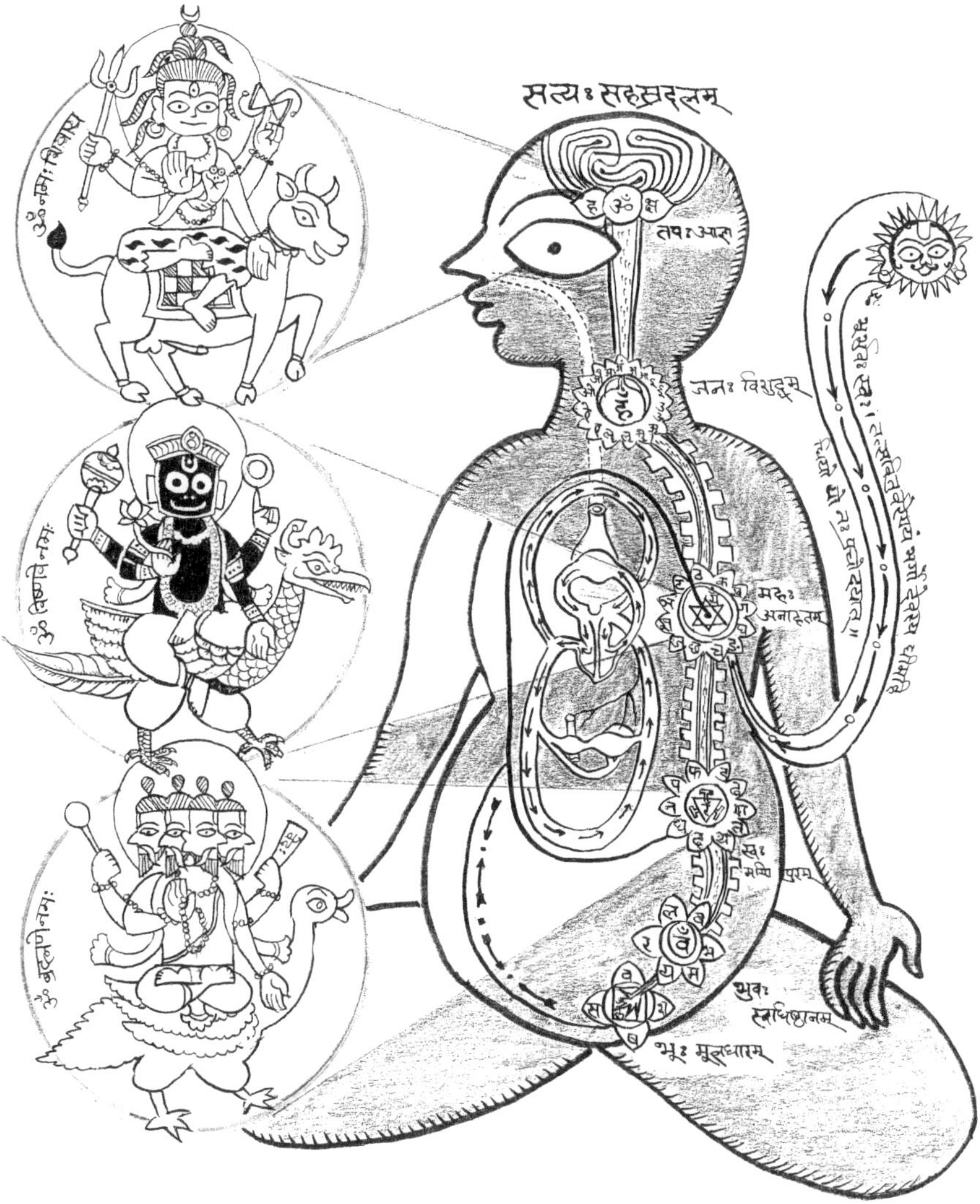
सत्यः सहस्रदलम्
तपः आज्ञा
जनः विशुद्धम्
महः अनाहतम्
स्वः मणिपुरम्
भुवः स्वाधिष्ठानम्
भूः मूलाधारम्

ほとんどすべての疾患にグルッカル、つまり武術師範にして医師は応じることができました。

かれらの医学はアーユルヴェーダ。が、こんにち知られるそれとは異なり、『スシュルタ本集』にしるされた「急所の知識《マルマ・ヴィディヤー》」にもとづくものです。スシュルタ系医学の半分はマルマンにかんすることで占められている、といわれますが、アーユルヴェーダの外科がひじょうにユニークな発展をしたことがよくわかります。

カラリパヤットには、

——全身《メイュ・カンナクカ》を眼にする

という言いまわしがあります。

医術の修行は、武術の稽古により、身体の構造と働きをおのれの体を通して把握することから出発します。

稽古のはじめにおのれの体にオイルマッサージをほどこす。

また、打撲、切り傷、捻挫、骨折と、稽古に怪我はつきもの。門弟は、自力による整形や矯正、施薬など、簡単かつ実用的な治療法から学びはじめる。そして、いちばん大切なことは、その過程で、

——翔《と》び、跳《は》ね、落下し、よじれ、回転するたびに、からだを流れ、体をつくり、意識を灯しながら、刹那を脈打っている脈管を「体得」する——。

脈管を流れるプラーナ、アパーナ、ウダーナ、サマーナ、ヴィヤーナなどさまざまな〈風〉を「感知」する。

からだのなかの、眠っている脈管を「発見」する。脈管は、あるところでは膨らみ、肥大し、またあるところでは逆流し、渦を巻いている。鉄棒に銅線をまきつけて電気を流すと磁力が生じるように、もつれ

た脈管の叢《むら》をくぐる〈風〉が産みだすく〈力《シャクティ》〉のはたらきを「発見」する……。

それゆえ、武術家ならずしてマルマ医師《ヴァイディヤ》にはなることはできない。

かれらは体術、武器操法、拳法の修行をひとつずつ修めていく過程で、迷路のようなマルマンのつながりを理解し、そのマルマンに対する刺戟が人体にどのような影響をもたらすか、経験的に身につける。こうしてマルマンをおぼえた者は、つぎにその操作によって、人間の体を病から救うという修練を重ねてゆく。そうして、はじめてマルマンの活殺の法を自在に施すことができるようになるのです。

チベットのラマ武術にも、おなじように急所に働きかける活殺法が含まれています。これは、仏教タントラとともに北インドから伝えられたものとされている。とすれば、むかしはインド中で同様の医術が行われていた、と考えることができます。

しかしマルマ療法は、武術医のかたくなな秘密主義とこの術の修得することの困難さにくわえ、イスラム教徒との闘争にあけくれた北インドでは、中世のうちに失伝してしまった。いや、イスラム政権や大英帝国に支配された中世後半から近代（十三〜十九世紀）にかけて、アーユルヴェーダそのものが衰退してゆきました。

アーユルヴェーダ復興運動は、インド独立後の二十世紀中頃から始まり、インド各地に医学校や公立の研究教育組織が設立されます。しかし、政府主導のそれは、西洋医学に範を置くものでした。ために、かつてのアーユルヴェーダと不可分の関係にあった占星術や風水術は、医学体系から切り離される。

マルマ療法も、システムとしてではなく、テクニックの断片が採りいれられるにとどまりました。

これは明治日本が、漢方を迷信として排斥したこととも似ています。そして、その傾向は、こんにちにまでおよんでいます。

そのため、アーユルヴェーダの解説書（たとえば、せりか書房『アジアの医学』）を見ましても、インドは、中国と異なり、マルマンを治療に積極的に利用することはない、と書かれている。もちろん、これはあまりです。

しかし、マルマ療法が、現在、ケーララとタミル・ナードゥの武術医、および一部のヨーガ行者によってのみ行われる、きわめて局地的な医術であることは否定できません。

鍼灸《しんきゅう》はある？

マルマンが日本でいう断末魔《だんまつま》の末魔であり、ツボとほとんど同じようなものであることは、すでに述べてきました。

それでは、マルマ療法に鍼灸はあるのか？　日本人であれば、とうぜん抱くべき疑問でしょう。

ありません。急所に働きかけるための考えが中国と違うからです。

しかし、かつてまったくなかった、とはいいきれません。というのは、『西遊記』の三蔵法師のモデル、七世紀の唐の玄奘《げんじょう》の『大唐西域記』にインドの科学のうち医方明《いほうみょう》、つまりアーユルヴェーダを定義し、「禁呪《まじない》をし、邪悪をふせぐ、薬物・治療法・鍼灸の術である」としているからです。

玄奘は、インドにマルマ療法があるからといって、それを中国の鍼灸に喩えるような表現はぜったいにしないひとです。彼はそういったアレンジをいちばん嫌うのです。漢文による仏教経典があまりに中国ナイズ――文学的表現に走りがちな傾向を嫌って、天竺へ梵語《サンスクリット》のお経を取りに行ったおかたなのです。いや、彼は「天竺」という表現も嫌った。そして「印度」という語を生み出したのです。

玄奘が、ある、といったら、それが実在した可能性も考慮しなくてはなりません。

彼は、こんにちのインド考古学の恩人でもあります。『大唐西域記』の記述をたよりに掘り起こされた古代遺跡は多い。

彼はまた、

「クシャトリヤは、麹《こうじ》で醸した穀物酒を好む」

と書いています。現在のインドに麹酒はない。ために、これはおかしい、と言われています。ところが『カウティリヤ実利論』に麹のレシピがあります。その名残が、南インドのイドゥリーやドーサといった米からつくるパンです。

これは米の粉をウラドダール（ケツルアズキ）を発酵材にしてふくらませるのですが、同じ組み合わせの混ぜ粉を長く放置してカビ（クモノスカビ）をつかせてから日干しにして乾燥させると、キヌワという古代インドの麹になります。

じっさいはシナモン、ギムネマなどのアーユルヴェーダの薬物を混ぜて、雑菌の繁殖を抑え、薬効を高めます。さらにカタカ（和名ミズスマシノキ）の実をくわえてやると、ドブロクの濁りが沈澱して澄んだ酒になります。

筆者としては、理論上のレシピは復元したのですが、これをやると密造酒になってしまうので、まだ実験はしていません。

話がすこし横道にそれたようです。

問題は、古代インドに鍼灸はあったか。金剛杵のようなもので圧して刺戟したことはあったかもしれません。『スシュルタ本集』には〝アグニ・カルマン〟といって、疾患部を焼き切る方法が書かれていますから、その灸的な展開もあったのかもしれません。

しかし、古代はともかく現在のインドに鍼灸はない。それではどのようにしてマルマ療法をするのか、ということです。

それを語るまえに、マルマ療法の原点である蘇生術《マルカイ》をいまいちど眺めてみることにします。

マルマ療法の原点

大マルマン。断たれると即死、そうでなくても一日以内に死にいたる急所。そこが拳や指、あるいは棒などで突かれて損傷を受けたとする。

その深さが一指幅（二センチ弱）以上であると、蘇生は不可能。かならず死ぬ。しかし、半指幅以内であると、患者は蘇生することができる、とされています。

『虎の巻』からスタパニー（眉間）に関する情報を引いてみましょう。


眉間の中央に位置するマルマンが、〝スタパニー〟である。

大きさは半指幅、脈管のマルマンに属する。

もしこのマルマンが断たれると、彼は口を開け、虚空を眺む。

意識をうしない、くずおれる。

もし傷が深ければ、三と四分の三ナーリカ（九十分間）以上は生きられぬ。

我、汝に教えよう、彼を救う技術を。

髪（髷《まげ》）を摑んで、坐らせて、頭頂を掌打し、
イダーとピンガラー（微細身の脈管）の首のうしろから耳に至る部分をマッサージせよ。

乾姜《かんきょう》を嚙み、鼻孔と耳孔に吹きいれよ。

それから、沸かした米のとぎ汁を飲ませよ。

汝、高貴な魂の持ち主よ、これで、彼は助かると知れ。


各マルマンは、そこが傷害を受けてから死にいたるまでの時間が、〝ナーリカ〟という単位で規定され

ています。これは占星術で用いる単位で、一日二十四時間を六十で割って得られた数、すなわち一ナーリカ＝二十四分となります。

ともあれ、スタパニーを断たれた場合は、九十分以内に蘇生術をほどこさなくてはなりません。まず脳天を掌で一撃して、アディパティから〈風〉を注入する。マルマ療法第二の原則です。が、ただ撃てばいいというものではない。

必要な適量の空気を吸い込み、肚《はら》に溜めよ。
気息を裡に、蘇生術を施す正機を知り、
次、ためらいなくして、患者の意識《こころ》を連れ戻せ。

下っ腹にたくわえた〈風《プラーナ》〉を、呼気とともに掌から放出する。このとき、〈風〉のかたまりが腕の脈管《ナーディー》を通りぬけてゆく様子をありありとイメージすることが秘訣である。カラリパヤットでは同じテクニックを、敵を攻撃するために用いるが、いまは治療の術です。勁《ちから》いっぱい撃ちこめば、脳みそが破裂してしまう。文字どおり手加減しなければならないし、勁の適切な量を把握するには経験が必要となる。

では、その脳天、アディパティが断末魔したらどうなるか？
あるいは、どうすべきか？

もしこのマルマンが断たれると、呼吸が困難になり、
げっぷなどが起きるであろう。頭は震える。
小指の爪の半分ほどの深さの傷を受けただけで、
半ナーリカ（十二分）で死にいたるであろう。

たとえ昏睡から覚めたとしても、生命風《プラーナ》の脈管が遮断され、胃はふくらみ、小便することかなわず、大便も詰まってしまうであろう。

百五十ナーリカ（六十時間）後に、震えや寒気といった死の兆候が出はじめる。

その後、三日以内にヤマが彼を連れ去る（死ぬ）であろう。


ここをやられたら、まず助かる見込みはない、ということです。しかし——。


打撃がごく軽い場合、一ナーリカ（二十四分）以内に術をほどこしたときにのみ、回復は可能である。

まず足の裏の中央（タラフリダヤ）を拳で三度撃ち、
それから乾姜《ナーガ》を［噛み］、彼の耳と鼻の孔に吹き込むべし。

……この治療を二週間行う。

その後九十日間、［マッサージや内外用薬の施薬など］より多くの治療を行う。


頭頂の反対側は足の裏。マルマ療法の第一原則です。まず、ここを刺戟してやる。

マルマンを撃たれると、なぜ失神したり、病気になったりするのか。

プラーナの流通に変調をきたし、結果としてドーシャ・バランスがくずれるからである、と前述しました。より細かいニュアンスでいうと、「生命風《プラーナ》の脈管が遮断され」とあるように、プラーナの通る脈管《ナーディー》がもつれた糸玉のようになってしまい、プラーナの供給が妨げられる、と考えられています。

反対側を刺戟するのは、ちょうど、もつれた糸の両端を手に取ってみるようなものなのでしょう。

その後のマッサージは、糸を解きほぐし「まっすぐにする」作業に相当します。

「乾麦《かんきょう》（ドライジンジャー）を噛む」とあるが、ただ噛めばいいってものではない。唾にふくまれる〈風〉とよく練り合わせます。これを耳や算の孔をとおして体の深部に送りとどけ、停滞していたプラーナを刺戟し、ふたたび循環させてやる。

といって、ドライジンジャーなんて、つね日ごろ、持ち歩くような代物ではない。ない場合は、インド人がよく噛んでいるパーンの汁でもよろしいそうです。

マルマ療法の根本原理

戦闘で断末魔すると、生体は急激に悪化します。マルマンが、プラーナのターミナルとしての役を担っているからです。しかし断末魔の原因は、武器や拳だけではありません。

肉体的、感情的なショックによっても、マルマンの機能が低下する。あるいは不適切な生活習慣によって、すこしずつダメージが蓄積されていく。それが、エネルギーの需要と供給をそこない、結果として、さまざまな疾病がひき起こされる。

疾病が先でそれがマルマンに表れるのかもしれないが、とまれマルマ療法の原理は、

——損傷したマルマンを察知し、それを正常に戻してやる

ということに集約されます。

たとえば、『スシュルタ本集』には、

胸部のマルマン〝アパスタンバ〟をそこなうと、肺に空気を満たすことに不調をきたし、咳、呼吸困難により死亡。

とある。ならば、肺病患者のアパスタンバには異常があらわれているはずであり、それを正常に戻して

やることで、肺の機能も回復する。

〝シーマンタ〟（頭蓋縫合）をそこなうと、狂気・恐怖・意識不明を経て、死亡。

ならば、シーマンタの治療に専念することで、さまざまな精神障害もいやされる。また、ヨーガでいうチャクラも大マルマンが特殊化したものです。

喉《ヴィシュッダ》のチャクラをそこなうようなショックからは、喘息を生じる。
下腹《スワーディシュターナ》のチャクラが損傷を受ければ、性的不能や不妊、泌尿器疾患を起こしやすい。

ぎゃくに、チャクラがその機能の平衡を取りもどすことができるなら、肉体もそれにしたがって平衡をとり戻し、健康となる。

かような病理学をもって、カラリの武術医師たちは、ほとんどすべての疾病に対峙《たいじ》することができたのです。

ツボ療法に携わっているかたであれば、理解しやすい理論であるかと思われます。身体の異常は、かならずツボの異常――つよいコリ、腫れ、痛みとなってあらわれる。

しかしインドに鍼灸はない。ならば、いかにしてマルマンやチャクラを治療するのか？

道具は、武術の修行によって〈風〉を制御する能力を得た武術医自身の〈からだ〉。

施術は、基本的には、オイルを用いたマッサージです。

VARṆA(海神)

11 アビヤンガとシローダーラ

油の最大の特徴は、しみ入ることである、と知るべし。
身体は油を吸収して柔軟になり、
薬分は油にのって全身にゆきわたる。

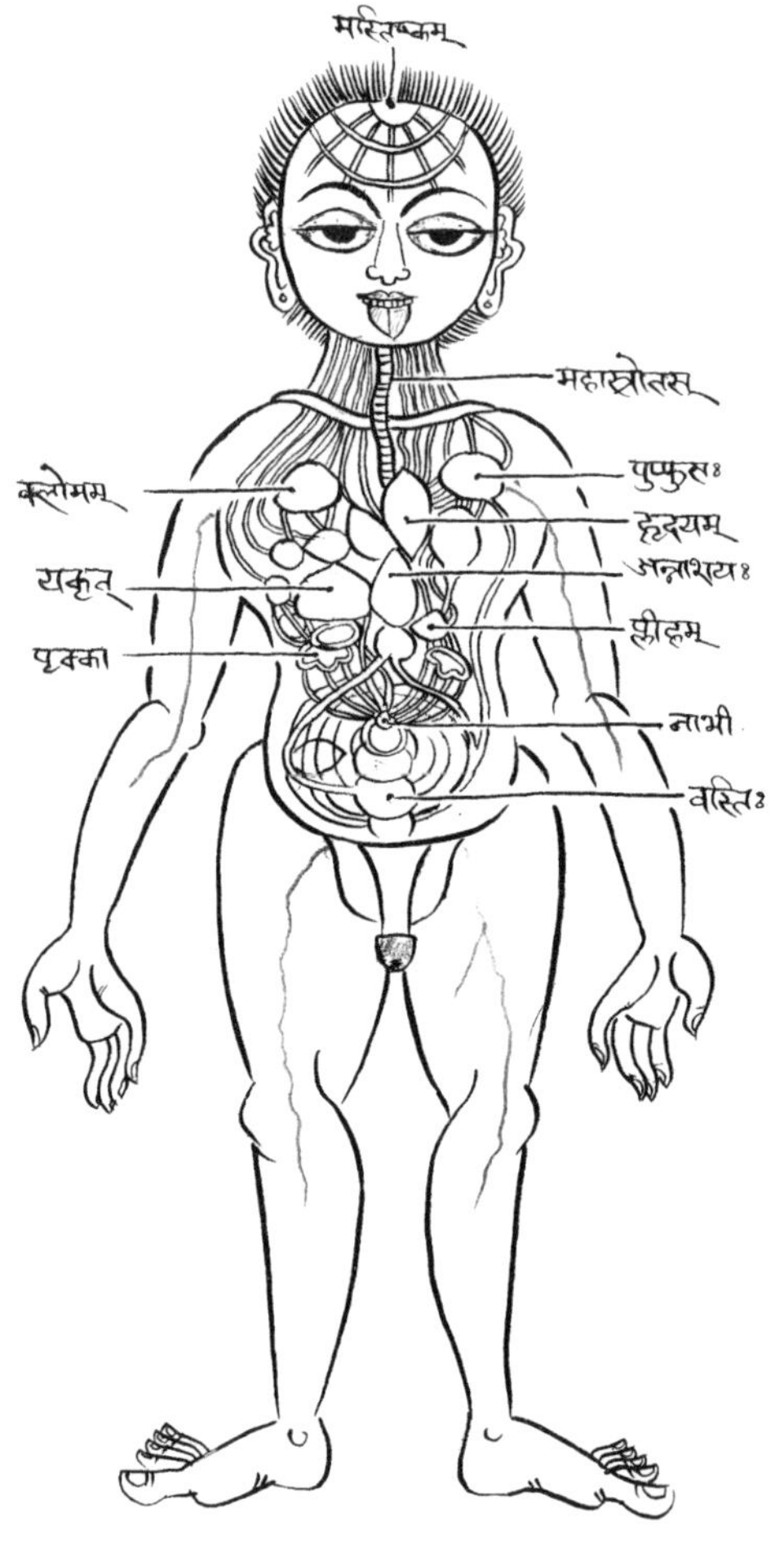

『虎の巻』

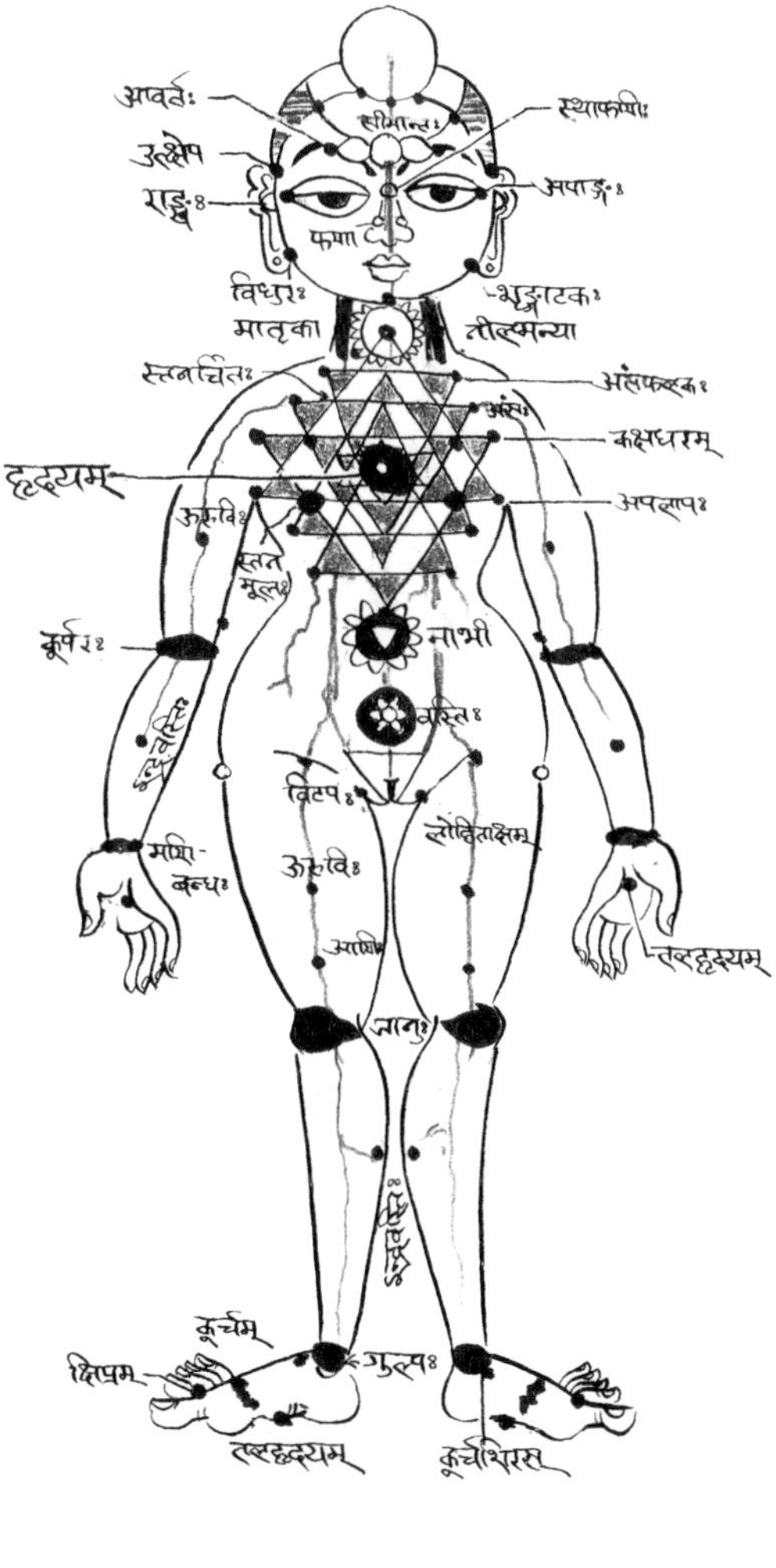

アーユルヴェーダの解剖図とマルマン

カラリの衰退とマルマ療法の伝播

マルマ療法は、基本的には、油を用いたマッサージです。

現在〝アビヤンガ〟といって、ひろくアーユルヴェーダで行われている二人がかりのオイルマッサージも、〝シローダーラ〟つまり頭にオイルを垂らすのも、じつはケーララで開発されたマルマ療法のテクニックなのです。それが、

「二、三百年前にケーララから持ち出され、一般のアーユルヴェーダに採用された」

と、日本アーユルヴェーダの重鎮、上馬場和夫《うえばばかずお》、クリシュナ・U・K両先生がおっしゃるのを拝聴しましたから、まずまちがいない。

二、三百年前といえば、十八世紀。ケーララでいったい何が起きたのでしょう？

気になって調べてみました。

カラリが大打撃をこうむるのです。

そもそもカラリは、戦士の養成所として出発した。王に土地を与えられた貴族は、領地のすべての村にカラリを建設した。カラリは、なにか緊急事態が発したときの動員体制でもあり、そこで訓練を受けた若者たちを貴族直属の軍団にすぐに統制替えすることができた。

しかし十八世紀、南部のトラワンコール王国、中部のコーチン王国では、西の侵略者に抗するために、貴族の力を削ぎ、軍制を王のもとに一本化する必要に迫られた。中世的な封建制と結びつくことで発展してきたカラリの衰退が始まります。

だが、敵は南蛮紅毛《なんばんこうもう》ばかりではない。おなじころ、北部のカリカット王国は、背後を突かれるかたちで、東のマイソール（イスラム）王国の侵略を受けて滅びる。

一七九二年、このイスラム政権は、占領していたケーララ北部をイギリス東インド会社に割譲《かつじょう》する。イギリスはそこを足がかりに、さまざまな手練手管を用いて、十八世紀が終わるころには、ケーララのほぼ全域を手中におさめるのでした。

ケーララを植民地化することに成功したイギリスであったが、民衆のレジスタンス（イギリス人からすれば百姓一揆）は、いっこうに熄《や》まない。

「マラバール（ケーララ）土民の反抗心のよりどころはカラリである！」

業《ごう》を煮やした植民地政府はそう断じて、刀狩りとカラリの解体をおし進めてゆくのである。そして、江戸日本がいまだ太平の眠りをむさぼる一八〇四年、

「カラリを学ぶ者は極刑に処す」

というお達しが出された。

カラリ武術医たちは地下に潜るか、ケーララを逃れるしかなかった。

この一連の出来事が進行していくさなか、スパリタラ・クリヤー（二人がかりのアビヤンガ）やシローダーラといった技術が、インドの他地域に伝えられたのでしょう。

マルマ・アビヤンガ

マルマ療法にかぎらず、アーユルヴェーダでは油を多用する。

油のつかいかたには、インド料理と共通したものが感じられます。

たとえば、鍋に油を入れる。量はつぎに入れるスパイスがひたひたに浸かるほど。

火にかけ、クローブ、カルダモン、シナモン、黒コショウを粒のまま放りこむ。スパイスの成分が油に溶けだし、いい香りがただよいだす。スパイスは油を吸ってぷっくらとふくらんでくる。

みじんに刻んだタマネギ、ショウガ、青トウガラシ、そして適当に切ったジャガイモ、ニンジン、大根

など好みの野菜をざっと炒めて、ココナッツミルクを注ぎ入れ、ふたをしてコトコトと煮る。ケーララの人がよくつくる野菜シチューです。

ふたを取ると、野菜の香りを凝縮した湯気が、開放のときを待っていたように立ち上がる。先述した米の蒸しパンといっしょに食べるとおいしい。

インドの菜食料理が、肉をつかわずにじつに豊かな味わいをつくり出せるのは、スパイスとコンビネーションさせた油のつかいかたがとびきり上手だからです（図1）。

調理のはじめに、かならずスパイスを油で煮るという作業がある。スパイスの種類や組み合わせは具材によってことなるが、ともあれ、この作業によってスパイスの成分を油に滲出《しんしゅつ》させる。

その油で野菜を炒め煮すると、スパイスの成分が油とともに具材に染み込んでゆく。そして高温の油が野菜の組織を内側から活性化させて、スパイスの香りが素材のうま味をくっきりと導き出してくれる。

このような油のつかいかたは、オイルマッサージのそれと、発想の軌を一にしているように思われます。インドでは〝スーパ・シャーストラ〟、すなわち料理書が医学文献に含められている。スパイスの薬効成分も油をともなわれてこそ、よく体に吸収されるのかもしれません。

緊急を要する蘇生術では、ショウガなどの咀嚼液を耳や身の孔を通して、患者の体内に送りこんでやりました。

いっぽうアビヤンガでは、生薬の成分を滲出させた油を、体に染み込ませる。薬化させたオイルは皮膚を浸透して、体の深部にしみ入ってゆく。

カラリには油（ゴマ油が基本）を用いた治療法が数多くあります（図2）が、ここではアビヤンガと、シローダーラに話をしぼります。

インドで一般的に行われているアビヤンガは、オイルを染み込ませるのが目的で、頭と足裏を除いては、

図１　インド料理における油のつかいかた
油は「スパイスのヴァーハナ（乗物）」の役をはたす。スパイスの薬効成分は油に溶け出ることによって、具材に染みわたるのだ。インド料理のすぐれたテクニックである。

①油（少量でよい）にスパイスを入れ、ごく弱火でじっくりと煮、成分を抽出する。クミンやマスタードであれば、パチパチとはじけると、抽出終了の合図だ。
②他のスパイスや塩、そして野菜を加えて（水は入れない）、フタをし、弱火で具に火が通るまで蒸し煮にする。この間に、油に移ったスパイスの成分が具材に染み入ってゆく。
これは“バージー”という調理テクニックだが、アーユルヴェーダの場合も、オイルマッサージのあと、スチームバスなどで体を暖めて、薬用油の成分を体組織の深部にまで浸透させる。

○ピリチル Pizhicil：薬液を布地に染み込ませて絞りかける方法。関節リウマチ、麻痺、神経疾患、半身不随、心身症、骨折、脱臼などに効果がある。
○キリ Kizhi：薬草を詰めた布袋（キリ）を温めた薬用油に浸してから、患者のマルマンや患部に圧し当てる。油剤や温度は患者の体調にしたがって決められる。関節炎やリウマチ性関節炎、また打撲の古傷や慢性病にも卓効がある。
○シローヴァスティ Sirovasti：剃髪した患者の頭にきつく締まる革製の帽子をかぶせ、油剤を容れる。アディパティ（大泉門）やシーマンタ（頭蓋縫合）といったマルマンを刺戟する。また油剤の薬効成分は頭部全体に浸透してゆく。

その他、目の周囲や腰に小麦粉の生地で土手をつくりギーおよび油剤を容れるネートラタルパナ、カティヴァスティ、鼻孔に油剤を容れるナスィヤなども、特定のマルマンを刺戟する方法といえる。

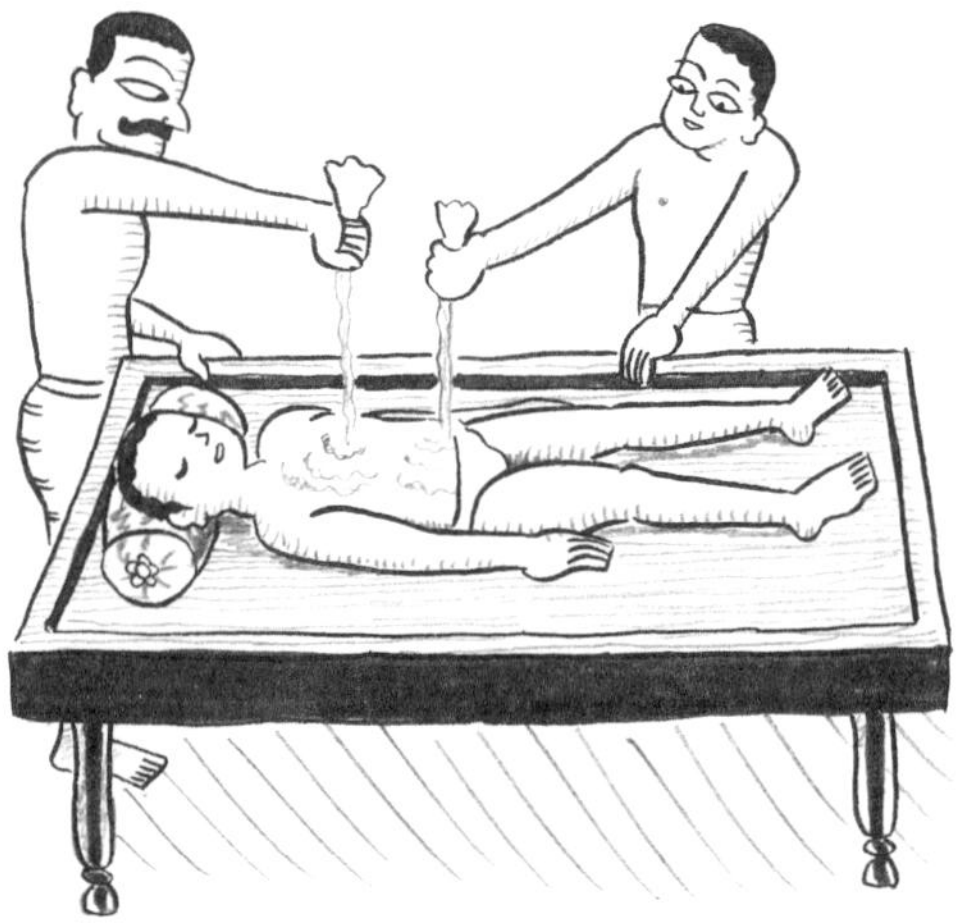

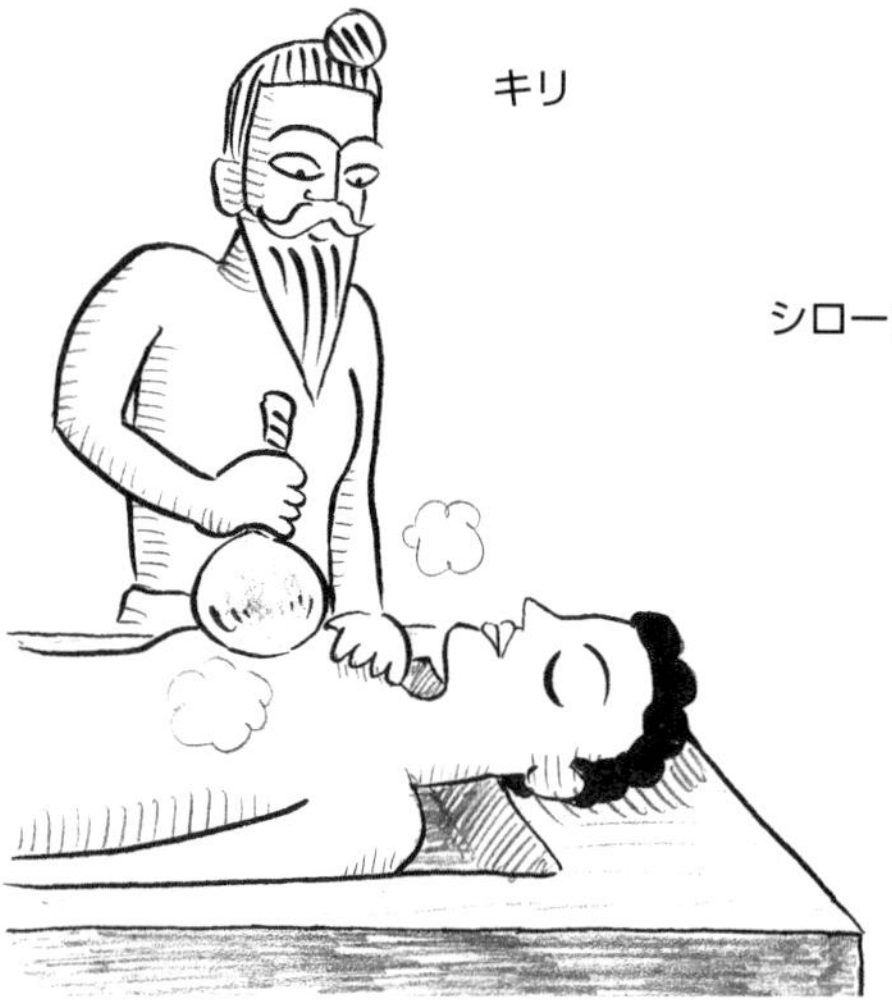

図２　マルマ療法における油のつかいかた
いずれも油剤療法（スネーハナ）と発汗療法（スウェーダナ）が基本になる。温めた薬用油を、チャクラとマルマン、患部などの特殊な箇所にほどこしてマッサージなどの刺戟を与えるという方法である。薬油は、皮膚の毛穴を通って身体内部に脈管にと染み入り、薬分は油にのって全身にゆきわたる。

マルマンをいじらないのがふつうです（図3）。この点、日本のアーユルヴェーダ・サロンで行われているアビヤンガは、ツボ療法の技術を融合させて、たくみにマルマンを刺戟してやります。

しかし、〝マルマ・アビヤンガ〟とよばれるカラリのそれは、日本式のツボ・アビヤンガともおもむきを異にします。

異常のあるマルマンを刺戟してやる。その方法に独特なテクニックがあるのです。

たとえば〝アーニ〟。膝の中央から三指幅真上に位置するマルマンで、解剖学的には大腿直筋《だいたいちょっきん》（四頭筋）と膝蓋骨《しつがいこつ》（ヒザの皿）をつなぐ大腿四頭筋に相当します。このポイントは小腸とも関係しますが、『スシュルタ本集』によると、

「アーニが損傷すると、大腿が動かなくなり、ひじょうに腫れる」

格闘技初心者がカラリに入門して、キックのエクササイズを百回ほどやらされたとする。彼ないし彼女が、翌朝かならず訴えるであろう症状が、まさにこれです。つまり、蹴りの稽古によって、

——アーニにダメージを受けた（脈管がもつれた）

と理解されます。

ならば、このマルマンを刺激して、もつれた脈管を解きほぐしてやればよい。しかし、アーニをぐりぐり指圧するのとは、わけが違うのです。

このスポットには、脚の後ろのちょうど反対側にも、「裏アーニ」とでもいうべき仮想点が置かれます（図4）。例の第一の原則です。

そして、アーニから脚の側面を通って裏アーニにいたる線上を手で刺戟すると、このマルマンは励まされる。

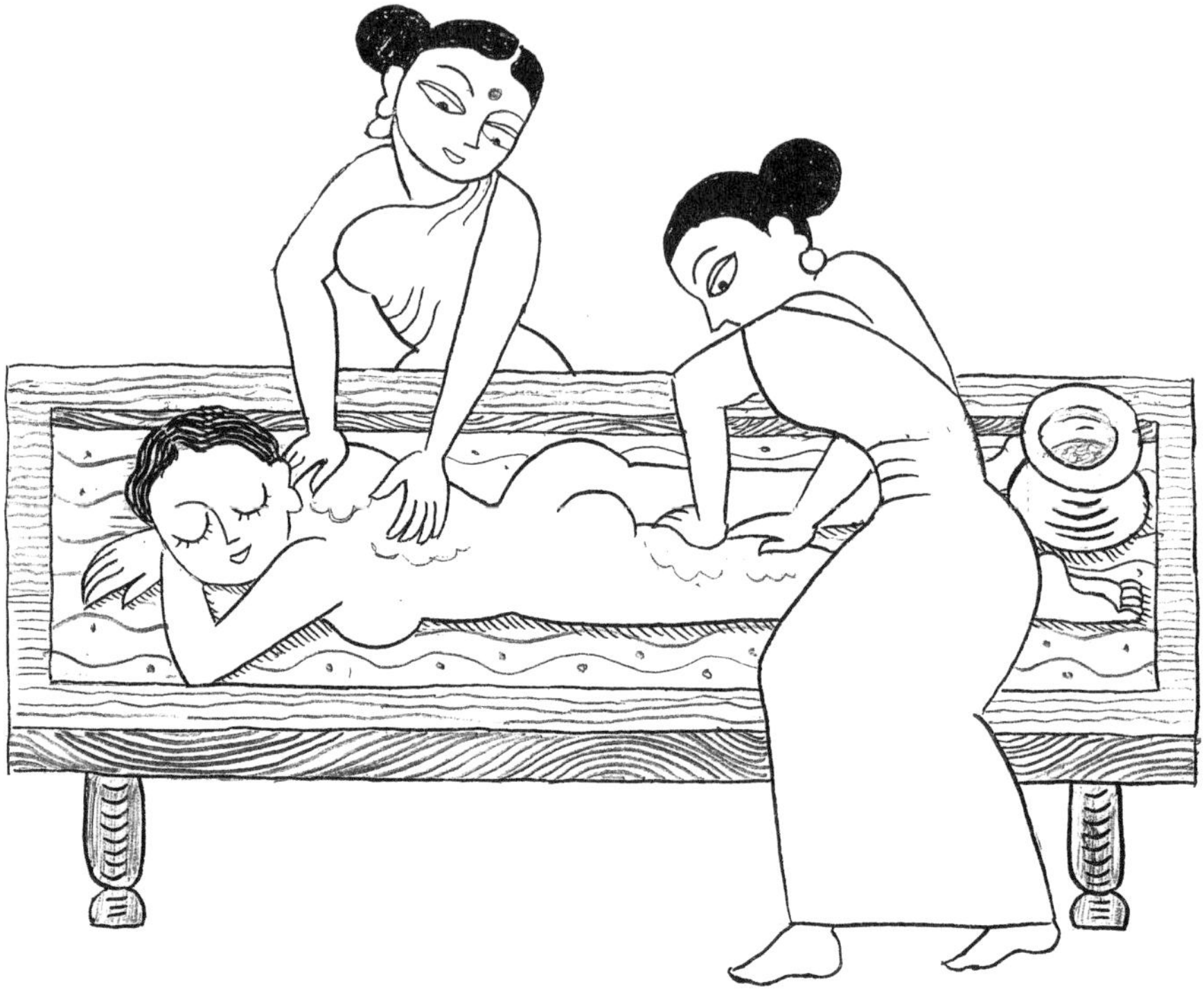

図3　アビヤンガ

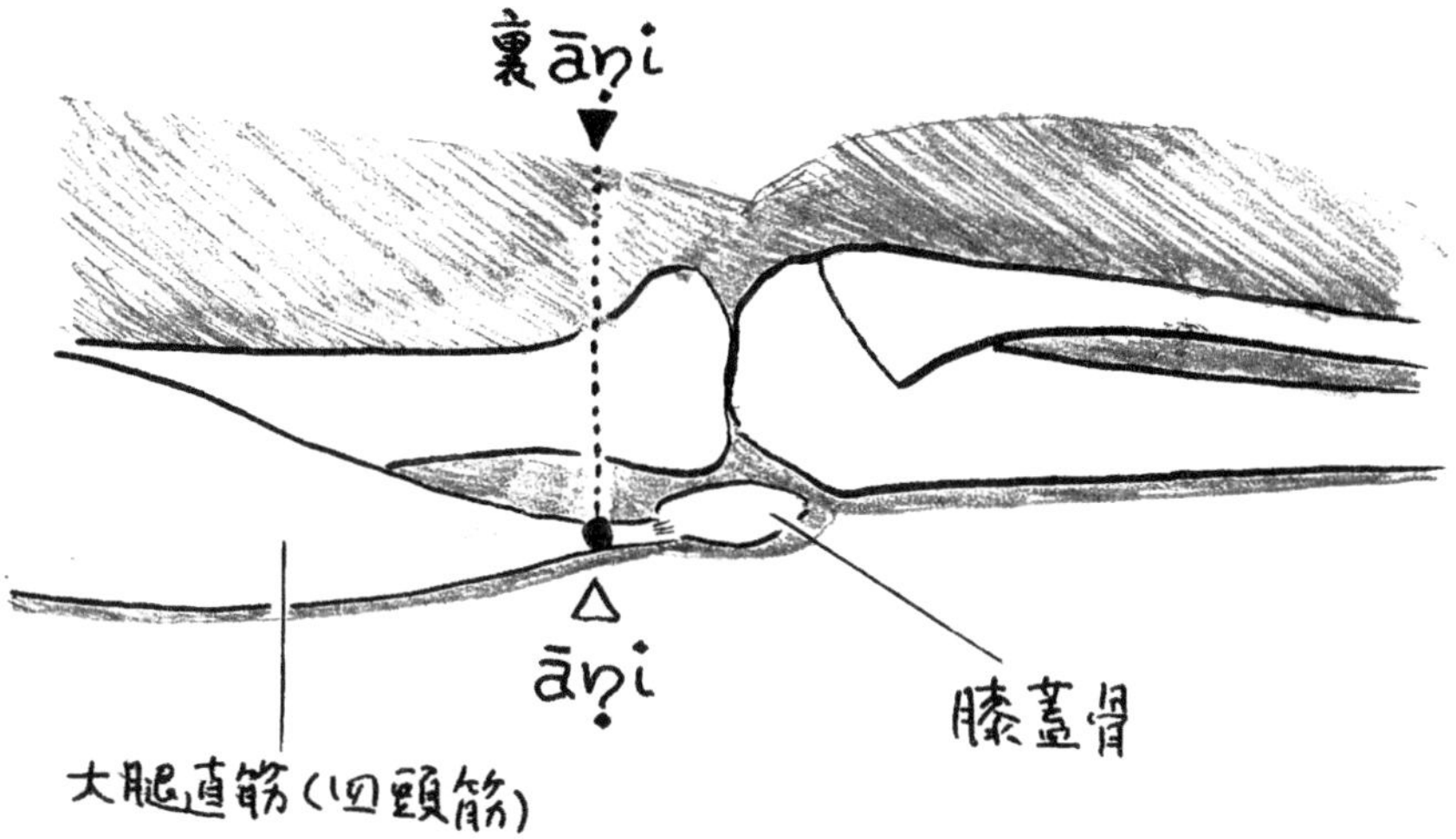

図4　マルマ・アビヤンガ／アーニへの刺戟
大腿四頭筋腱のアーニ・マルマンとその真裏、および両者を結ぶ線が“アーニ・エリア”。マルマ・アビヤンガにおいてマルマンを刺戟するとはこのエリアに穏やかに働きかけることで、指圧のようにぐいぐい押すのとは異なる。マルマンを直接圧すことを禁忌する場合すらある。

すなわちマルマンに働きかけるとは、マルマンの前、側面、背後と一周するエリアをやんわりと刺戟してやることであって、鍼《はり》みたいなものでシャープな刺載を与えたりはしないのです。なぜなら、マルマンとはもともと「死にいたる急所」ですから、シャープな刺戟を与えてはならない、とされるのです。

したがって、臍や膀胱といった面積をもったマルマンは、ポイントとしてではなく、エリアのまま扱うのです。それがよくあらわれているのが、〝ダーラ〟というテクニックです。

シローダーラ

一般のアーユルヴェーダが、

――これぞ、いにしえのマルマ療法である

と知って受け容れたほとんど唯一のテクニックが〝シローダーラ〟。〝シロー〟は「頭部《シラス》へ」、〝ダーラ〟は「薬液をしたたり落とす」という意味です(図5)。

額のスタパニー・マルマンがダーラの目標となる。しかし、スタパニーの一点だけではなく、そ

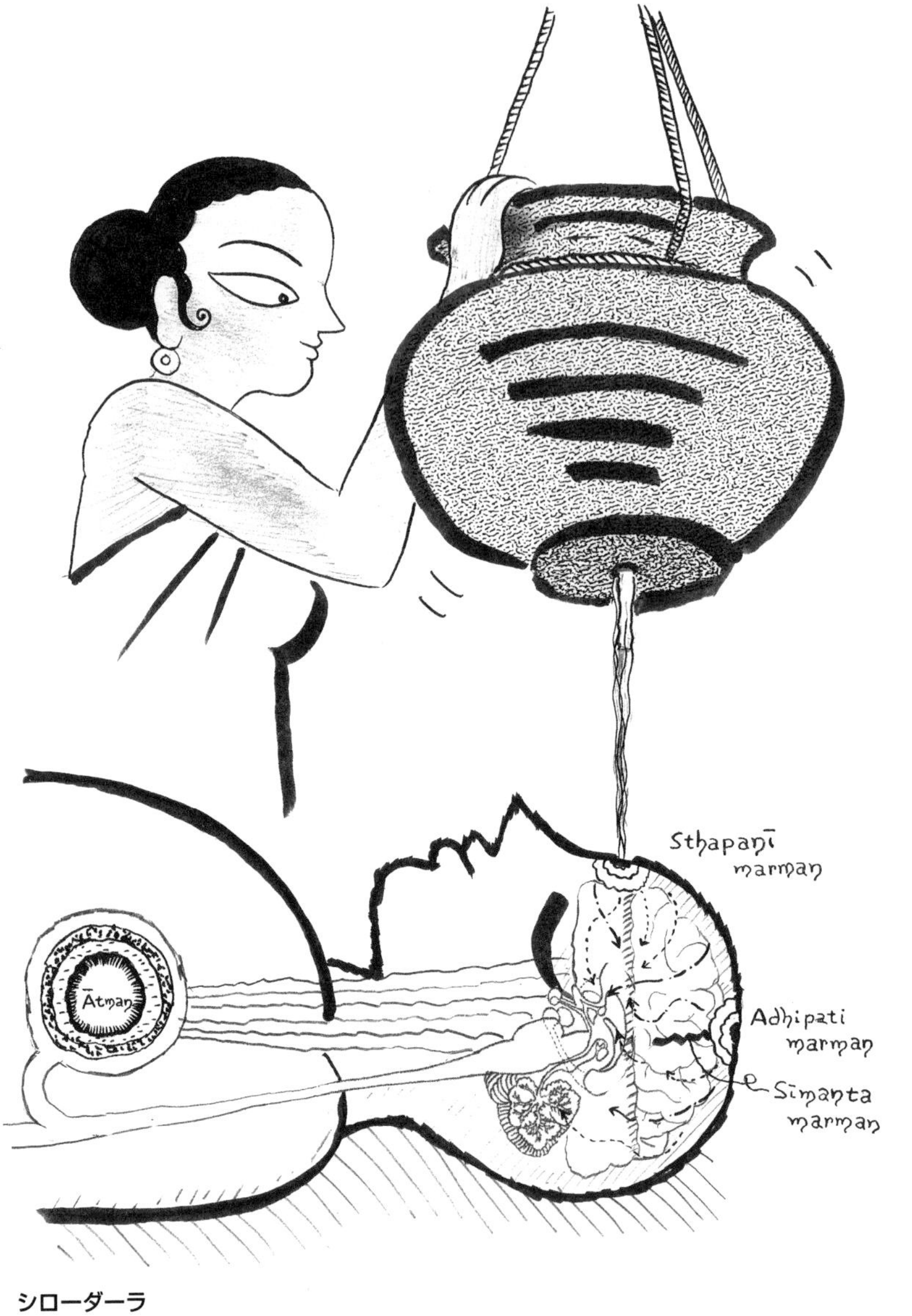

図5　シローダーラ

シローダーラは、仰向けになった被術者の頭部に温かいゴマ油をタラタラと落としていく方法だ。最初の目標は頭頂のアディパティ。まず、ここを刺戟することによって全身のマルマンが「開く」。マルマ療法の原則である。そしてゆっくりと髪の毛の生え際から眉間のスタパニー周辺にオイルを移してゆく。

これが途方もない快感なのである。ゴマ油まみれのエクスタシーなのだ。人によっては、意識が、時間と空間が一点で交わる宇宙の涯《はて》まで飛んでいく。ソーマ（βエンドルフィン）が大量に放出されている状態なのだ。そのとき、トリドーシャの不均衡は元の状態に戻り、〈こころ〉と〈からだ〉はストレスから完全に解放され、回春《わかがえ》る。精神ストレスの解消、不眠、頭痛、精神的不安感、視力の回復にも効果がある。

の周囲にもやわやわと油を落とす。

マルマンの一点をぐりぐり、ではなく、そのあたりをやわやわ。

これがマルマ療法の基本テクニックなのです。

そして、一般のアーユルヴェーダや日本では、筆者の知っているかぎり、頭のマルマンへのダーラしかやりませんが、カラリではそれをほどこす部位にしたがい、

○頭部へのダーラ（ムールダニヤダーラまたはシローダーラ）
○全身へのダーラ（サルワーンガダーラ）
○局所へのダーラ（エーカーンガダーラ）

の三種に分けられています。

カラリでは、全身のマルマンがダーラの対象になるのです。

その一例を『虎の巻』からあげてみましょう。

もし［掌や足裏の中央にある］〝タラフリダヤ〟が傷つけられたら、
次はゴマ油とギーのダーラを三時間、続けよ。
ダーラが完了したら、ゴマ油とギーの混合油で患部を擦る。
そして頭頂部には、茉莉花《マッリー》（ジャスミン）とギーの混合油［のダーラ］を施せ。
三時間後、油を拭いとる。
それから、水、油、ギー、クマーリー（アロエ・ヴェラ）、
あるいは水、油、若いココナッツ果汁の混合物を全身に施せ。

タラフリダヤは、損傷すると「二週間から一月以内に死亡する」とされるマルマンです。

ここで興味深いのは、患部にダーラしたあと、頭にもダーラと二重にダーラしていることです。シローダーラをやると、こころが落ち着きます。ですからこれは、断末魔した患者の精神的なケアを行っている、ということがいえます。

これによって自己治癒能力が高まります。

さらにシローダーラのオイルにはジャスミンまで入れられています。これは明らかにジャスミンのかおりが精神を安定させるという、いまでいうアロマテラピー効果をねらったものです。インドでは早くから香水が発達していますから、精油（エッセンス）を混ぜたりもいたします。

VĀYU(風神)

12 ウリチル究極のマッサージ

疾病は、身体に近づけられる足に怖れをいだく。
その足でマッサージされることを、
あたかも獅子の気配を察した動物のように畏れる。
それゆえ汝は、弟子の体を踏むべし。
患者の体を踏むべし。

『虎の巻』より

季節に合わせた稽古とマッサージ

カラリパヤットには、道場のつくり、技法の異なる多くの流派がある。が、これがなくっちゃカラリパヤットとはいえない、というのが〝ウリチル〟とよばれる足で踏んで行うオイルマッサージです。

三章で、南派カラリはケーララというよりタミルの武術に含めたほうがいいのではないか、と書きましたが、この点では南派もカラリパヤットの括りになる。タミル武術でもマッサージは重要視されていますが、オイルはほとんど使わない（図1）。

それほど、カラリパヤットとオイルマッサージ、そしてウリチルは切っても切り離せない関係にある。

クンダリーニの覚醒

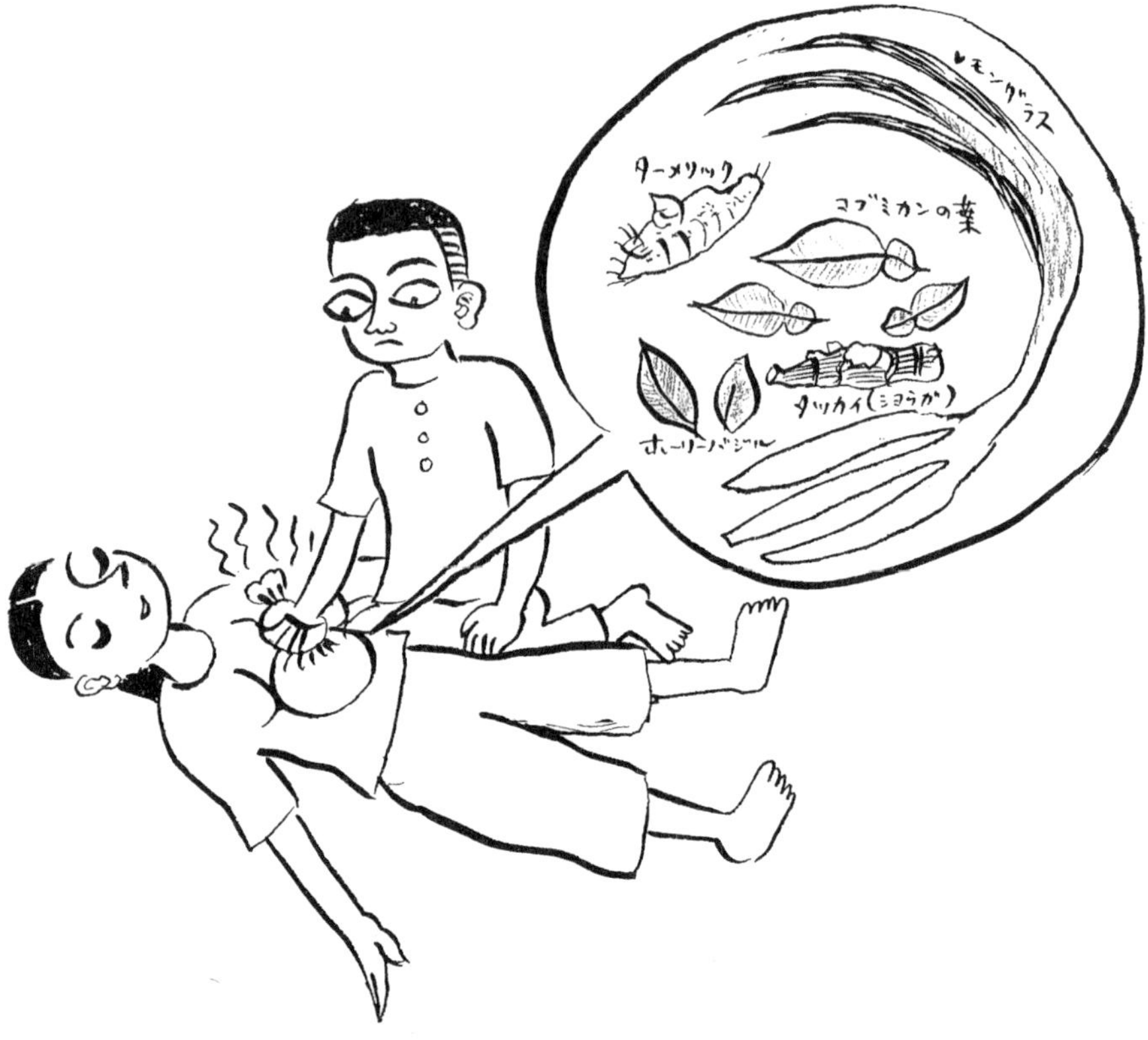

図1　タイ・マッサージにみるタミルの影響

タイの薬草マッサージ。薬草を詰めた布袋を蒸してから、体に圧し当てる。ケーララのキリに似ているが、油は用いない。タミル人は紀元前後から東南アジアに進出し、現地の武術や医療に大きな影響を与えている。

カラリ戦士に要求される身体能力――柔軟なからだ、〈風〉を自在にあやつる力は、ウリチルなくしては得られない、といわれているほどです。これには、ウリチルをほどこしてくれるグルッカル（師）がいなければカラリ武術を学ぶことができない、という含みもある。つまり、ウリチルを通して、師弟の絆も強固なものとなっていく。

ウリチルには略式とフルコースがあります。

略式は、日々の稽古のあとに行われます。

①まずグルッカルがうつ伏せに寝た弟子の体に薬油（ゴマ油が基本）を塗る。

②それから、天井から吊るしたロープにつかまり踏む力を微妙に調整しながら、

腰↓臀↓背↓脚

の順でマッサージしてゆく。腰は特に念入りになされる。

③タイ・マッサージのようにアクロバティックな体位をとらせ、関節の可動域をひろげることもする（図2）。

オレは体が硬くて、頭まで届くキックなんてとてもできやしない、なんて人も、ウリチルされれば、しっかりと足が上がるようになるという魔法のようなマッサージです。

フルコースは季節限定。六～八月ごろの雨季にのみ行われます。

雨季の前は夏季。四、五月。連日、四十度をかるく突破する猛暑がつづく。空には黄色い太陽がべったりと貼りついている。風はそよとも吹かない。大地は白く乾ききっている。埃のにおいが焦げくさい。水銀計もよじれそうな炎熱に、体液がふつふつと煮えたぎる……。

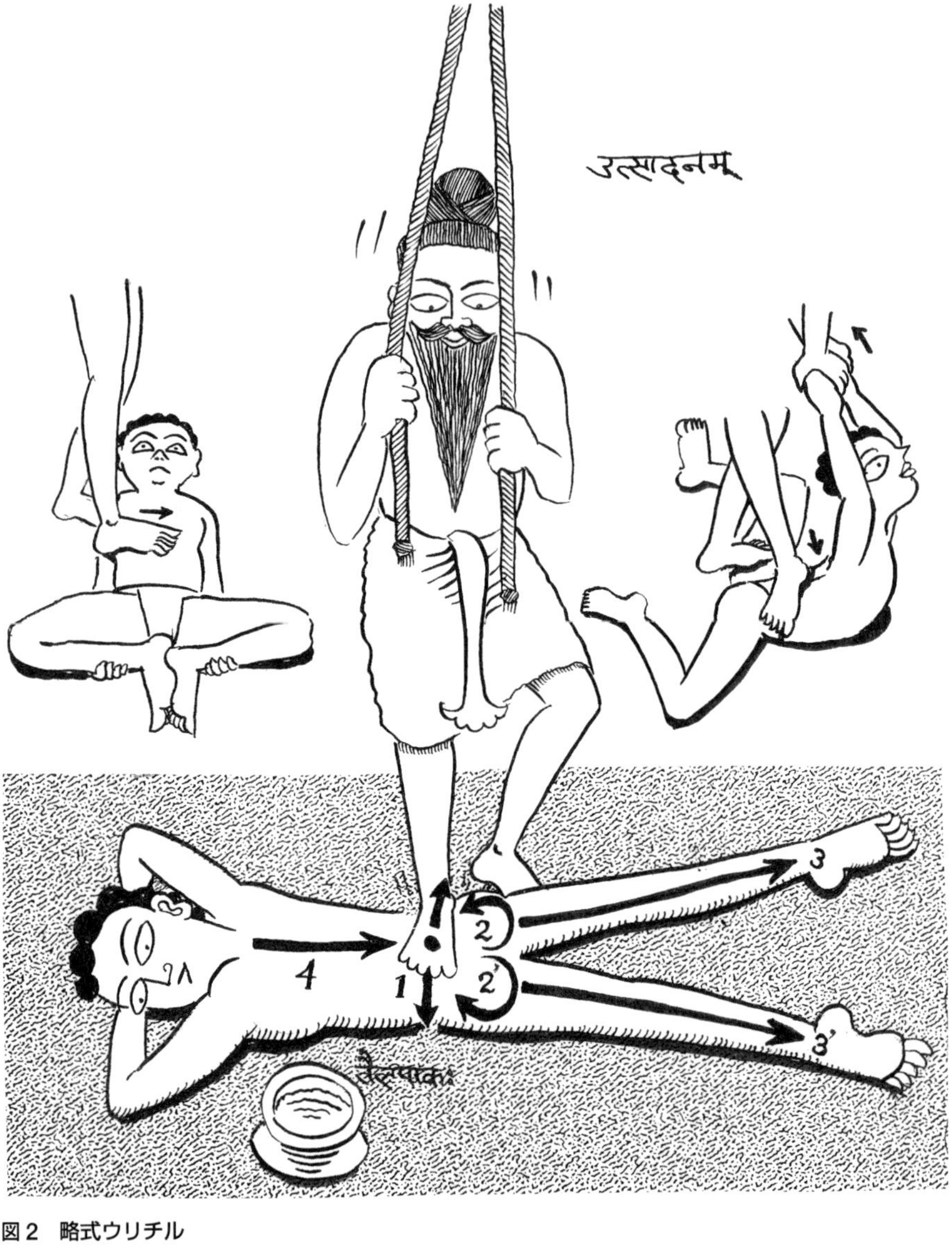

図２　略式ウリチル

筆者はお寺を見かければ、かならず足を向けていました。お参りが目的ではない。沐浴するためです。ヒンドゥーの寺院にはかならず沐浴池が付属している。そこに、水牛のように浸かって、ようやく人心地ついたものです。

多くのカラリはこの季節、夏休みになる。

なぜなら、夏には大気中にピッタ（熱）が蓄積される。武術の稽古をすれば、体内にもピッタが蓄積される。内のピッタに外のピッタが重ねられると、危険な状況を招くことになりかねない。たとえば、熱射病がそうである。

だからカラリでは、夏の稽古は、あえて行わないのです。

その理屈からすれば、炎天下のもとで行う日本の夏の高校野球などは、愚の骨頂といえましょう。じっさい、熱射病で脳みそが湯豆腐になって、いのちを落とした人もいるはず。とはいえ、高校野球の本質はスポーツではありません。苦行です。選手が、僧侶のように頭を丸めているのがその証拠。苦行だからこそ日本人の感動をよぶのでしょう。

しかしカラリの稽古はきびしくはあっても、非合理な苦行ではない。

そして夏休みをとるかわり、はげしいスコールが急激な涼《りょう》（カパ）と風（ヴァータ）をよぶ雨季には、徹底した集中稽古が行われる。

この期間、門弟にはブラフマチャリヤー、すなわち禁欲が課せられる。セックス厳禁ということです。性行為はからだの〈風〉、すなわちヴァータの微妙な具合をおかしくさせるからだと説明されます。

ウリチル・フルコース

ウリチル・フルコースは、七日間連続、あるいは十五日、二十一日間連続でなされます。

マッサージのプレッシャーとストロークの数は、中日《なかび》まで日毎に大きくなっていきます（図3）。

たとえば、七日コースの場合は、四日目にピークがくる。

十五日コースの場合は、七日目と九日目にピークがくる。八日目は被術者は休みをとり、下剤を服《の》んで体内を浄化させます。九〜十五日目にかけてプレッシャーとストロークの数は日毎に小さくなり、終日は初日と同じプレッシャーとストロークになります。

同様に二十一日コースの場合は、十一日目に休みをとります。

じっさいのウリチルの手順（図4）としては、初日に宗教儀式《プージャー》が執行されます。

プータラ――憶えていますか、カラリの祭壇にして大地の子宮です。そこに花や線香、燈明などの供物をささげ、師弟はカラリの神々に敬意を払い、そして門弟は師の前にひれ伏します。グルッカルは――、

①弟子の頭に特別な油を塗る。

②全身に①とは異なる、身体を柔軟にするための油を塗る。基本的には、頭には冷やす作用のあるココナッツ油、ほかの部分はゴマ油です。

③門弟はマットの上にうつ伏せになり、師はその背中一面にいまいちど油を塗りひろげる。一連の行為は右半身から始められる。

④つぎに師は、マントラを唱えながら、弟子の身体の重要な関節および骨のマルマンを触れる。頭部のアディパティ（大泉門）から

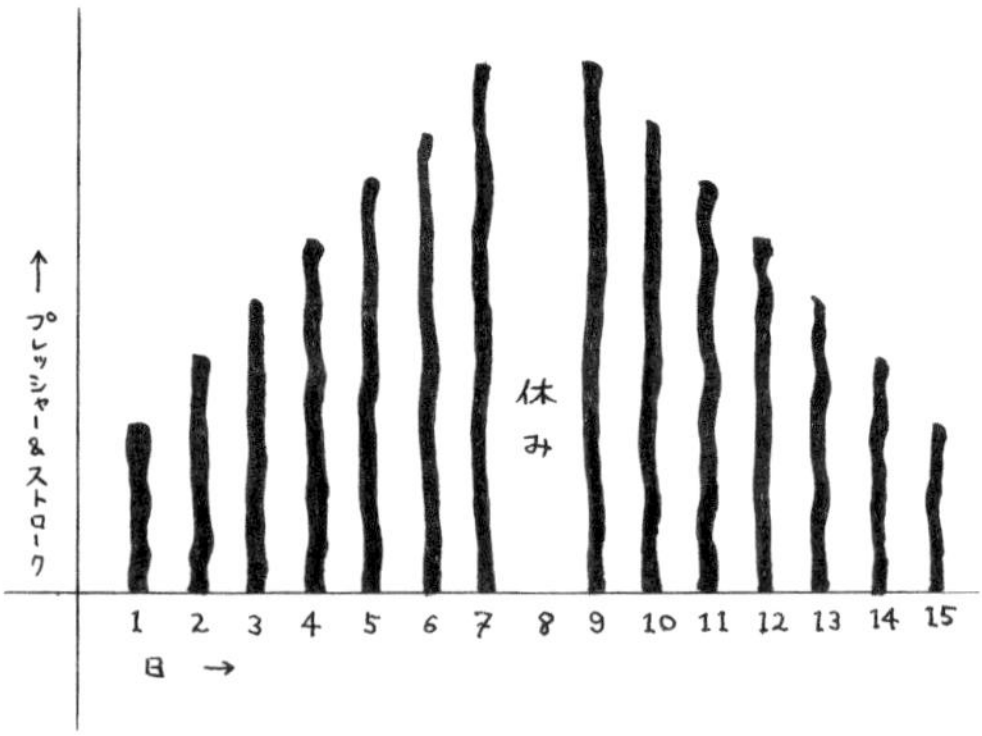

図3　ウリチル・フルコース（日程表）
ウリチルは朝と夕方に行うべきで、午後の暑い時間に行ってはならない。

始め、首、肩、腰のくびれた部分と進む。これは『ダヌルヴェーダ本集』にある入門式(二〇四ページ参照)を踏襲《とうしゅう》する行為です。

⑤臍の裏の部分(マニプーラ・チャクラ)を触れるとき、師はマッサージを妨げるものを祓うための特別なマントラをくり返しくり返しささやく。このマントラは主に障害を除去する神ガネーシャにささげられるものである。

⑥手および足によるマッサージの開始。マッサージはマニプーラ・チャクラの部分から始められる。というのは、マルマ・ヴィディヤーでは、胎児は臍の緒からエネルギー・ネットワークを構築していくことと考えられ、臍がすべての脈管の起点と理解されているためです。

⑦マニプーラ・チャクラ部が終わると、右掌でお尻の割れ目を勁《つよ》く撃つ。これはハタ・ヨーガでいう〝クンダリニー〟、つまりムーラーダーラ・チャクラに眠るエネルギー(シャクティ)を覚醒させてやるためです。尾てい骨から背骨に電流が奔《はし》り、頭蓋のなかで大輪の花火を開かせます。

⑧マッサージは「脈管の方向」にしたがって、

尻↓脚

肩↓腕

肩↓背

と進められる。ストロークした足または手を戻すときは、身体の上を滑らせて、「脈管と逆行」した過剰なプレッシャーをかけないように気をつける。

また、マルマンを傷つけることがないように細心の注意をはらう。

強くて大きな筋肉(大腿部や臀部)に対しては、円を描くようにストロークする。

体幹部は肢部よりも弱い力でマッサージしなければならない。

背面が完全になされると――、

①②被術者の体に油を塗る。頭にはココナッツ油、ほかの部分はゴマ油が基本。

③④⑤重要なマルマンを触れる。臍の裏の部分（マニプーラ・チャクラ）を触れるときは、ガネーシャ神のマントラを唱える。

図4　ウリチル・フルコース（手順）

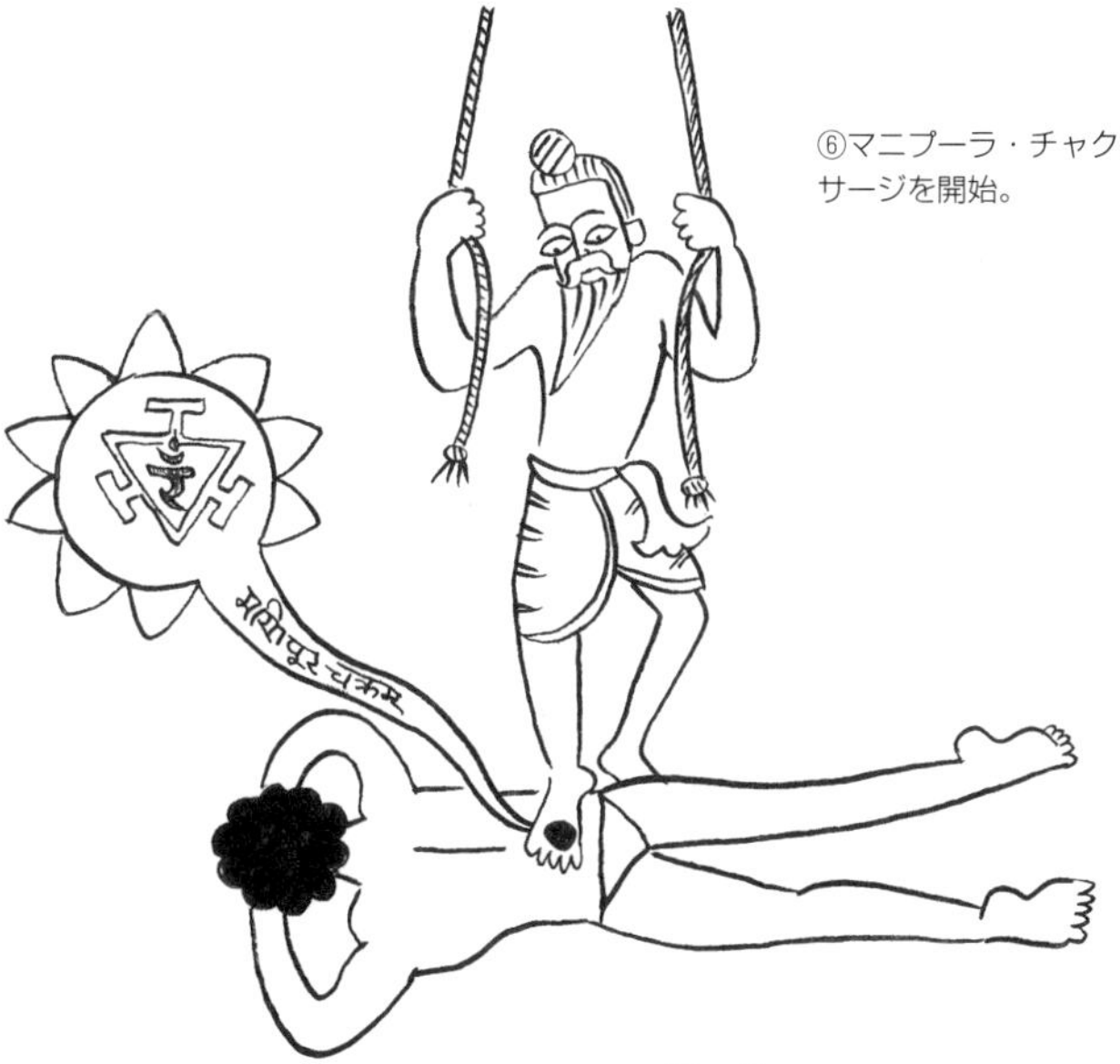

⑥マニプーラ・チャクラの部分からマッサージを開始。

⑦右掌で尻の割れ目を勁く撃って“タンダリニー”を覚醒させる

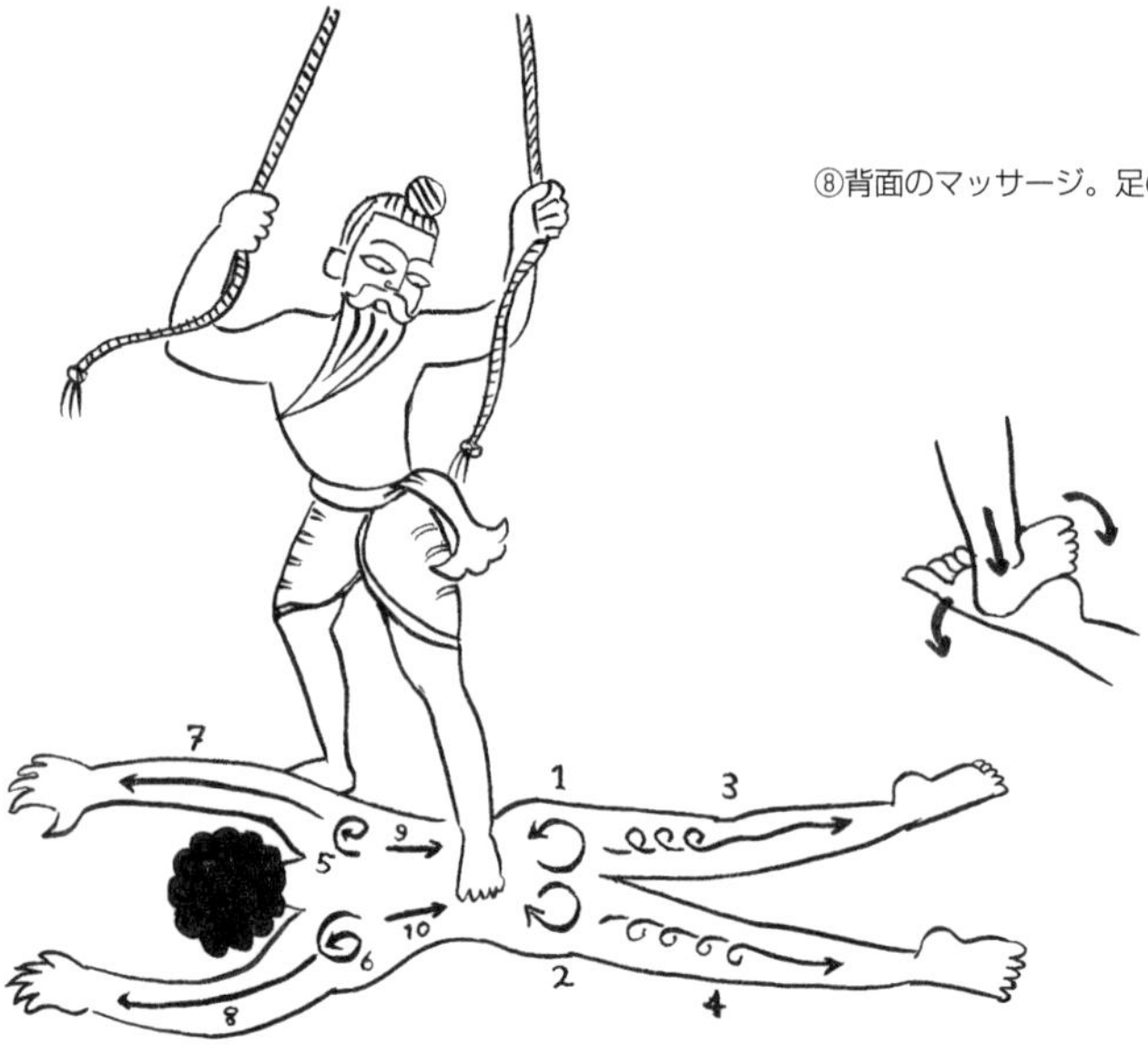

⑧背面のマッサージ。足の裏もよく踏む。

⑨身体前面のマッサージ。

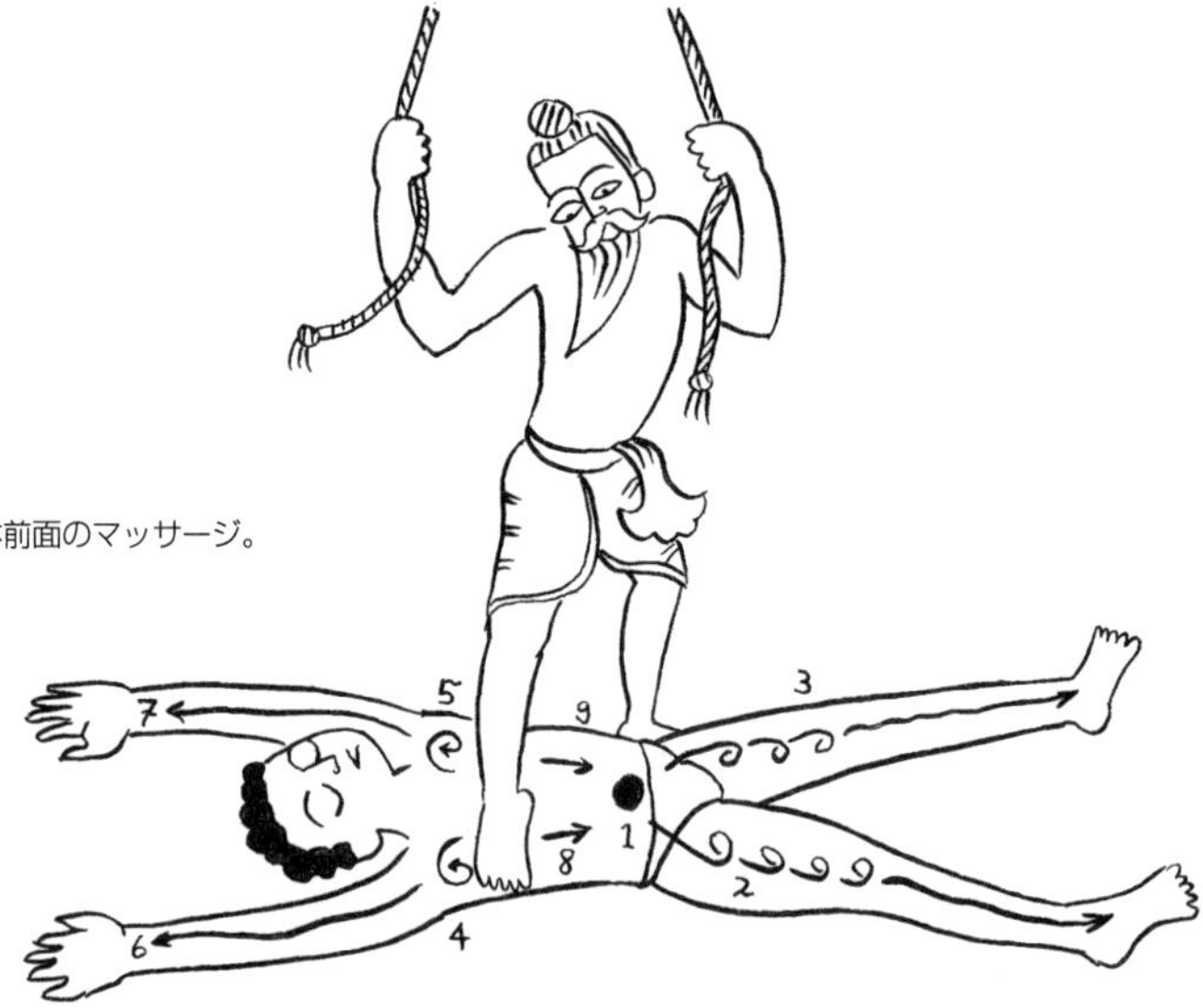

⑩手もマッサージする。

⑪顔と頭のマッサージ。

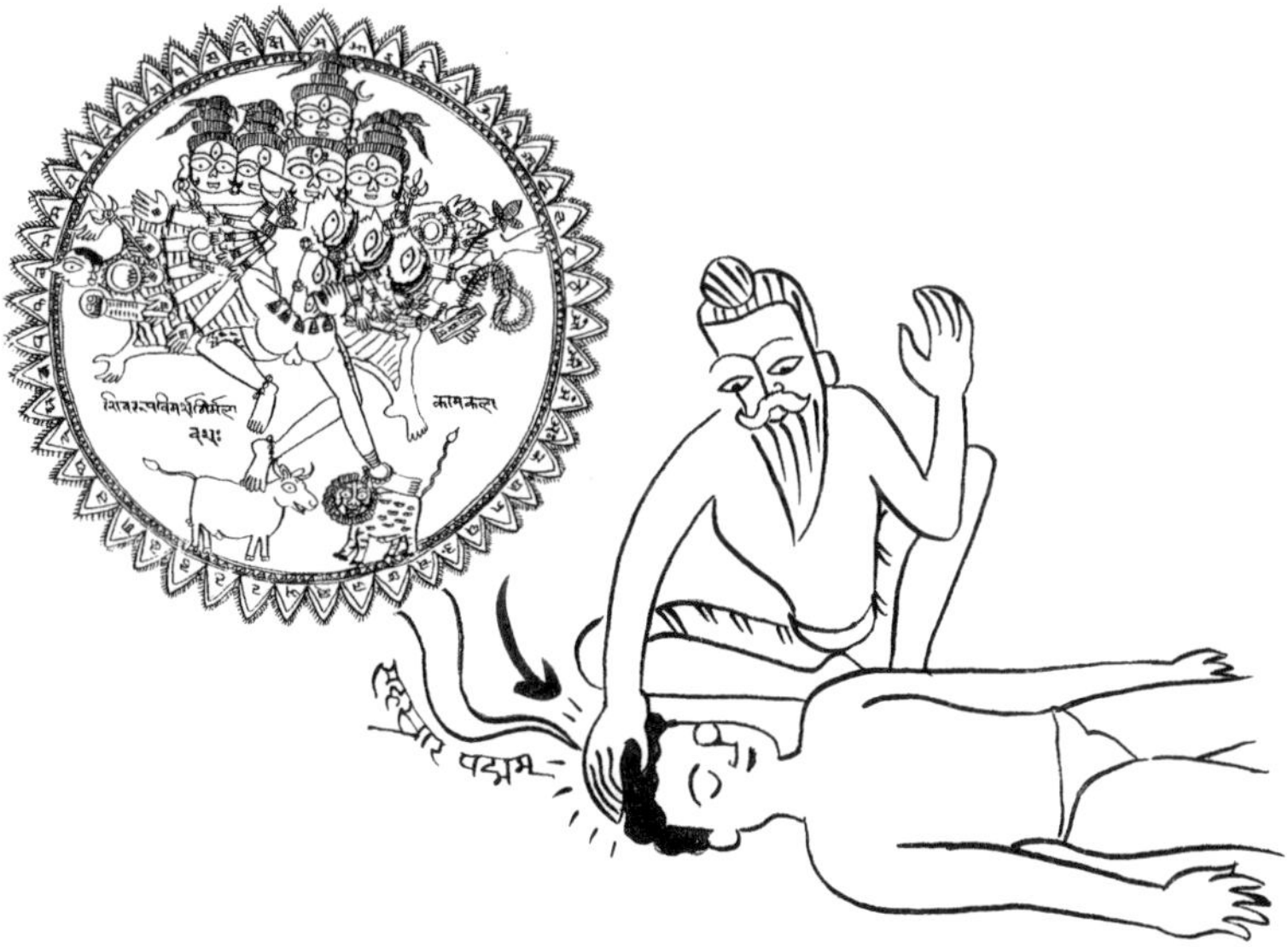

⑫頭頂部に勁い掌打を加え、サハスラーラ・チャクラを刺戟する。

⑬被術者の頭を触れながら、
ふたたびマントラ唱える。

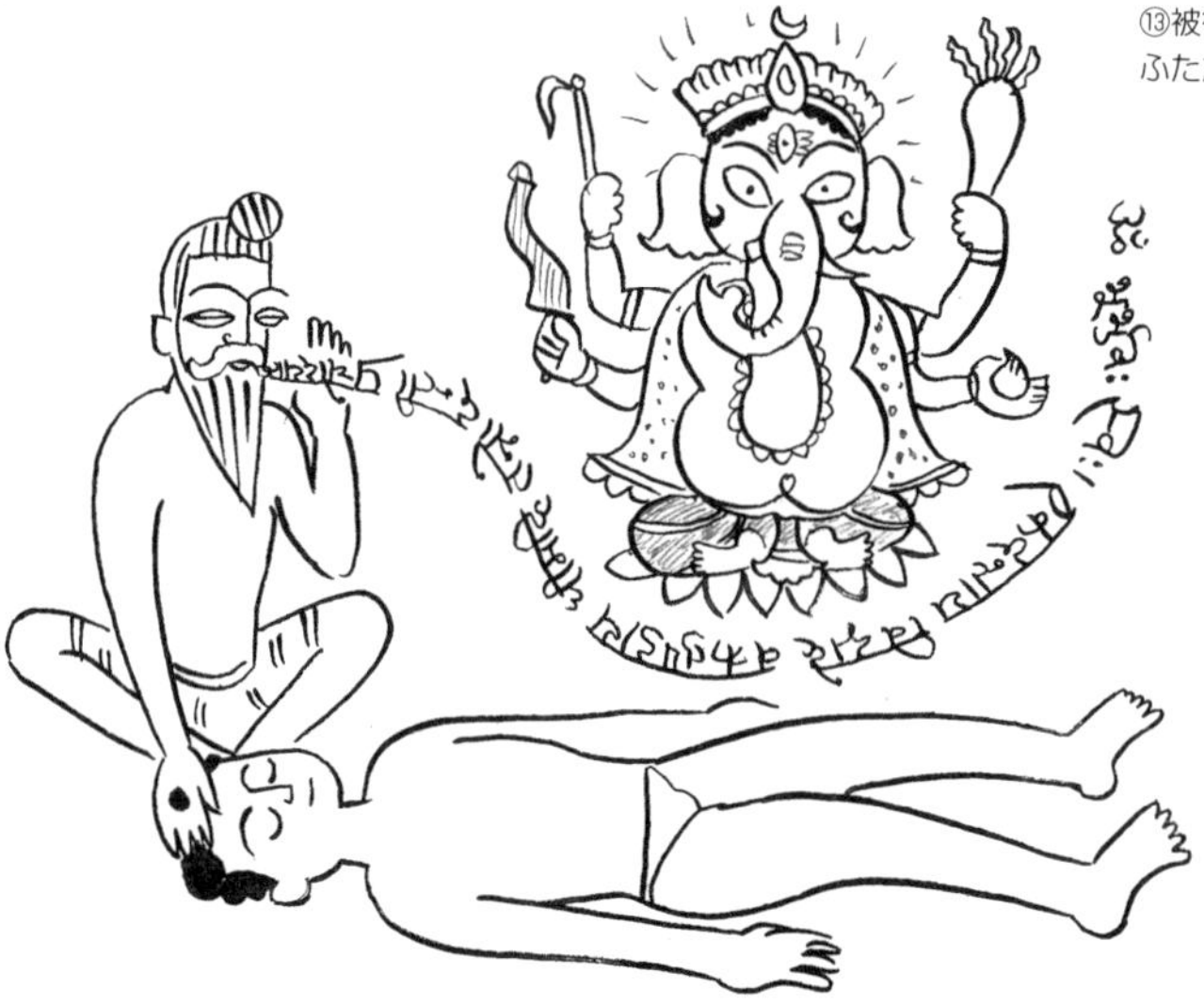

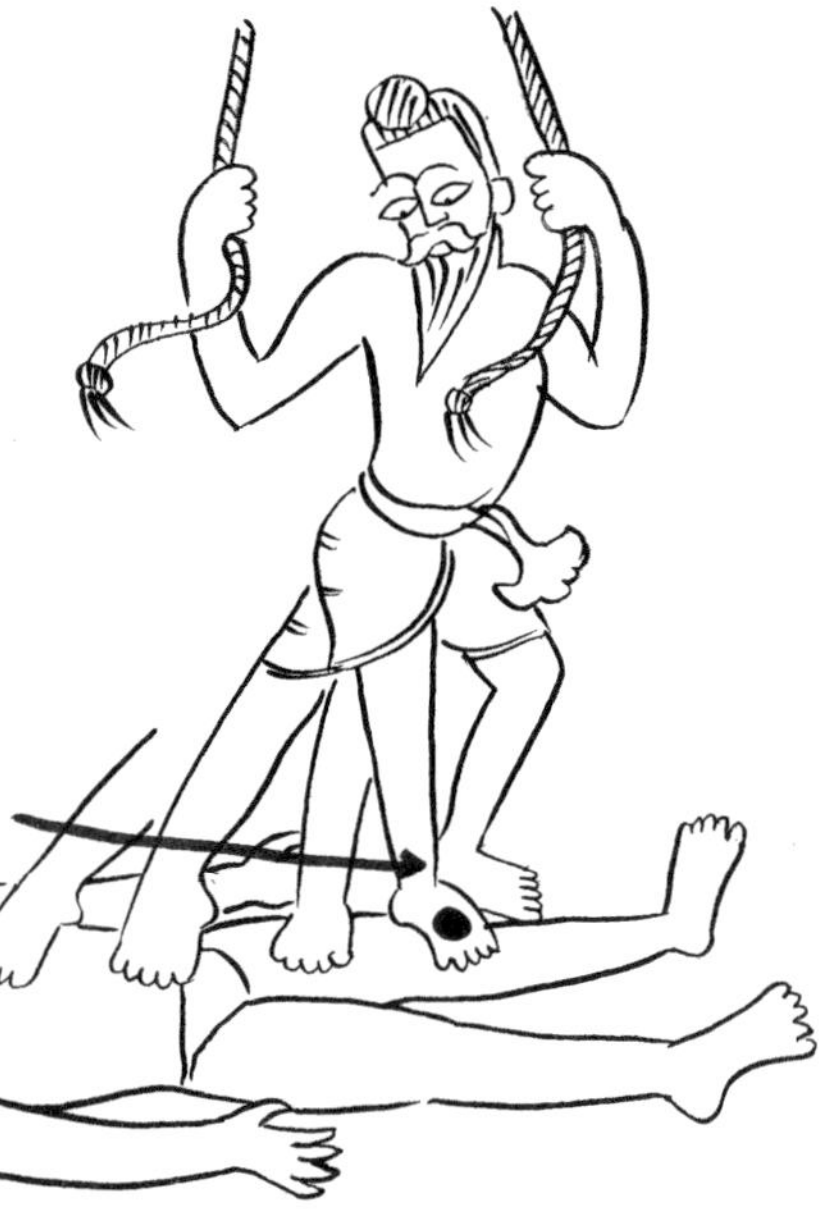

⑭胸部→臍→大腿→膝と、最後の
ストロークをして終了。

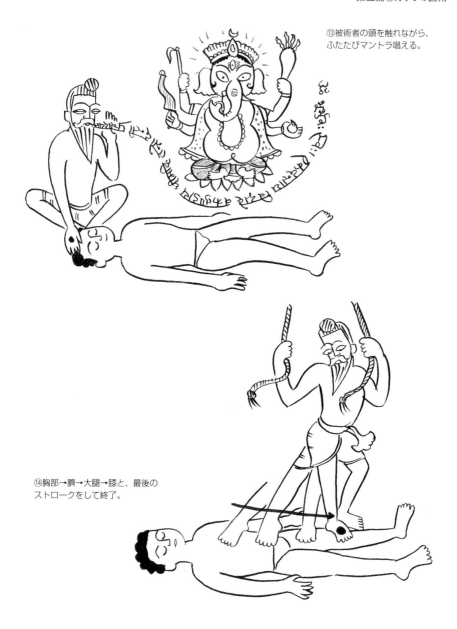

⑨門弟は仰向けになる。身体前面のマッサージは、臍から始められ、

腹↓脚

肩↓腕

肩↓胸

と進められる。臍（ナービ）や下腹（ヴァスティ）、心臓部（フリダヤ）といったマルマンには、強いプレッシャーをかけてはならない。

⑩手もマッサージする。

⑪顔と頭をマッサージする。

⑫頭頂部（アディパティ）に勁《つよ》い掌打を加える。これは、サハスラーラ・チャクラを刺戦して「意識を覚醒させる」ためです。

⑬そして師は、弟子の頭を触れながら、⑤で唱えたマントラをくり返して誦《しょう》する。ただし、動詞の時制は、現在から過去に変わる。「ウリチルを開始します」から「ウリチルを終了しました」となるわけです。

⑭そして、とどめの最後のストローク。胸部↓臍↓大腿↓膝。膝で終わります。

マッサージが終わると、師は弟子の前に立ち、弟子はその足に触れる。

コースの全日程が終了すると、弟子は特別な供物（ダクシナー）を師とガネーシャ神に捧げる。

ウリチルは、初日は心地よいものだが、日増しにプレッシャーとストロークが強くなってくる。中日になると、もう蹴りつけ《バーダーガータ》ているような感じだ。もちろん、断末魔しないように注意をはらってくれてはいますが。はっきりいって、痛い。拷問を受けているようなものだ。マゾッ気のある人は、たまっている精を漏らしてしまうかもしれない。

クタクタになる。しかし、マッサージが終わると、全身が、これまで経験したことのない〈風《シャクティ》〉に満たされていることを実感するでしょう。

ウリチルはカラリパヤットの修行の一環としてではなく、健康法や治療法としてもなされます。もちろんこの場合は、終始おだやかなマッサージとなりますが。虚弱者、老齢者、十二歳以下の幼児にたいしては、足を用いず、手だけでマッサージします。

ウトサーダナ

なお、ウリチルという話は、サンスクリットの〃ウトサーダナ〃が訛ったものです。『スシュルタ本集』には、

ウトサーダナは、シラー管を確実に開かせ、ブラージャカ・ピッタを増大させる。
ウトサーダナは、女性の身体に輝きを与える。
ウトサーダナは、喜びと幸運をもたらし、身体に柔軟さと軽快さを与える。

とありますが、それがどのような方法でなされるかは記されていません。

ブラージャカ・ピッタの〃ブラージャカ〃とは「輝けるもの」の意で、このピッタは皮膚に光沢を与える酵素のようなものと考えられています。

〈風〉あるいはプラーチ・ヴァーユを自由にコントロールすることのできるカラリの師は、裡なるパワー(シャクティ)を立ち上げて、戦闘においては、手や足を通して放出する。それと同じシャクティを、マッサージのさいには、癒しの力へと転用させるのです。

彼は適切な量のパワーをマッサージのストロークに注《そそ》ぎこみ、おのれの〈風〉を手足を通して、ダイレクトに弟子や患者のからだに送り届けることができる。それによって弟子の〈風〉は鼓舞され、患者の悪化したヴァータは鎮静されるのです。

ウトサーダナないしはウリチルは、ドーシャ・バランスと整体、そして微細身の脈管とチャクラに好影響をもたらします。

ストロークと掌打の両方で、グルッカルはじしんの〈風〉を門弟に注入する。

このマッサージは、肉体と微細身の両方をいちじるしく矯正するものです。

一般のアーユルヴェーダでも最近このマッサージに注目し、治療法のひとつとして採用するかたが増えてきました。しかし、アビヤンガ同様、カラリのそれとは異なるメソッドとして進化することでしょう。

ヨーガの宝の動き

さて、カラリのマルマ療法から、われわれ日本人が健康法、あるいは治療法として生活に取り入れることのできるようなものがあるでしょうか？

正直いって、アーユルヴェーダを専門に学んでいる人であればともかく、素人にはほとんど手に負えないものばかりです。まず、〝マルマ・ヴィディヤー〟に精通しなければならないし、これにはカラリに入門するしか手はない。

しかし、素人が比較的容易に学ぶことのできるものとして、われわれは指圧や灸《きゅう》の伝統を有している。ツボを勉強している人であれば、それに、この本に書いたマルマンに関する情報を重ねてほしい。ツボとマルマンの知識は、たがいに太古の知恵のカウンターパートとして、学び併せることによって、より完全なものになる。

足踏みマッサージには、日本アーユルヴェーダ学会の山内宥厳《やまのうちゆうげん》氏の提唱する「楽健法」がある。

そしてマルマ療法には、すでに日本に定着した観のあるハタ・ヨーガがある。

カラリパヤットとハタ・ヨーガが身体観を共有することは、くり返し述べてきたとおりです。両者も、たがいのカウンターパートとして理解すればよい。そして、ヨーガのアーサナも、広い意味でのマルマ療法と考えられているのです。たとえば――。
○ウパヴィシュタコーナ・アーサナ：大きく開脚するポーズでは、股関節がピキッと鳴って、〝ヴィタパ〟――「断末魔すると、インポや不妊になる」。藪からのびる根っこ――が、ほどよい刺戟を受ける。
○パシュチモーッターナ・アーサナ：前屈のポーズでは、アキレス腱がひきのばされる。アキレス腱の踵側の付根が〝グルパ〟（足首）というマルマンの一部で、ここが刺戟されると若返りに効果がある。
○シールシャ・アーサナ：逆立ちは、もっとも重要なマルマン〝アディパティ〟を刺戟し、全身のマルマンおよびチャクラを賦活する。
○シンハ・アーサナ：思いっきり口を開けて舌を突き出す獅子のポーズは、頭の内部にある〝シュリンガータカ〟をはじめ、頭部のマルマン全部を刺戟する。
○シャラバ・アーサナ：うつ伏せになって脚をはね上げるイナゴのポーズは、断末魔すると「感覚を喪失し下肢が麻痺する」。仙腸関節〝ククンダラ〟を刺戟する。またこのマルマンはスワーディシュターナ・チャクラの一部をなすものである……などなど。
あげればキリがないのでこのへんでやめますが、マルマンの知識により対症療法としてのヨーガ・セラピーも可能になるでしょう（これについては拙著、『秘伝マルマ　ツボ刺激ヨーガ』でとりあげました）。

アーサナはダヌルヴェーダ体系においても〝ダヌワン・クラマ・プラクリヤー〟、すなわち「弓術稽古の前儀式」にして、武術の「宝の動き」と理解されています。

KUBERA(財神)

補論 獅子吼金剛拳《シンハナーダ・ヴァジュラムシュティ》——チベット密教の武術

チベットの医学がチベット密教と一体であるごとく、チベットの武術もまたチベット密教とともにあった。しかし、共産中国は、この貴重な身体文化をも破壊した。チベットの民に語り継がれるアダト伝説と中国に遺された「喇嘛拳《らまけん》」をもとに、幻のチベット密教武術「獅子吼金剛拳《センゲダ・ドルジェレパ》」を復元する。

アダト伝説

若いころ、アジア各地を旅した。各国の伝統武術の調査も、旅の目的の一つだった。チベットも例外ではない。が、一九五〇年代、チベットは共産中国の軍靴に踏みにじられ、TIBETの文字は世界地図から消えたままになっている。

わたしは、インドにいる亡命チベット人たちから話を聞いた。そして、チベット語で、

——センゲダ・ランスーン・タクテエ（獅子吼《ししく》武術）

なるものが行われていた、と知った。

密教とともに伝えられたインドの仏教武術ヴァジュラムシュティ（金剛拳）をベースに、チベットの土

着格闘技やタントラ（ハタ・ヨーガ）の要素を加味してつくられた武術だ。かつてはチベットの僧兵、さらに密教修行の補助として、高位のラマによっても行われていたという。

もっとも、現在、伝承者はいない。

中国が根絶やしにしたのだ。武術家は皆殺しにされた。

いや、ダライ・ラマ猊下《げいか》のボディガードが、獅子吼《センゲダ》の使い手のはずじゃ……彼らはいろいろと語ってくれる。

そして、チベット人は、アダトとよばれる僧侶戦士の譚《はなし》で盛りあがる。日本でいえば、宮本武蔵や柳生十兵衛みたいなフォークヒーローなのだろう。

だれかが「あのとき、アダトはこう闘った」といえば、別のだれかが「いや、おれはこう聞いておる」と、それこそ拳をふりまわして、喧々諤々《けんけんがくがく》。もともと血の熱い連中なのだ。

香港で遊んでいたとき、中国拳法に獅子吼《センゲダ》の流れである「喇嘛拳《らまけん》」なるものがくっきりと刻印されていることを知った。清末（十九世紀後半）にチベットの僧《ラマ》が広東に伝えたのだ。

いっとき隆盛を見たが、一九一一年～一九一二年の辛亥《しんがい》革命でチベット密教を奉じた清朝が滅びると、漢人のナショナリズムが昂揚《こうよう》してゆくなかで、喇嘛拳から、獅子吼のいのちであったタントラをふくめ、チベット色の一切が剝奪された。そして、俠家拳《ホプガル》、白鶴拳《パクホク》（福建の白鶴拳とは別）などと名を変えられ、分裂をくりかえしながら、中国拳法のローカルな流派として現在にいたっている。

獅子吼は、チベット本土では滅んだが、傍流が中国で生き延びたのだ。

本章では、各地で蒐集《しゅうしゅう》したアダト伝説と喇嘛拳の情報をもとに、チベット密教武術を物語風にスケッチしたい。

ドプドプ（僧兵）

「真の超人《シッダ》よ、生まれ出《いで》よ。生まれ、悪霊のパワーを封じる獅子吼《シンハナーダ》の武術を弘《ひろ》めよ！」

インド仏教が宿願としていた小乗・大乗・金剛乗（密教）の統合を果たしたゲルク派開祖、偉大なるツオンカパの念《おもい》が、縹渺《ひょうびょう》とこだまして、チベットの広漠《こうばく》たる草原を分けてゆく。

アムド（チベット東北部、現在は中国青海省）で、羊や馬を追って暮らすおなごの胎《はら》から、雪獅子《ゆきじし》のごとき顔をした男児が、それこそライオンの咆哮《ほうこう》のごとき産声をあげたのは、十五世紀前半のことである。その子こそ、センゲダ・ランスーン・タクテエ（獅子吼金剛拳）を生み出すことを運命づけられたアダトであった。

その運命が、盗賊のすがたを取って、六歳のアダトを襲った。

かれらは、抵抗するアダトの両親を殺し、家畜を奪い、キャンプを破壊した。賊のひとりが、さらに遊牧民の身をかざる紅珊瑚《べにさんご》やトルコ石などの宝飾品をむしりとろうと、屍体に近寄った。アダトは父母のむくろを守ろうと、ナイフを構えて立ちはだかった。

「ボス、このクソ生意気なガキ、どうしやす？」賊が刀をかざしながらいった。

「放っておけ、どうせ、狼の餌食だ」

「うおーっ！」アダトは雄叫びをあげて突きかかった。

賊はなんなくかわし、幼子《おさなご》を鞠《まり》のように蹴りとばして、去っていった。

アダトは両親を近くの岩場に運び、屍体にナイフを潜らせた。解体の方法は家畜のそれを見て、知っていた。そしてライオンのように吼えて、ハゲワシを呼び寄せた。ハゲワシの彎曲《わんきょく》した嘴《くちばし》はまたたくまに両親の肉をむしりとった。アダトは、残った骨や頭に大きな石を投げ落として砕いた。ハゲワシが余すことなく啖《くら》いつくしてくれるように。そして、ハゲワシの腹に乗って天に昇っていく両親を見送りながら、うめいた。

「強くなりたい！」

アムドの夜は凍《しば》れる。盗賊への憎悪が、彼の身を灼《や》いた。皮肉なことに、それがアダトを凍死から救った。野獣に襲われることもまぬがれた。

二日かけて父の兄、つまり伯父のキャンプまで歩いた。伯父は凶報に目を剝き、それ以上に幼い甥が弟夫婦を鳥葬に付したことに重い息を吐いた。

（悲《あわ》れな子だ）

なんとかしてやりたい。しかし彼にも食いざかりの息子が三人いる。甥をひきとることは、できぬ相談であった。

彼にできることといえば、アダトをラサのギュメ寺に無事に送りとどけてやることぐらいしかなかった。ギュメ寺はゲルク派の密教僧院だ。小高い岩山に、石を積み石灰泥（コンクリートのごときもの）で固めた房舎が、城塞のようにへばりついている。

彼がここを選んだのは、ゲルク派の開祖ツォンカパがアムド出身の同郷の人で、親近感をおぼえていたからにすぎない。幼子は出家した。

僧侶には、学徒と行人の別がある。一般に貧しい低階級の出家は、僧院内のあらゆる雑務をこなす行人になる。アダトもそうだ。

そして、僧兵として僧院や高僧を守護することも、行人の大切な仕事であった。チベットの僧兵については、かの河口《かわぐち》慧海《えかい》が記録している。

〔壮士《そうし》坊主《ぼうず》（僧兵のこと）〕の課業は毎日ある山の中へ参って大きな石をぶん投げるんです。で、その大きな石をどの辺まで投げたかという距離の程度によって、その筋肉の発達いかんをためし、あるいは其石《それ》をどこへ当てるかという的《まと》を付けて、そうしてその石をぶん投げるということを奨励します。また高飛びもやるです。走って行って山の上へ飛び上るとか、あるいは岩の上から飛び降りるとかいうような事をやるんです。（……）その上にまた棒の擲《なぐ》り合いを始める。

（……）

此僧《これ》がチベットでなかなか要用なんです。時にラマが北原とかあるいは人の居ない地方へ旅行する時分には、壮士坊主が護衛の兵士となって行きます（……）自分に妻子がないから死ぬことは平気なもので、何とも思わずに猪武者《いのししむしゃ》で戦いをやるものですから、チベットでは坊主の暴れ者は仕方がないという評判さえ立って居るです。


（講談社学術文庫『チベット旅行記（三）』より）


チベットではそうした僧兵のことを、ドプドプ（dob-dob）という。

サンスクリットのシッダ（siddha）に相当するチベット語のトゥプトプ（grub-thob）の訛りであるとされ、僧兵自身、インド密教ヨーギニー・タントラ（母タントラ）の担い手であったシッダ行者の流れを汲む、と主張していた。

シッダ行者には、出家もいれば、俗人もいた。が、概して下層階級の出身であり、僧院仏教には否定的であった。平気で、というより、むしろ密教タントラ儀礼の一として、尸林《しりん》（墓場）にたむろし、尸林儀礼をつかさどるヨーギニーやダーキニーと呼ばれる巫女と性的関係をもち、酒を飲み、大麻を吸い、肉を啖《くら》いもする。偉大な超能力《シッディ》のもちぬし、と語られる人物が多いが、いずれにせよ、世間一般からみれば、風狂奇行《ふうきょうきこう》の異人、ようするに、

——ヘンな人
であった。

しかし、チベットに初めて密教を伝えたパドマサンバヴァも、チベット仏教カギュ派の祖となるティローやナーローも、またサキャ派のインド人祖師ヴィルーパやカーンハも、僧院の僧侶ではなく、そうしたシッダ行者として世を送った人びとである。

僧兵たちは、学徒らに対し、自身をシッダになぞらえたのだろうが、じっさい、後者とは系統を異にするタントラの伝統を有していたのかもしれない。そして、インドの先輩たちと同じく風狂なふるまいを嗜《し》好《こう》する傾向があったという。恰好も一般の僧侶とはまったく異なり、髪をのばしたり、煤《すす》で顔を黒くしたりしていた。

ドプドプになるには、河口慧海がいうように、さまざまな身体訓練が必要となる。石投げで膂力《りょりょく》を鍛える。岩から岩へ猿のように跳躍する。竹馬で河川を渡る。大凧《たこ》に乗って天空を駆ける。日本のニンジャのようなものだ。

棒、刀、槍、弓などの武器操法にくわえ、多様な徒手格闘術も教えられる（図1）。

筆者が知るところでは、アマリー。チベット相撲とでもいうべき民俗格闘技で、飛行機投げ、バックドロップ、ボディスラムのような大技から、腰投げ、上手《うわて》ひねり、大内刈り、大外刈り、さらに小股すくいや引き落としのような一瞬のタイミングで決まる技まで多彩な技法を駆使して、勝負を競う。これは、観光行事の一として、現在もチベット自治区で行われている。

クンニェ。チベット仏教のニンマ派に起こった体術で、対手《あいて》の神経、関節、急所などを痛めつける危険な技法がふくまれている。現在もヒマラヤのネパール側の僧院に伝えられていると聞いたことがある。

ほかにもタラ、ドルジーラム、バガといった格闘術の名が残っているが、詳細は定かでない。共産中国の侵入とともに絶えてしまったのであろう。

ともあれ——

図1　僧兵（ドプドプ）の稽古

チベットの僧兵の実態はいまとなってはよくわからないし、その歴史についてはさらに不明。しかし、かれら自身は、インドのシッダ行者の流れを汲むと主張し、風狂なふるまいを嗜好する傾向があったという。

恰好も一般の僧侶とはまったく異なり、髪をのばしたり、煤で顔を黒くしたりしていた。ドプドプという語自体が、シッダを意味するチベット語のトゥプトプの訛りである。

「強くなりたい」

両親を殺した賊への燃えるような敵愾心《てきがいしん》が、アダトの向上心の原動力であった。体系を異にする多様な格闘術がアダトという人格《うつわ》になんの矛盾もなく納まり、十五歳になったときには彼と互角に闘えるドプドプはもはやいなかった。

彼は、しょっちゅうラサの街に下り、地元のヤクザと喧嘩をした。僧たちに小言をくり返されても、アダトはストリートファイトを止めようとはしなかった。モンゴルや支那（明《みん》）やネパールの武術家とも何度も戦った。そして、決して負けることはなかった。

そのため、ドプドプの長《おさ》は彼に謹慎を申しつけた。

「術の稽古はしばらく禁じる。独居房でひとり瞑想しなさい」

「わかりました。でも、その前に──」

あなたに挑戦させてください。言うやいなや、フラストレーションの溜まっていたアダトは、五、六メートルの間境を一挙に跳びこえ、必殺の拳を撃ちこんだ。

長の手がひるがえった。アダトの攻撃ははじかれ、逆に臍のすこし下に鈍い衝撃が疾《はし》った。痛みはない。いや──

痛みどころか、下半身そのものがなくなっていた。アダトにはそう感じられた。臍から下の神経が麻痺したのだ。彼は、かくん、と腰を落とし、尻もちをついた。

小豆《あずき》色の僧衣の前に黒い染みがひろがってゆく。失禁したのだ。

そうはわかっていても、尿道の括約筋がいうことをきかない。

「どうした。ドプドプ一の猛者《もさ》も小便を漏らすようでは、威張れたものではないな」

嘲《わら》いながらも、長はアダトの攻撃に天才を感じていた。

（こいつこそが獅子吼の武術を生み出す、運命のひとなのかもしれぬ……）

彼はアダトをうつ伏せにし、腰椎《ようつい》の第四番――打撃ポイントのちょうど反対側を掌《て》で圧した。アダトの失われた感覚がもどってきた。

「こ、これは……？」自分のつくった水たまりをいざりながら訊いた。

「ドルジェレパ。シッダの拳法よ」

長はサンスクリットの〝シッダ〟に力をこめた。〝ドルジェレパ〟のほうは、ヴァジュラムシュティ（金剛拳《こんごうけん》）の訳である。パドマサンバヴァによって金剛乗《ヴァジュラヤーナ》（密教）とともにチベットに伝えられたとされる古代インド拳法の一形態であるが、これを学ぶことのできるのは、近衛僧や高位のラマに限られていた。

不殺生戒

「五戒をいってみなさい」僧兵《ドプドプ》の長はいった。

「殺すなかれ、盗むなかれ、貞潔であれ、嘘をいうなかれ、酒を飲むなかれ」

「ふむ。守れるかな？」

ドプドプには、常識の圏外に生きている、という自負がある。仏教の根本の掟も無視しがちだ。また、戦闘においては否応なく、殺し、殺されることになる。しかし、

「はい！」アダトは答えた。

「よろしい。金剛門《ドルジエグウ》への入門を許そう」

長はアダトに金剛拳を教えた。

撃つ。蹴る。投げる。締める。固める。

アダトのからだは、それらの技を海綿《かいめん》のように吸収した。

武器としてのドルジェ（金剛杵《こんごうしょ》）やカッキル（錫杖《しゃくじょう》）の用法も含まれていた。が、刀や槍の刃物はない。必要ないのだ。

金剛拳では、身体に六十四個あるサン（秘密）と呼ばれる箇所を狙う。サンはサンスクリットのマルマン（断末魔の「末魔」で、「死をもたらす処」の意）の訳で、ツボを想像してもらえればよい。長がアダトの臍のすこし下を手指で撃ち、彼の下半身の感覚を奪った技がそれだ。加減しだいで、対手を失神させることも、麻痺させることも、その気になれば殺してしまうこともできる。

だが、刃物ではこうはいかない。かならず対手をふかく傷つけるか殺してしまうことになる。そのために、殺生の許されぬ古代インドの仏教僧院で発達した武術が、棒や拳などで対手のマルマンを撃つことで戦闘能力を奪ってしまうヴァジュラムシュティ、すなわち金剛拳であった。

僧院の法主、シェラプ・センゲ大僧正が、ラサから遠く離れたナクチュまで旅することになった。

僧侶といえど、賊に襲われることがある。物盗りとはかぎらない。

当時のチベットでは、地方豪族がカギュ派、サキャ派、ニンマ派などの仏教教団各派と結んで抗争をくり返していた。ために敵対する豪族、ないしは教団の勢力を削ぐために、有位の僧に暗殺者が送られることもしばしばあったのだ。

高僧の旅の護衛には、四天王《してんのう》にちなみ、四人、八人、十二人、十六人……と四の倍数の人員がつけられた。しかし、大げさなことを嫌う大僧正は、四人にしぼった。僧兵の長の推薦で、アダトがそのひとりに選ばれた。

全員馬に乗り、大僧正を囲むようにして移動する。他の三人は弓や刀で武装したが、アダトは錫杖をたずさえただけだ。

二日、三日と平穏な旅がつづいた。五日目——

峠のすこし手前で、ひょお、と弓鳴りがした。

護衛僧のひとりが馬から落ちた。その首には、凶悪な矢が深々と突き刺さっている。

アダトの錫杖はめまぐるしく動いて、飛来する矢を打ち落とした。

ふたりめの護衛が胸に矢を受けて落馬するや、十人ばかり賊が刀や槍をかざしながら徒《かち》で攻め込んできた。

残る二人の護衛も馬から下りて応戦した。刀を抜いた僧兵は、二人を斬りふせたところで、背後から槍で首を刺し貫かれて絶命した。

アダトの両手は錫杖の中間を握っていた。杖端は右から左から、生きもののように群がる賊たちに襲いかかった。ときに錫杖は直線に走ることもあった。瞬時も休むことはなかった。なにかの舞いに似ていた。交互にくり出される杖には必殺の力がこもっていた。

賊はばたばたと倒れていった。

杖は無造作に振るわれているように見えたが、正確に急所《サン》を捉えていた。

賊はすべて悶絶した。

ラサの僧院に戻ったアダトは、大僧正の命を守った英雄として迎えられた。そして、大僧正から金剛乗（タントラ仏教）の個人指導を受ける特権を与えられた。

アダトは僧院のいちばん上の階にある大僧正の居室におもむいた。大僧正の居室といっても、ベッドと小さな机があるだけの、四畳半ほどの小部屋である。

壁にかかるヘーヴァジュラ尊の仏画《タンカ》が、唯一の装飾品といってよかった。

ベッドには毛皮が敷かれている。チベット高原でしばしば見かける熊男（現在の標準チベット語ではミゴー、ネパールのシェルパ語でイエティ、すなわちユキオトコ）とよばれる大きな二足獣の皮だ（図2）。じっさいに目にするのは初めてである。が、熊男の毛皮のベッドシーツが、高僧の、いわばステータスシンボルであることぐらいは、アダトも心得ていた。

図2　ヒマラヤの雪男《イエティ》（タキシンド寺院壁画）
タキシンド寺院はエヴェレスト登山の基地として有名なシェルパ族の村ナムチェバザールの近くにあるニンマ派の僧院。

大僧正はそのベッドに腰かけ、アダトは床に坐った。

大僧正は真言《マントラ》と印契法《ムドラー》――すなわち手指の精妙な操作法を教えた。

「五本の指は五大を表象しておる。親指から順次、空風火水地じゃ。これらの指が触れあうことは五大の運動をシンボライズし、五大の組み合わせによって成される世界の転変をおのれのなかに蒐《あつ》め……、ん!?」

僧正の目には、ムドラーを結ぶアダトの指の一々が、禍々《まがまが》しい殺気をはらんだ槍や矢や刀の武器のように映った。

「おぬし、なんとも業《カルマ》が深いのう。両親を賊に殺されたというたか。おぬしの指はその賊に突きつけた刃のようじゃ」

「はあ……」アダトは猫のように身を縮こませた。

「三人殺《あや》めたの」

旅の途中に襲ってきた賊のことをいっている。

そのなかに、両親を殺した賊の一味が三人混ざっていた。アダトは彼らの腹、首筋、胸のサンを撃った。が、血がしぶき、肉が裂けた、というわけではない。傍目《はため》には、たんに杖で打たれ、失神したかに見えたはずである。

しかしアダトは、ルン（プラーナ）の流れを断ってしまう特殊な撃ちかたをした。即死は免れても、苦しみながら、一日以内に絶命したはずである。ただちに殺すより、あるいはもっと酷な仕打ちかもしれなかった。

これを看破した大僧正も、ただの密教の師《ラマ》ではなさそうだ（シェラプ・センゲはゲルク派開祖ツォンカパの高弟であったが、彼じしん金剛拳の達人であった、とも伝えられている）。アダトはますます身を縮めた。しかし、大僧正は穏和な顔を向けた。

「叱っているのではない。こちらも三人殺されている。あの場合、不殺生戒を守れ、というのも、無理な話じゃ。儂が賊に襲われたのも、彼らがおぬしに出会って殺されたのも、なるべくしてそうなった。カルマの結果である。それに——」

「……」

「世界をおのれのなかに蒐めるには、心のたかぶりを知ることも必要じゃ。人を憎んだ経験のない者に、慈悲のなんたるかを知ることはできぬ。憎悪と慈悲、男と女、生と死——おのれのなかに相反するものを蒐め、それと一体になることで、我から脱するのがタントラのおしえじゃ」

「はあ？」

「わからぬか。が、わかろうとする必要も、憎悪を慈悲に換えようと思う必要もない。そんなこと土台、無理じゃで。しかし、祈ることはできよう」

「祈り……」

「さよう。タントラは難しいことをいっておるのではない。要は、おのれの体躯を祈りの乗物にせよ、ということじゃ」

祈りとは、なにものかに捧げる、あるいはなにごとかを願う、というものではない。それは、いのちの底から湧いてくる極めて原始的な衝動《たかぶり》である。

ともあれ、おのれのすべての感覚を鎮める。肚の下の一点に、祈りの衝動を集中する。マントラもムドラーもイダム（守護尊）もそのための、いわば道具である。

それは、おのれを見つめ、いのちを視つめる行為である。

祈りの衝動は、菩提心《ボーディチッタ》となって肚から立ち上がってくる。

「拳を振るうも、杖を舞わすも佳《よ》し。おぬしの体躯を、祈りの乗物にするのじゃ」と大僧正はいった。

「武術を祈りにせよ、と……」アダトには思いもしなかったことである。

「どれ、ひとつ、儂の祈りを見せてやろうかの」
大僧正は、オーン、サルヴァ・ダルマーハ・シューニャター・ラクシャナー（一切は空である）と誦《ず》し、下腹に風《ルン》をため、瞑目した。と——
かたわらに坐るアダトの視野がふいに裂け、その裏側からとてつもないものが顔を覗かせた。紅蓮《ぐれん》に燃えあがる火焔《ほむら》。
火焔のなかで、手足が何十本もある毒々しい蜘蛛《くも》のようなホトケが、狂ったように、
タン、タ、ターン
と、武術のステップを踏んでいる。
（な、何《なん》だ、これは？）
いうまでもない。金剛拳の本尊ヘーヴァジュラであった（図3）。この仏教世界最強のホトケは、一対の手では女神を抱きしめ、リンガは女神の胎を深く貫き、両者は堅く結びついた一個の生物と化して、足を跳ねあげ、踏みおろしていた。
ふたりの足は、ヒンドゥーの主要なる神々を踏みつけていた。
タン、タ、ターン
タン、タ、ターン
（おれは、法主さまの視界のなかに放りこまれたのだ！）
アダトは、偉大なる金剛師《ドルジェラマ》の思念する密なる世界を直截《ちょくせつ》、脳に映しこまれていることを悟った。が、だからといって、幻影から逃れることはできない。神話劇は強制的にすすめられてゆく。女神は、突如、その身をのけ反らした。真赤な口を開き、怒りの形相ものすごく咆哮した。
するどい牙がズラリと植わわったその口には、無数の裸の人間が飯粒《めしつぶ》のように押し込まれ、グチャグチャと無気味な音を立てて咀嚼《そしゃく》されている。女神の首には血のしたたる生首が鈴なりにぶら下がり、二つの

図3　ヘーヴァジュラ
後期密教の母タントラに分類される『ヘーヴァジュラ・タントラ』（9世紀頃成立）の主尊として、東インド、ネパール、チベット、ジャワやバリ（マタラムークディリ朝）、カンボジア（アンコール）で信仰された。『ヘーヴァジュラ・タントラ』は、チベットではサキャ派の根本聖典であったが、この物語に登場するゲルク派シェラプ・センゲによっても重視された。
ヨーガにおけるチャクラや脈管《ナーディー》、性ヨーガにかんする精緻な理論は、このタントラで初めて説かれることになる。密教武術への影響も大きい。

手には、刀と髑髏杯《どくろはい》。杯に満たされた生き血が、嵐にあおられた大海のように怒濤《どとう》し、飛沫《しぶき》をあげて、視界を赤く染めていく。

夫であるホトケであり金剛拳の本尊ヘーヴァジュラを押し倒し、仰臥《ぎょうが》した彼の上に跨《また》がり、そのリンガを軸に偉大な腰をダイナモのように打ちまわしている。

視界から女神と男神のからだが消えた。かわって、ヨーニとそれを貫くリンガが浮き上がっていた。それは、おそろしくも立派なリンガだった。神々しさと雄大さがあった。ヨーニもまた同様であった。

やがて、ヨーニから世界が産み出されていく。蜘蛛が糸を吐くように、マンダラが形成されていくのだ。

アダトは、太古の両性神の世界に引きずり込まれていた。

大僧正はアダトに仏教を教えた。講義は、ゴータマの四聖諦《ししょうたい》から始まり、上座部、大乗（空観《くうがん》、唯識《ゆいしき》）、そして金剛乗と順をおって進められた。

彼に師事するかたわら、アダトは金剛拳の研鑽を重ねた。すなわち、体軀を祈りの乗物としつつ、拳を振り、杖を舞わすために。

僧正はこうもいった。

「本初仏《アーディブッダ》は、御みずからの力（シャクティ）で、全世界を創りたもうた。世界とは、物質を通して顕現するシャクティである。ホトケとおぬしとは、武術の実践によって結ばれるであろう。そのとき——」

すべての動作はムドラー（印契）となる。

すべての発声はマントラ（真言）となる

すべての思考はディヤーナ（瞑想）となる。

（ヘーヴァジュラは……なにを意味するのであろう？）

アダトは想った。僧正が彼に心法《しんぽう》をあらわしたのは、その一度のみであったが、その幻影はなんどもなんどもアダトの裡《うち》で巻き戻され、再現された。

ヘーヴァジュラとその尊妃ナイラートミヤー（無我女《むがにょ》）は、バラモンの神々――ブラフマー、ヴィシュヌ、シヴァ、インドラを踏みにじっていた。この四神は四魔――蘊魔《うんま》、煩悩魔《ぼんのうま》、死魔、天魔を象徴するものと解釈されている。

が、そんなことよりも、若いアダトの視線は、じきに、まるまると躍動する尊妃のお尻に向いてしまうのだ。そのたびに、下腹に鬱勃《うつぼつ》とした感情が湧いた。

女尊はお尻を突き出し、肛門をあらわにした。それは小さく、自在に伸縮する。肛門につながる亀裂は、夫をふかぶかと呑みこんでいた。

彼は直立し、両尊に合掌した。おのれの肛門を締め、ヘーヴァジュラの種字マントラ「フーン」という音とともに下腹に気息《ルン》を沈める。そして、

「パット！」

と、裂帛の気合をひびかせながら、右足を力強く前方に踏みだし、合掌手を撃ちだした。左足から両手の先が一直線になる。金剛拳の基本のフォームである（図4）。

合掌手と右足をひきもどし、上体を竜蛇《りゅうだ》のようにうねらせて、こんどは九十度右に撃ちだす。そして、また九十度右、また九十度右に……と左足を固定させたまま同じ動作をくり返す。左脚を軸に身体を三百六十度回転させ、四方を撃つ。ちょうど、骰子《さいころ》の五の目を描くような足さばきになる。中心の点が左足だ。右まわりに回転する。性のシャクティ（エネルギー）をねじ伏せるに効あり、とされる動作である。

荒々しいシャクティは、精妙な祈りの衝動に転換され、アダトの体軀をめぐった。

金剛拳の基本のフットワークには、四角、円、三角、半円を描く動作が組み込まれている。いまアダトは、これが金剛乗の瞑想に通じることを理解した。

すなわち、それらのかたちは地水火風の四大の表象であり、須弥山《しゅみせん》をとりまく四大陸のすがたでもあっ

①大地を踏みしめ、腰をしっかりとすえて上体を正し、両手で禅定印を結ぶ。

②両手をゆっくりと持ちあげ、顔の前で合掌し、その手を心臓の前まで下ろす。

③合掌手を左腰の位置まで下ろし、同時に右足を上げる。

④下腹のチャクラに蓄えたルン（風《プラーナ》）を弾《はじ》かせながら、右足を勢いよく大きく前方に踏み出し、合掌手も前方に突き上げる。このとき、合掌手―腰―左足を結ぶ線が、地面に対して 45 度の角度で一直線になるようにする。

⑤右足を戻して、腰を沈める。両掌を下に向けて、大地のルンを受ける。

⑥両手を心臓の前で交差させて、転法輪印を結ぶ。

⑦合掌（または摩尼印）し、①に戻る。

図 4　チベット拳法の最初の型

チベット武術は、密教行法と関連して発達した。④のポーズは「菩薩の誓願」をしめすものとされ、現存するインド武術（カラリ）の型のなかにも、これと同じポーズがある。

た。

若い彼の肉体は、無限のシャクティをこんこんと生産した。

死のヨーガ

アダトが、ゲルク派のシェラプ・センゲ大僧正に師事して五年がすぎた満月の日、

「儂も、そろそろ肉体を脱ぐときが来たようじゃ」

大僧正は宣した。

死ぬ、ということである。彼の齢《よわい》はゴータマの没年とひとしい八十を重ねていた。「そんなことおっしゃらないで……いつまでも、わたしを御指導ください」

アダトは懇願した。が、

「これは定められたことなのじゃ。一月後の満月の日が——」

入定の日となる。

彼は占星術でおのれの死期を算出したのである。

僧正は、その日から食を断ち、お茶と醍醐《だいご》（バター油）だけを摂るようになった。

予定された日の一週間前からは茶も断ち、醍醐だけになった。醍醐は悪霊を遠ざけ、転生をすみやかなものにするのだ。

こうした「死のヨーガ」は、シェラプ・センゲ大僧正の師でゲルク派開祖のツォンカパが、カギュ派から学んだものである。すこし説明を要しよう。

西暦八〇六年、空海が大唐《マハーチーナ》から密教をわが国にもち帰った。『大日経《だいにちきょう》』と『金剛頂経《こんごうちょうぎょう》』にもとづく真言密教だ。

しかし、そのころ、当のインドでは後期密教の幕開けを告げる『秘密集会タントラ《グヒヤサマージャ》』が完成しており、空海密教の母体となった唐の密教はすでに時代遅れのものになっていた。そして、インド密教はその後、四百年も続く。日本密教にとって未知の四百年の間に、インド後期密教が新たに取り組み、完成させたもの。それこそが、

――ハタ・ヨーガ

にほかならない。

〝ハタ・ヨーガ〟という語の文献上の初出も、仏教の『秘密集会タントラ』および『サマーヨーガ・タントラ』である。

ハタは、脈管やチャクラなどの微細身《みさいしん》の理論にもとづき、内観のヨーガによって、われわれが性的快感として感じている刹那的快楽を菩提《さとり》の境地へと高める生理学的ヨーガだ。中央脈管に風を圧しこみ上昇させることで、生きながらにして死を体験する「究竟次第《くきょうしだい》」が行じられる。

こうした修法は後期密教の伝統の中ではぐくまれ、八十四成就者のひとりヴィルーパによって体系づけられた。

肛門と喉と腹部のバンダ（締めつけ）を同時に行うマハームドラーは、十一世紀に活躍したカギュ派開祖、ティロー（インド人）によって開発された後期密教の代表的な究竟次第のヨーガである。

ともあれ行者は、こうした神秘的な技術を駆使し、おのれの魂を肉体から解き放ち、中有（冥界）を旅することを重ねる。いわゆる「臨死体験」である。このときは、行者の魂は肉体に戻ってくる。じっさいの死の予行演習のようなものだ。スキーのジャンプの選手が、四年に一度の冬のオリンピックに向けて、なんどもなんどもジャンプ台から虚空に飛び出す稽古を重ねるがごとき……。

最終的には解脱《げだつ》、ないしはよりよい転生へのジャンプをこころみる。

もっとも、自分の意志で肉体を脱ぐ（死ぬ）とは、自殺に同義だ。仏教では自殺は禁じられている。し

かし死の瞬間こそが、涅槃の世界に移行する最大のチャンスだともされている。ために、占星術で、おのれの今生《こんじょう》のカルマの尽きる日を割り出すのだ。インド仏教のファンファーレを飾る聖典『カーラチャクラ・タントラ』とそれに付属する文献には、このための知識がくわしく論じられている。

その日が来た。

僧院の法主は講堂に修行僧を集め、壇上で、

「皆のうち、身命を惜しまずして精進せんとする者あらば、こころみに心の宝剣を持ち来れ」

と、最後の説法をした。朗々としみわたる声であった。講堂は、しん、と静まりかえった。法主は、

「つとめ励めよ」と僧徒にいいわたし、アダトには、

「また遭おうぞ」

といい残した。

そして、大僧正は最後の瞑想に入り、僧徒はその臨終を見守った。

彼は肉の細胞のひとつひとつから魂魄《こんぱく》を抜きとっていく。それら魂魄のしずくを心臓のチャクラに集め、頭頂の孔を通して、虚空に解き放った。左の鼻の孔からひとすじの血が、つー、と流れた。

アダトの霊眼に、満月に向かって飛翔してゆく白い鳥のすがたが映じた。

武者修行の旅

師の大僧正が亡くなると、アダトは仏教と武術をきわめる旅に出た。

伝説によると、彼は、支那、インド、ペルシア、アラブ、トルキスタン、さらにアフリカ大陸にまで足を伸ばしたという。ようするに、アダトの生涯はチベット人のハートを熱くするストーリーとして、かつては広く人口に膾炙《かいしゃ》されており、地理的な知識の拡大とともに、多様なバージョンが生まれたということ

であろう。チベット人がアフリカを知れば、アダトもアフリカに行き、ヨーロッパを知れば、こんどはヨーロッパにまで足を向けることになる。

だが、まんざらデタラメでもない。十五世紀のチベットは、インドや支那はもちろん、西方世界とも広く交易をしていたのだ。だいいち、モンゴルや旧満州《まんしゅう》などの東北アジアはチベット仏教圏であったし、支那（明《みん》）の宮廷の奥深くにまで西蔵《チベット》の喇嘛《らま》は入りこんでいた。チベット密教に帰依した皇帝が多々いたからだ。チベットの名にともなう「鎖《とざ》された秘境」のイメージは、近代になってからのものなのだ。

そして、アダトは世界中の武術家と闘ったが、いちども負けることがなかったという。そうした伝説はともかく、アダトが旅に出て長い年月がすぎた。

彼は深山に入った。

山頂には翠《あお》い水をたたえた円《まる》い、きよらかな池があった。

アダトは池畔の岩壁にうがたれた洞窟にひとり籠り、経を誦《よ》み、瞑想にふけりながら、武術について熟考した。採餌《さいじ》に飛来する色とりどりの鳥たちが、彼の孤独を慰めた。

アダトは、密教のヨーガであるハタを行じた。

小乗・大乗・金剛乗（密教）の兼修を旨《むね》とするゲルク派では、密教に進むことのできるのは、ほんのひと握りのエリートだけだ。しかも、入門してから二十年以上もかかる。

けだし、アダトは僧院の学侶ではない。シッダ行者の流れを称するドプドプ（僧兵）だ。ハタの基本はルン（プラーナ）の操作であるが、これはアダトが練った武術、金剛拳《ドルジェレパ》でも同じこと。そしてシェラプ・センゲ大僧正は、

「ハタは、そもそもシッダの行である」

として、ルンを精妙なレベルで扱う技術を惜しげなく彼に伝えたのである。

まず、微細身を建立する（図5）。

身体を縦に走る中央脈管《アヴァドゥーティ》と左脈管《ララナー》と右脈管《ラサナー》を観じる。現在のハタ・ヨーガでいうスシュムナーとイダーとピンガラーだ。

それができたら、チャクラを観じる。仏教では通常、臍、心臓、喉、頭部の四つのチャクラを用いる。チャクラの中に梵字、ないしはチベット文字の形をした種字《ビージャ》を観じる。微細身は、行者の魂を中有や涅槃の世界に送り出すメカニカルな装置といってよい。つぎに、その装置を稼働させる。

左鼻孔を指でふさぎ、右鼻孔を通して、ルンを静かにゆっくりと腹一杯に吸いこんでいく。両鼻孔をふさぎ、しばらくその状態を保持する。苦しくなってきたら、左鼻孔を開き、そこからゆっくりとルンを吐き出していく。こんどは、右鼻孔をふさぎ、左鼻孔を通してルンを吸いこんでいく。これをくり返す。

いわゆるプラーナーヤーマであり、この程度のことは今の日本のヨガ教室でもふつうに行われている。

「インドでは、吸息をプーラカ、吐息をレーチャカ、そして保息をクンバカというのですよ」

と教えられるかもしれない。

だが、観法《イメージ》がともなっていなければ、意味のあるものにはならない。

臍下に、カンダ（クンバ《壺》）を観じる。そして、保息するさい、そこに吸いこんだプラーナを押しこんでやる。それが、

――クンバカ（壺のごとき［行法］）

の真意だ。

肛門と尿道を左右の鼻孔のように使い、同様にプーラカ、レーチャカ、クンバカからなるプラーナーヤーマを行う。これを「下の《アダハ》プラーナーヤーマ」という。もちろん、肛門や尿道で息を吸ったり吐いたりをできるはずがない。が、そのようにイメージすることが大事なのだ。

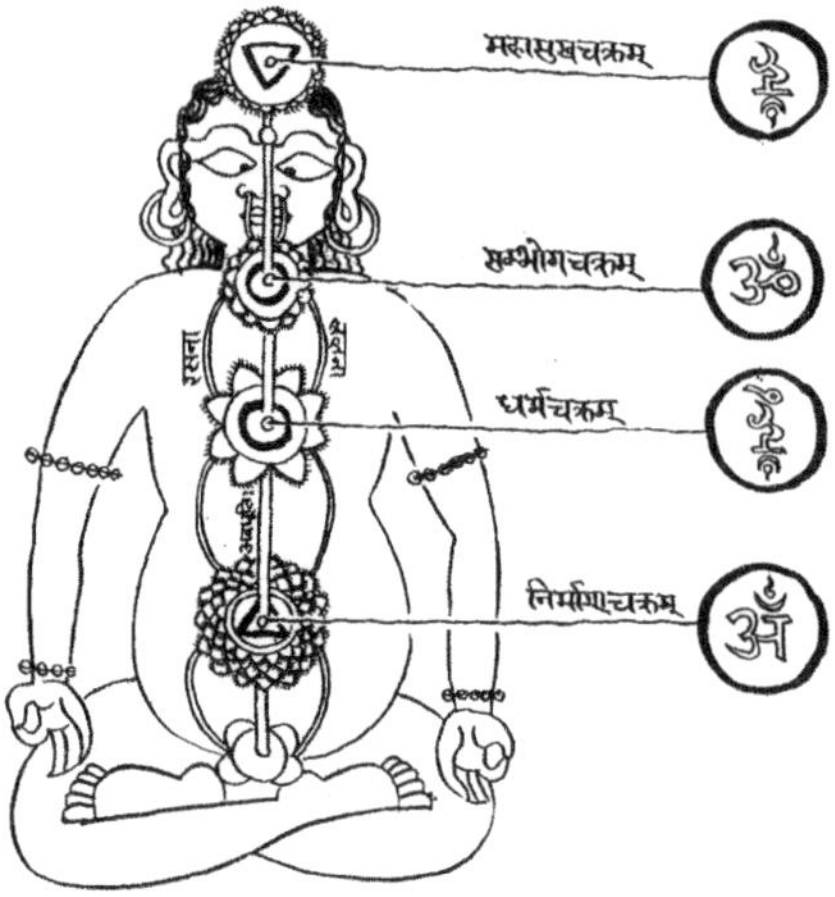

①微細身の建立
中央脈管と左右の脈管、臍・心臓・喉・頭部の４チャクラと臍下のカンダ、チャクラの中に梵字の形をした種字《ビージャ》、順次、Aṃ、逆さのHūṃ、Oṃ、逆さのHam を観じる。

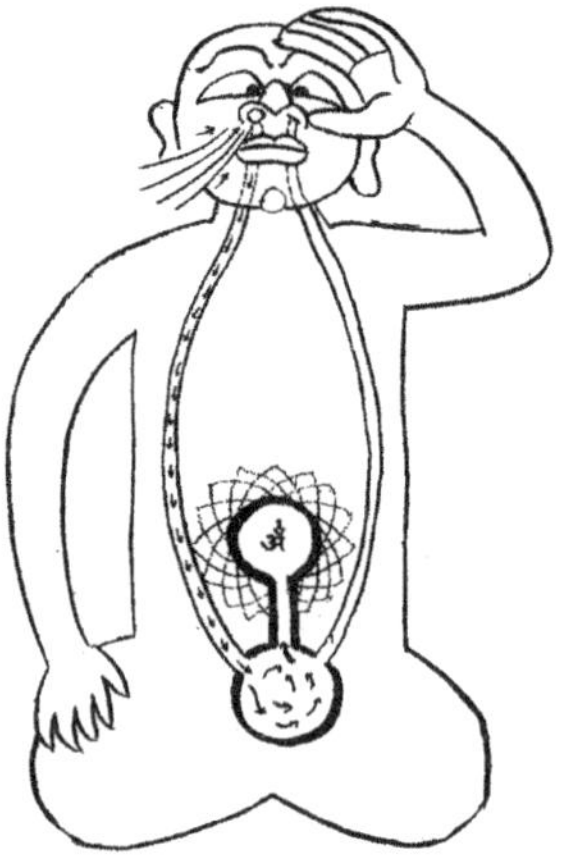

②上のプラーナーヤーマ
左右の鼻孔を通して、吸息・保息・吐息をくり返すおなじみの片鼻呼吸。
保息の際は、カンダを壺《クンバ》に見立てて、そこに風を保持する。それが「壺呼吸《クンバカ》」の真意だ。

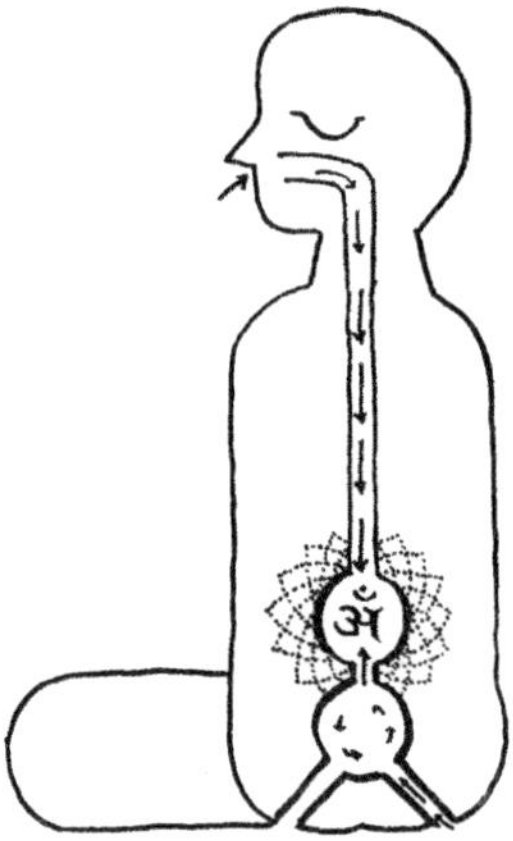

③下のプラーナーヤーマ
肛門と尿道を通して、同様に吸息・保息・吐息をくり返す。そうイメージすることが肝心。

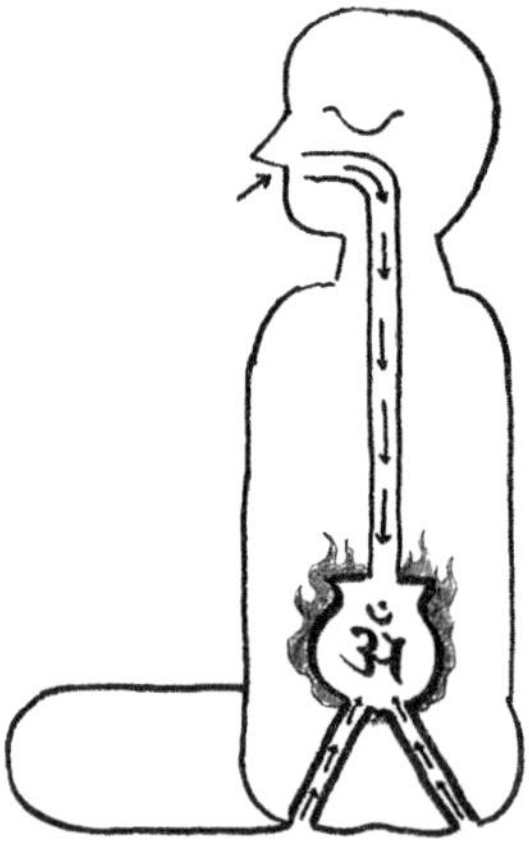

④発熱
カンダ（壺《クンバ》）の中で、上下の風（プラーナとアパーナ）を煉り、発熱させる。

⑤チャンダーリーの火
その熱によって、上３つの種字が溶け、腹に滴り落ちる。と、腹の Aṃ 字が燃え上がる。

図５　チャンダーリー・ヨーガ

上と下のプラーナーヤーマで取りこんだ気息を、どんどんとクンバに送りこんでいく。そして、プラーナを圧縮させる。やがて、プラーナは熱を帯びるようになる。

その熱を中央脈管を通し、上部のチャクラに送りこむ。

すると、チャクラの中の種字がどろどろと、まるで蠟細工《ろうざいく》のように溶けはじめる（と観じる）。溶けた種子はすべて臍のクンバに滴り落ちてゆく。

クンバは、微細な燃料をあつめて、発火する。チャンダーリー（不可触民の女：チベットではトゥンモ）と称される火だ。鞴《ふいご》の呼吸（バストリカー）をもちいて、その火を轟々《ごうごう》と燃え上がらせる。

それができたら、〝マハームドラー〟行法に移行する。

吸ったプラーナを中央脈管にあつめる。腰椎を前屈させるとやりやすい。パシュチモーッターナ・アーサナ、いわゆる「前屈のポーズ」は、そのためにある。

ついで、肛門をかたく閉ざす（ムーラ・バンダ）。

顎を胸につけることよって、喉も閉ざす（ジャーランダラ・バンダ）。

中央脈管の上下を封鎖したわけだ。

腹を絞める（ウッディーヤナ・バンダ）。

と、中央脈管に封印（ムドラー）されたプラーナは、さらに下から圧がかけられ、心臓のチャクラに送り込まれる。

心臓のチャクラの中には、カルマの分厚い殻をまとって霊魂がひそんでいる（仏教では「霊魂《アートマン》」という語をもちいず、「識《ヴィジュニャーナ》」と称するが、ここはわかりやすく霊魂としておく）。そのカルマの殻がプラーナの熱風を受け、どろどろと溶けはじめる。そして、裸になった霊魂は――

アダトは、途方もないエクスタシーにつつまれ、光のトンネルを垂直に昇っていった。いまの言葉でいえば、ジェットコースターに乗ってチューブ状の軌道を上昇する感覚がそれに近いかもしれない。

ヴォー、ボウと僧院で勤行《ごんぎょう》のさい吹き鳴らされる喇叭《らっぱ》のごときけたたましい音がひびき、赤・青・黄の原色の光の粒子が乱舞しながら流れていく。光は鮮やかすぎた。自然界にはない無機質な発色をしている。

その光の粒子が、核爆発を起こしたように、いっせいに弾けた。まるで、一千の太陽が輝いているような圧倒的な光量。極楽浄土のホトケ、阿弥陀如来のことを〝アミターバ〟（無量光）というが、それはこのときに経験する光をさしているのだ。

すなわち、アダトの魂は、大泉門（頭頂の穴）をとおって中有《ちゅうう》――サンスクリットではアンタラーバヴァ、チベット語でバルドゥ――、いわゆる「あの世」に飛び出していた。

もやもやとした、雲の中にでもいるような、亜空間であった。虹色に縁取りされた無数の幽魂が、ふわりふわりと漂っている。じっさいの死者たちの魂であった。

そのうちのいくつかが、アダトの気配を察した。彼がこれまで殺めた者らである。旅の途中で退治した賊。尋常な立ち合いでやむなく殺してしまった、さまざまな肌の色をした武術家たち。

死霊たちは、怯えて逃げ去る者もいたが、多くはふたたび刀や槍をかざして襲いかかってきた。この行をするたびに、それがくり返しされる。

倒しても斃《たお》しても、そして彼らの成仏を心から願って引導を渡しても、亡者たちは死の床から際限なく起ち上がり、アダトに挑戦するのだ。あるいは、仏教の僧兵であるアダトの死者をみちびく作法は、異教の戦士には通じぬのかもしれぬ。彼らはアダトをとり殺す一念に凝っていた。

頭を剃りあげたペルシアの力士が鎚矛《つちほこ》をまわして、突進してきた。アダトは、おのれの頭に向かって振りおろされる得物の風圧をはっきりと感じていた。と――

「ケーン！」

金属音を思わせる鋭い啼き声が、彼の肉の鼓膜をやぶって、魂に突きささった。(なにごとか？)

瞑想の集中力を失ったアダトは、よろばいながら、洞窟を出た。

白い大きな鳥——鶴《つる》の発した警戒の声であった。巨大な猿が鶴に襲いかかったのだ。

猿といっても尻尾はない。熊男(ユキオトコ)である。

その太くて長い腕が騰《おど》った。全身を覆う灰褐色の体毛の下から、硬く綯《な》われた縄のような筋肉の束が、よじれ、たわみ、うなりをあげる音が、アダトの耳に届いた。

(あわれな)

と彼は思った。白鶴は熊男に引き裂かれてしまうだろう。が、食い、食われる。食物連鎖は自然界の掟である。しかし——

白鶴は大きな翼を羽ばたかせ、身をひるがえした。

熊男は膝を折って体を沈め、腰を石臼のように回転させながら、腕を振った。鞭のようにリキみのない、惚れぼれとする連続攻撃であった。

だが白鶴は、余裕をもって体をさばいていた。熊男を肢の爪でひっかき、嘴《くちばし》でつつきながら。

男は、そこだけ毛の生えていない顔を怒りで醜くゆがませ、拳を舞わした。アダトはその表情に、ひどい親しみを覚えていた。それは、中有にあって、なんどもなんどもアダトに向かってくる武術家たちに共通した顔であった。そして、おそらく——

アダトじしんの表情でもあった。

熊男は、ヒトに近しい種であるだけに、人間と酷似した性格をそなえていた。つまり人のもつ欠点——傲慢、増長、嫉妬。これらのものは必ず油断につながるのだ。いっぽう白鶴は——

熊男と白鶴は、あまりにも近間《ちかま》で闘い、しかも両者の攻防の動作が不思議な調和を保っているために、まるで一個の生物が舞いおどっているかのように見えた(図6)。

タン、タ、ターン
タン、タ、ターン
金剛拳の本尊、ヘーヴァジュラとその妃ナイラートミヤーが踏み出すステップの音が、アダトの耳でこだました。

彼は思い出していた。師の金剛大僧正が、また逢おうぞ、と言い残し、白い鳥となって虚空に翔けていったことを。アダトは直観した。白鶴は師の化身であり、そして、これもまた——アダトじしんの象《すがた》であった。

金剛乗の、男女合歓尊《ヤブユム》の妃（ヨーギニー）によって象徴されるプラジュニャー（至高の智慧）、現在の心理学でいうアニマ（男性の無意識の底に潜む女性原理）であった。

白鶴の性がじっさいに雌であるかどうかはわからない。が、熊男の「剛」ともいえる攻撃に対し、白鶴の動きは「柔」であり、それが女性性《じょせいせい》を感じさせるのだ。

やがて、熊男は疲れの兆候を見せはじめた。白鶴はこれを有利と見、すばやく熊男の片目に嘴を突きこむや、目玉をえぐり出してしまった。熊男はあまりの痛みに大きな悲鳴を上げて、よろめきながら森に逃げこんだ。

「ウォ〜」

アダトは獅子吼《ししく》した。

ツォンカパの念《おも》い願った獅子吼の武術の生まれた瞬間であった。

しかし、それがいかなる武術であるかをうかがうためには、近現代の中国に舞台を移さざるを得ない。

図6　熊男（ユキオトコ）と白鶴の闘い
熊男の動作の特徴は回転力である。腰をまわして腕をふる。
いっぽう白鶴のそれは飛翔（上昇）力だ。
しかし両者は不即不離の関係にある。
たとえば武術の場合、
①足首を鋭く回す。その回転力を膝を深く折ることで増幅する。
②①をさらに腰を鋭く回転させることでまた増幅する。その力は背を「上昇」する。
③②の力をさらに肩を回転させて増幅し、腕を通し、突き出された拳で爆発させる。またこれをヨーガ体験と考えれば、臍のチャクラでプラーナを「回転」させることによって、菩提心の「上昇」力を得る。

喇嘛拳

中国固有の仏教といえば禅宗。そして中国禅はすべて少林寺の系譜に属する。

満州族が中国を支配した清代《しん》、禅寺はしばしば反政府運動の拠点となった。ために、多くの禅寺に、武術を修めたチベットの僧侶がお目付役として派遣された。ほとんど知られていないが、史実だ。ここに中国各地の寺院で、少林系の拳と獅子吼拳が対立し、ときに融合したであろう可能性が生じる。

十九世紀後半、広東《カントン》市の慶雲寺に星龍《シンルン》というラマが赴任した（チベット名は伝えられていない）。漢人の禅僧との仲はきわめて良好であった。

当時、広東一の拳士といわれたのは南派少林拳系の王一《ウォンピン》という人物であった。強烈な蹴り技で知られた彼は「青銅腿《せいどうたい》」の渾名《あだな》をとり、人前で演武することを好んだという。これが星龍の興味をよんだ。

ある日、山寺を下った星龍は、王一の拳法を目撃する好機を得た。王一の技術は噂にたがわぬ素晴らしいものであった。

「なんと見事な功夫《クンフー》か！」

星龍は誉め讃えた。しかしチベット僧の広東語は拙い。王一には、「なんと醜い功夫か」と聞こえた。侮辱されたものと誤解した王は、星龍に襲いかかった。

強烈な掃腿《そうたい》（足払い）。が、チベット僧は跳躍することでそれをかわし、着地する勢いで王一の膝を踏み折ったのである。

星龍は王の膝にチベットの医薬を用いた。傷はみるみるうちに癒えた。誤解も解け、王はたいへん感動し、星龍に二人の息子、隠林《ヤンラム》と林凱《ラムホイ》を鍛えてくれるよう頼んだ。息子たちはすでに父から拳法を学んでいる。

王兄弟は、星龍が没するまでの十年間、「喇嘛拳」（漢人は獅子吼をそう呼んだ）を学び、この武術を究めた（図7〜図10）。兄は、街の広場に、

「喇嘛拳の強さを証明するために、王隠林はいかなる者の挑戦も受ける」

という看板をかかげた。

当時、広東市は南中国の武術や拳法の中心地であり、しょっちゅう野試合が行われていた。このような試合はまったくのノールールで行われ、人死が出ることも珍しくなかった。つぎの二週間、王隠林は、撃つ、蹴る、投げる、極めるの技を駆使し、この地方の猛者百五十人と死闘をくりひろげた。といっても、ほとんどの者は彼の前に数分と立っていられなかった。こうしてとてつもない戦闘能力を披露した結果、王隠林は広東十虎の第一人者、南中国のベストファイターと見なされるようになった。

王隠林の勝利は、ただちに兄弟の道場を賑わせることとなった。あらゆる流派の武術家が、喇嘛拳の秘訣をものにしようと、王隠林と王林凱に教えを請うた。ジャッキー・チェンやジェット・リーの映画で有名な洪家拳《フンガル》の黄飛鴻《ウォン・フェイフン》すらも。

しかし、すでに述べたごとく、喇嘛拳の栄光は長くは続かなかった。一九一二年の辛亥《しんがい》革命でチベット仏教を奉じた清朝が滅びる。と、漢人のナショナリズムが昂揚してゆくなかで、喇嘛拳から、獅子吼のいのちであったタントラをふくめ、チベット色の一切が剝奪されたのだ。祖師の星龍も、チベットの密教僧ではなく、四川省出身の禅僧ということにされた。そして、俠家拳《ホプガル》、白鶴拳《パクホク》（福建の白鶴拳とは別）などと名を変えられ、分裂をくりかえしながら、中国拳法のローカルな流派として現在にいたっている。

①空手でいう前屈立ちの姿勢となり、腰を素速くひねって、向きを変える。

②両手の動きをつけてやってみる。

③この腰の切れで、拳を打ち出す。

図７　喇嘛拳《らまけん》の基本練習の一

センゲダ・ランスーン・タクテエ（獅子吼武術）は現在のチベットでは絶えてしまったが、清末に広東に伝えられ「喇嘛拳」を生んでいるので、それから概観をうかがうことはできる。喇嘛拳は動作が大きく、かつ速度の速いことが特徴。

大きく、素速い拳を打ち出すためには、足腰の強さとともに、腰の切れが要求される。そのための基本練習法がこれ。

図８　喇嘛拳の八種拳

これらの打法の、前方と同時に後方に打ち出す点に、密教思想に根ざした特徴がある。

すなわち、金剛乗の徒は、畏れなき、不退転の態度をもって、ひたすら前を向いて突き進む。前といっても、そのなかには全方角が含まれている。

なお、図の衣裳はチベットの僧兵風にしたが、現在のチベット系三拳の装いは、通常の中国拳法となんら変わらない。

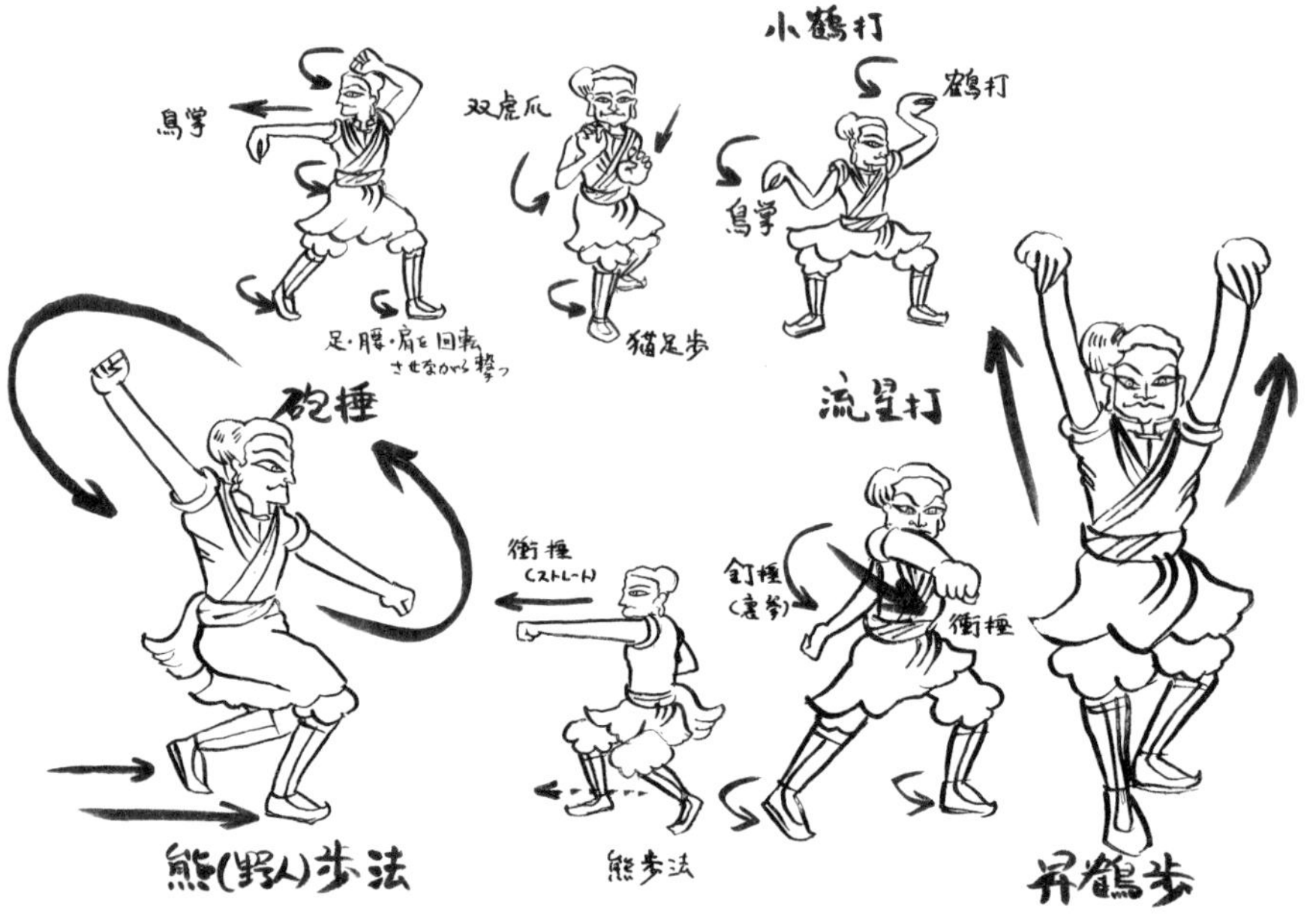

図９　喇嘛拳の動作の例

チベットの獅子吼金剛拳《センゲダ・ドルジェレパ》は清末に広東に伝えられたため、技の中国名が残っている。なお、膝を折って腰を沈めた姿勢を「猿歩」ないしは「熊歩」といい、チベットでは熊男（＝雪男）のすがたに学んだとされている。

①敵と対峙。我、左足を前にした空手の猫足立に似た立ちかた（獅子吼でも「猫立」という）で構える。上体は半身。

②敵、踏み込んで、右ストレート。我、それを左手で払いながら右足払い。同時に右フックを顎にたたきこむ。

③我、右手をそのまま弧を描くように下げて、敵の肘を極める。

④我、体重移動で、敵の膝をくじいてバランスをくずし、同時に右裏拳。

⑤腰を切り、前足に体重をかけて左ストレート。右手は背後に向かって大きく振りまわす。

図 10　喇嘛拳の戦法の一例

上下のコンビネーションと、体の縦軸の回転力を利しての崩しが、喇嘛拳の戦法の基本になっている。縦軸の回転はラマ・ダンスことチャム（悪魔祓いの舞踏）の動作そのものだ。

あとがき

十年は一昔《ひとむかし》。この本の元版（出帆新社、二〇〇四年）が出たのは二昔《ふたむかし》前。いま（二〇二四年）、本書の増補改訂にさいして、内容に訂正と加筆をほどこし、「あとがき」も新たにしたためています。

「町にも道場はありますがね、真髄に触れるには山に行かないと……」

カラリパヤットの話です。五昔《いつむかし》前の一九七〇年代。場所は東京・銀座、インド料理の老舗ナイルレストラン。

初代オーナーA・M・ナイル氏が御健在だったころ、彼の洗礼を受けずには、客はカレーを食べることもできませんでした。氏は生前、店の一角にデンと鎮座ましましていて、達磨《だるま》さんのようなギョロ目をひん剥きながら、客席を睨《ね》めまわしていました。

銀のポットに盛られたカレーを少しずつライスにかけながら食べている客がいると、そのテーブルの前に巌《いわお》のように立ちはだかるためです。そして、割れ鐘のような声で、

「ダメねー、お客さん。カレーは全部いっぺんにライスにかけて、よーく混ぜてくださいね。そうやって食べるように作ってあるのだから」

だったら、初めからカレーぶっかけライスにして持ってこい、と云いたくなるところですが、言うがとおり、ぐちゃぐちゃかき混ぜて食べると断然うまくなる。客は知られざるインド文化の一端を垣間見るとともに、このガンコオヤジに妙な信頼感をいだくようになるのでした。

店にはインド好きの若者がたむろするようになりました。まだ詳しい旅行ガイド本のない時代、氏からイ

ンドの旅のアドバイスを得るためです。

私も憧憬を込め、当時、日本ではまったく知られていなかったインド武術を、どこに行けば習えるかを訊いたのでした。

ナイル氏の前身は、父から聞いています。父は若いころ旧満州の建国大学に学んだのですが、その客員教授のなかに、社会心理学を教えるナイル氏がいらっしゃったのです。

「あの先生は、一言でいえば、忍者だな」父の言です。

「印度教徒のくせに割礼までして回教徒に化けて、蒙古や西域で印度独立のための反英工作をやっていた。ナイルというのも、印度の侍《さむらい》の姓だ。〝カラリ〟とかいう武術もやったらしい……」

宙を跳び、武術に長け、怪しげな術を遣う忍者は、幼児期の私の憧れでした。子どものころにはまだ、キジやウサギが遊ぶ雑木林が身近にあった。白土三平《しらとさんぺい》の漫画を教科書にして、そこでよく、〝修業〟に明け暮れたものです。

忍者は、麻《あさ》の実を蒔いて芽が出たら、毎日飛び越えるという訓練をしたという。麻は半年ほどで三、四メートルになる。毎日ぐんぐん伸びていくので、驚異的な跳躍力が身につくのです。

それをやろうと思ったが、麻がない。小鳥の餌に使うのが麻の実だと知って、蒔いてみました。芽が出て、数十センチに伸び、いよいよ本格的な訓練に入ろうとしたときに、警官が来て引っこ抜いてしまいました。麻、すなわち大麻《たいま》の栽培が御法度になっていると知ったのは、ずっと後のことです。

さて、印度の侍にして、教授、秘密工作員、レストラン経営者と多くの顔を持つナイル氏は、冒頭の言葉につづけて、

「人里離れた山の奥でですね、仙人みたいな人たちがカラリの修業をしているのですよ、象や虎やコブラの動きを観察しながら。山での修業は、ガンジャ、つまり麻があるでしょ、ケーララの山奥は麻の産地ね、その麻を跳び越えることから始めるのです」

レインボーマン？　いや、やっぱり忍者だ！

後日、ケーララの山奥のペリヤール野生動物保護区《サンクチュアリ》に行きました。象や虎やコブラは見ましたが、残念ながら仙人には会えずじまい。ナイル氏の若いころはインドは英国の植民地で、カラリパヤットは公には禁じられていましたから、そうした山奥でひそかに武技を練る勇士もじっさいにいたのでしょう。

町に降りて、ナイル氏から聞いていたカラリパヤットの道場をいくつか訪ねました。そこでは麻跳びこそしませんが、天井からボールを吊るし、ジャンプしてそれを蹴るという稽古を行っています。三、四メートルの高さです。ウ〜ム、やっぱり忍者だ！

この模様は一九八四年、カラリパヤット復興の祖C・V・N・ナイルの孫のサティヤム氏（当時二十七歳）が、「いやはや、鳥人だ。」のコピーとともに、地上三メートルの高さに吊られたボールを蹴るデモンストレーションでタケダ製薬のCMに紹介されましたから、ご記憶のかたも多いはず。

さて、私は「秘伝書」のたぐいにも、ひどく魅かれてしまいます。

そして「口上」にも述べたように、二千年前に書かれたという『虎の巻』（『カルーリカー・プラディーピカー』）を二週間かけて書写したのですが、本書（元版）をほとんど書き終えた時点で、インターネットのインドのサイトでケーララの歴史を洗いなおしていたら、意外な史実にぶち当たってしまいました。『虎の巻』の成立期が、二千年前、話半分の千年前どころか、せいぜい一掛けの二百年ほど前である可能性が出てきたのです。

一八〇四年、イギリスのマドラス総督府によって、

「カラリを修める者を死刑と処す」

という公布が出されたことは、すでに記しました。そのさい、地下に潜った、あるいはナイル氏のいうごとく山に籠ったカラリ武術家たちは、この伝統文化を後世に残すために、あまたの秘伝書を編纂したというのです。とすれば、『虎の巻』もまた、そのころの作品である可能性が高い。

しかも、「カラリ文書《もんじょ》」と総称されるそれらの文献のうち、

『ランガ・アビヤーサム』
『アユダ・アビヤーサム』
『カラリ・ヴィディヤー』
『マルマ・チキツァー』
『カラリイル・クルティ・タルパナム』
『マルマ・シャーストラ・ピーディカー』
『マルマ・サマーチャーラム』
『マルマ・チャーリ』

といった作品が、ケーララの古文書図書館から校訂出版されていて、かんたんに入手できるというのです。『虎の巻』を書写したときの苦労はいったいなんだったのだ!

「二千年の呪い」ともども拍子抜けした思いに襲われました。

とはいえ、『虎の巻』にしるされた内容が二百年前にいきなり現れたわけではない。ダヌルヴェーダとアーユルヴェーダの数千年におよぶ伝統をしかと背負って立つものであることは確かです。

この二十年のあいだに、日本のカラリパヤットをとりまく状況が大きく変わりました。

まず、多くの人に知られるようになった。東京では、じっさいにカラリ・スタジオに通って学ぶこともできます。YouTubeで「Kalaripayattu」で検索すれば、たくさんの動画を目にすることでしょう。

また、本場でカラリパヤットを学びたい、と思われたかたは、ケーララの観光局に問い合わせてください。いまやカラリ留学はケーララの外貨獲得の目玉のひとつになっていて、数十のカラリが、三ヵ月コース、半年コース、一年コースといったプログラムを用意して外国人を受け入れています。エスニックな拳法を修得したいかたは南派カラリを、ヴェーダの叡智に触れたいかたは北派カラリをお薦めします。医学の基礎やマルマンの知識はどちらでも学べます。

インドの歴史やヨーガにかんする常識も、少しずつ変わっています。

まず、「紀元前一二〇〇年ころ、アーリヤ人がインドに侵入した」という説は現在、学問的にはほぼ否定されています。日本ではいまだに根強く語られているアーリヤ人の侵入ですが、お疑いならば、

――Aryan invasion theory

をキーワードに検索し、いろいろ調べていただきたい。

イギリスBBCも、インドを植民地支配した大英帝国の捏造であることを認めています。

紀元前一二〇〇年という数字も、「アーリヤ人侵入説」の生みの親のひとり、マックス・ミュラーが、ブッダの数百年前ぐらいだろう、と適当にこじつけただけで、じつは何の根拠もありません。

〝マルマン〟や〝ヴァジュラ〟といった語が現れるインド最初の文献『リグ・ヴェーダ』の最古層は、インド人が主張する約五千年前、現形成立は遅くとも四千年前が妥当と思われます。


また、カラリパヤットと密接な関係にあるハタ・ヨーガは、

「シヴァ教ナータ派の組織者、ゴーラクシャによって始められた」

と長らく信じられてきましたが、これもどうやらマユツバらしい。

二〇一五～二〇二〇年、英国の東洋アフリカ研究学院（SOAS）が「ハタ・ヨーガ・プロジェクト」を実施し、そこに結集したインドや欧米の学者たちが、インドやネパールの古文書図書館に眠るヨーガ関連の、おびただしい数のサンスクリット写本を調査しました。結果、曖昧模糊《あいまいもこ》としていたハタ・ヨーガの歴史の、くっきりとした筋書きが浮かび上がってきたのです。

それによると、ハタ・ヨーガの起源は仏教。後期密教（八～十二世紀）において、〝ハタ・ヨーガ〟は、

――〈風《プラーナ》〉ないしは生命エネルギーを中央脈管に圧しこみ上昇させることで、成就を得るヨーガ
として用いられるようになりました。

後期密教の十七の文献――有名どころでは『サマーヨーガ・タントラ』、『秘密集会タントラ』、『カーラチャクラ・タントラ』とその註釈『ヴィマラプラバー』などからこの語が確認されています。が、その間、ヒンドゥー文献は一度も〝ハタ・ヨーガ〟という語を語っていないのです。

ハタ・ヨーガの具体的な方法は、上記の文献からは詳《つまび》らかではありません。が、その技法の詳細を初めて成文化したのは、仏教タントラの担い手である「八十四成就者」のひとり、ヴィルーパに帰せられる『アムリタ・シッディ』（十世紀ごろ）であるということです。

十三世紀にインド仏教が滅亡すると、シヴァ教・女神教・ヴィシュヌ教がその遺産を継承し、ヒンドゥー教でもひろくハタ・ヨーガが行われるようになりました。

そうしたことを、この増補改訂版において訂正・加筆しました。

「1章　武術の始まり」にしるした神話集の一部は、一九九六年に講談社のコミック誌「モーニングOPEN増刊」に八回にわたって連載した「すべての物語は印度に始まる」から採ったものです（ガネーシャに最初に関西弁をしゃべらせたのは、私です）。

また、日本アーユルヴェーダ学会誌「シャーンティ・マールガ」の第18号5、6（二〇〇九年）に掲載した「獅子吼金剛拳《シンハナーダ・ヴァジュラムシュティ》――チベット密教の武術」を新たに収録しました。

カラリパヤットはインド叙事詩『マハーバーラタ』との縁が深い。もういっぽうの叙事詩『ラーマーヤナ』は、タイのパフユッまたは古式ムエタイと深く関わっていますが、こちらは拙著『古式ムエタイ見聞録』（新泉社）で紹介しました。併せてお読みいただけると幸いです。

二〇二四年七月

伊藤武

カラリパヤットの体系と術語

術語は中世マラヤーラム語とサンスクリット語（梵語）の混淆語。タミル語も混ざっている。ただし、これらの体系や術語は流派によってかなりの差異がある。

◉カラリパヤットKalari-payattuには2つの系統がある。

○Vadakkan（北派）：シヴァ神およびパラシュラーマ仙を開祖とする。
バラモン的な武術で、ダヌルヴェーダ、アーユルヴェーダにもとづく。

○Thekkan（南派）：アガスティヤ仙を開祖とする。
ドラヴィダ的な武術で、シッダ・ヴィディヤーの伝統にもとづく。

◉主要な流派

○北部ケーララ：Arappa-kai、Vattīn-tiruppu、Pilla-taṅgi

○中部ケーララ：Kalam Chavittu、Otimurisseri、Droṇanpullil-sampradāyam

○南部ケーララ：Adi-tāda

◉“カラリ”建築

建築用語としての“Kalari”は平面プランのディメンションをさす。
これらは次のようなタイプに分類される。

(1) Aiṃpattīrati（東西軸が52腕尺=15・6メートル）

(2) Nalpattīrati（東西軸が42腕尺=12・6メートル）もっとも一般的

(3) Muppattīrati（東西軸が32腕尺=9・6メートル）

(4) Patinettīrati（東西軸が18腕尺=5・4メートル）

(5) Pantīrati（東西軸が12腕尺=3・6メートル）

※正方形プランの“Pantīrati”をのぞくすべてのカラリの幅（南北）は、長さの1/2。

建築様式も南北で異なる。

○Kuzhi-Kalari（北派のカラリ）：地面を約6腕尺＝1・8メートル掘り下げて床をつくり、風雨と陽射しを遮るために、ココ椰子の葉で屋根が葺かれる。壁材も椰子の葉。

○Nīla-Kalari（南派のカラリ）：敷地を土や石の壁で囲んで、ココ椰子の葉で屋根を葺く。

◉Karuthu：カラリパヤットの訓練は4つのkaruthu（パワー／シャクティ）の獲得を可能にする。

①Mei-karuthu（身体のパワー）

②Mana-karuthu（精神のパワー）

③Aṅka-karuthu（格闘のパワー）
④Ayudha-karuthu（武器術のパワー）

◉カラリパヤットの修行は7階梯からなる。
①Mei-payattu/Mai-thāri/梵Aṅga-sādhana（体術）
②Kol-thāri（木製武器術）
③Aṅga-thāri/梵Śastra-sādhana（金属武器術）
④Verum Kai-thāri/Bāhu-yuddha（拳法術）
⑤Chiktsā-vidhikal/梵Cikitsā-vidyā（治療術）
⑥Manthra-thantram/梵Mantra-tantra（真言の秘儀）
⑦Marmma-gnānam/梵Marma-jnāna（急所の知識）

この体系には、
(1) Vāstu（建築）
(2) Jyotiṣa（占星術）
(3) Marman（急所）
(4) Āyurveda（医学）
(5) Āsana（ハタ・ヨーガ）
(6) Tantra（密教）
(7) Mantra（真言）
の7つのŚāstra（科学）が含まれている。

①Mei-payattu/Mai-thāri（体術）
全体系の基本が足のさまざまな運用法“Kāl-prayoga-aṅgal”という部門に包摂される。すなわち、

○Cuvadu（足さばき）：対手の動きに正しく反応することができるよう考案されたフットワーク、ステップ。北派では通常5種を分類されるが、南派ではなんと84種もあるという。

Vatta-cuvadu
Ākka-c.
Nīkka-c.
Kon-c.
Ottakkal.

○Kāl-etupp（蹴り）

Ner-kāl（前蹴り）
Vitu-k.（内まわし蹴り）
Kon-k.（空中まわし蹴り）

Thiricu-k.（高跳び蹴り）
Iruthi-k.（蹴り坐り）
Pakarca-k.（ふりこ蹴り）
○Vadivu/Vadivukal（動物のポーズ）
Gaja-vadivu（象のポーズ）
Aśva-v.（馬のポーズ）
Siṃha-v.（獅子のポーズ）
Varāha-v.（猪のポーズ）
Matsya-v.（魚のポーズ）
Mārjāra-v.（猫のポーズ）
Kukkuṭa-v.（鶏のポーズ）
Sarpa-v.（蛇のポーズ）
Mayura-v.（孔雀のポーズ）
……etc.
○Atavu（戦略）：以上のプラクティスは単独で訓練されるほか、さまざまに組み合わせて稽古される。
このコンビネーションには12〜18種あり、日本武術の「型」に相当する。
○Vāythāri（連続実修を指令するグルッカルのかけ声）

②Kol-thāri（木製武器術）
○Kettukari/Śarīra-vadi/梵Vetra（竹の棒）
○Kuru-vadi/Mūcan/梵laṅga（短い木の棒）
○Ceru-vadi/Ottakol/Otta/梵Gaja-danta（象牙を模した曲棒）——カラリでもっとも重要な武器で、その操法は「カラリパヤットの文法」と見なされている。
○Gadā/梵も同（槌矛）——主に巨漢によって用いられる。

③Aṅga-thari（金属武器術）
○Kattaram/Kathi/梵Yamadhāra（短剣）
○Talvār/梵Talavāraṇa（反りのある刀）
○Ūrumi/梵Khaḍgabandha（スプリング剣）
○Kuntham/梵Kunta（槍）Mara-pidicha kuntham（刀対槍の格闘）
○Cottaccan/梵Vajra（独鈷）

④Verum Kai-thāri（拳法術）
拳法戦闘技術は、素手で武器を持った敵を制する法で、カラリのもっとも高度な戦闘術。もし手近に布やロープがあれば、それを武器にする。急所への打撃技や関節技は護身に効果がある。つぎのような技術からなる。

○Idi（拳で打つ）
○Irrakkam（ステップ・バック）
○Ozhichil（敵の武器/手から回避）
○Ozhivukal（跳躍）
○Kathiyum halayum（ナイフ攻撃に対しショールで身を守る法）
○Kāyattam（前方への動き/ステップ・イン）
○Thancham（チャンスをつくり出すこと）
○Thada/Thadave（ブロック）
○Thayam（攻撃のチャンスをうかがうこと）
○Pidutham（捕る）
○Mattam（敵の武器/手を逸らせる）
○Maramakaikal（手でマルマンを攻撃する）
○Vettu（打つ/殴る）

また拳法術に用いるkulābhyāsa-marmmam（64の主要マルマン）は、つぎのように分類される。
(1) Kula-marmmam（もっとも危険なマルマン）：そこを断たれると即死、ないしは非常に危険な状態に陥る、治療の施しようのないマルマン。中国でいう「死穴」
(2) Kolu-marmmam（危険なマルマン）：そこを断たれると感覚を失い、ときに死に至るマルマン。中国でいう「暈穴」
(3) Abhyasa-marmmam（やや危険なマルマン）：そこを断たれても、さほど危険な状態に陥らないマルマン。中国でいう「麻穴」

またマルマンの攻撃法は、つぎのように分類される。後二者は日本武術でいう「遠当」のごときもの。
(1) Thodu-marmmam（触れることによって攻撃する）：手足で撃つ／摑む。
(2) Chūndu-marmmam（指さすことによって攻撃する）：秘密のマントラを誦して通力を喚起し、敵の体に触れることなく、そのマルマンを指でさすことによって、対手を金縛りにしてしまう。
(3) Noku-marmmam（見ることによって攻撃する）：(2) とほぼ等しいが、敵のマルマンに「目を向ける」ことによって、金縛りにする。

⑤Chiktsā-vidhikal（治療）
Thirummu（マッサージ全般）はプレッシャーの強弱によって3種に分けられる。
(1) Kai-uzhichil/梵Saṃvāhana（掌マッサージ）もっとも軽いプレッシャー。
12歳以下の幼児、高齢者、虚弱体質者に対してなされる。
(2) Muṣṭi-uzhichil（前腕マッサージ）：中位のプレッシャー。

(3) Uzhichil または Cavutti-uzhichil／梵 Utsādana（足踏みマッサージ）：もっとも強いプレッシャー。

若者や健常者のためのもので、これには2タイプある。

Sukha thirummu（全身マッサージ）免疫力を増強し、回春をもたらす。

Rekṣa と Śikṣa（局部的マッサージ）筋肉や骨の傷害に効果がある。

その他の治療／マッサージ・カテゴリー

○Suparithala kriyā（2人がかりで同時に行うマッサージ／いわゆるアビヤンガ）

○Kizhi（医薬を布で包んで温めたボールで全身または局所をマッサージ）

Ela-kizhi（薬草マッサージ）

Navara-kizhi（ナワラ米マッサージ：発汗法の一）

Podi-kizhi

Manha-kizhi

……etc.

○Dhāra（温めた薬液を途切れることなく垂らすこと）：ダーラする部位に従い3種。

Mūrdhanya-dhāra/Siro-dhāra（頭部へのダーラ）

Sarvānga-dhāra（全身へのダーラ）

Ekānga-dhāra（局所へのダーラ）

またダーラは薬液の種類により、以下のようにも呼ばれる。

Takra-dhāra（バターミルクを使用）

Ksīra-dhāra（ミルクを使用）

Sneha-dhāra（ギーや油を使用）

○Pizhicil（薬液を布地に染込ませて絞りかける方法）

○Marukai prayogam（蘇生術）

⑥Manthra-thantram（マントラの秘儀）

○Kuṇḍalinī-yoga ほか多様なタントラ・ヨーガ

⑦Marmma-gnānam（マルマの知識）

カラリパヤット関連年表（◎は神話・伝説）

◎**BC.？**：シヴァ神、義父のダクシャ・プラジャーパティの祭場を攻撃。神軍を撃破し、義父を殺害（のちに蘇生させる）。このときのシヴァ神の忿怒相ヴィーラバドラからカラリ武術が生まれる（ケーララ年代記『ケーラローパティ』より）。シヴァ神はこの武術を2人の弟子、アガスティヤ仙とパラシュラーマ仙に伝える。
○**BC.3000〜2700年頃**：インダス-サラスワティー河流域を中心とする広大な地域で、都市（プラ）を特徴とする前期ヴェーダ時代またはインダス文明はじまり、“ガーヤトリー”など『リグ・ヴェーダ』の最古層が作られる。なお、前期ヴェーダ時代の有力部族にプール、トゥルヴァシャ、アヌ、ドルヒユ、ヤドウなどがあり、やがてプール族のバラタ王が最高権力をにぎる（『リグ・ヴェーダ』『マハーバーラタ』より）。
○**BC.2000年**：遅くともこの頃までに『リグ・ヴェーダ』の大部分が編纂され、これに“マルマン”の語が初出。しかし、この頃から、おそらく度重なる大地震やサラスワティー河の枯渇などの天変地異により、前期ヴェーダ＝インダス文明の衰退はじまる。
○**BC.1600年頃**：バラタ族（前期ヴェーダの核となるバラタ王を始祖とする一族で、“バーラタ”とも称される)、荒廃したインダス流域からガンジス-ヤムナー上流域（両河地方）に移動し、ハスティナープラに都を置く（1970年前後に実施されたインド考古局の調査にもとづく）。それにともない、ウパニシャッド（インド哲学の根本文献）に象徴される「後期ヴェーダ時代」がはじまる。
○**BC.1500年頃**：バラタ族（バーラタ）の一支族クル族（カウラヴァ）や、それに同盟したパンチャーラ族が伸張。またこの頃、考古学的には「インダス文明最後の都市」、伝説の上では「クリシュナ神の都」とされるグジャラートのドワーラカー、大地震と津波により海中に沈む（1990年前後に実施されたインド考古局の調査にもとづく）。
◎**BC.？**：パラシュラーマ仙、『マハーバーラタ』の武術師範ドローナにカラリ武術を指南。その後ケーララの国造りをなし、108のカラリを創始。21人の高弟に北派カラリ武術を教える（『ケーラローパティ』より）。あるいはウグラム家、ドローナム家、コーラム家、ウルトゥリティヤドゥ家のバラモン4家系にカラリ武術を伝え、この4家系が21人の高弟を育てる（北ケーララの民話『ヴァーダッカン・パットゥカル』より）。
○**BC.1400年頃**：バラタ族の新興の一支族パーンドゥ族（パーンダヴァ）、インドラプラスタ（デリー）に王国を建設したのち、北方約100キロに居住していたクル族（カウラヴァ）を攻撃し、最高権力をにぎる（インド考古局の調査と叙事詩『マハーバーラタ』より推測）。
○**BC.1200年頃**：ガンジス中流域に、アヨーディヤーを王都とするコーサラ国（叙事詩『ラーマーヤナ』の舞台）興る。
○**BC.1200〜600年頃**：戦争の場で必須の技術である馬術や戦車の操縦が、競技としても

行われる（すなわち競馬の類）。とくに、円形の馬場をめぐる競車でほかの16台の戦車に圧勝することが帝王となるための条件とされ、競車そのものが王を「転輪聖王《てんりんじょうおう》」として聖別し、王位を確たるものとするヴァージャペーヤ儀礼の一部とされる。

またこの頃、クシャトリヤ・カーストの者に対しては、弓術、剣術、槍術、槍投げ、騎馬、騎象などの武術をはじめ、拳闘、相撲などの格闘技、また高跳び、幅跳び、鞍馬跳び、短距離・中距離のランニング、水泳、ダイビング、四肢の鍛練、さらにアクロバットやマッサージ、幻術までが、身体訓練と密接な関係にあるヨーガの呼吸法や舞踊などとともに武人が身につけるべき必須の学芸とされる。
○**BC.6世紀頃**：カピラヴァストゥ（現ネパール）に都を置くシャカ族の王子として仏教開祖ゴータマ・シッダールタ誕生。クシャーンティデーヴァ師から武術（ダヌルヴェーダ）を学び、達人となる（仏伝）。この頃、貴人の子弟には専門の師が個人指導にあたり、大都市では武術専門学校も開設される。
○**BC.327年**：アレクサンドロス大王のインド侵入。ギリシア式の軍学、武器、格闘技がもたらされ、インドのそれと融合する。
○**BC.200〜AD.600年**：パーンディヤ、チョーラ、チェーラ（ケーララ）のドラヴィダ三国は「サンガム時代」。マラワール、マッラール、エイナール、パラタワールのごとき数多くの軍事氏族が存在。とくにマラワール族の戦闘は苛烈を極める。『アカナナル』『プラーナナル』などのタミル語詞華集は、尚武の精神と英雄たちの戦功を語る。
「一対一の格闘に挑まれた者がそれを拒むと、その者の名誉と尊厳は地に落ちる」

「おのれの知己親類が、戦場で壮絶な最期を遂げることをもろ手をもって迎えることのできる女こそ女性の鑑」

戦争はレクリエーションですらあり、かような社会にあって、武術は必要不可欠なものとなる。兵士は、槍、剣盾、弓の訓練を受ける。
○**1世紀**：古代タミル語に、“カラリ kalari”の語源“kalam”（闘技場、舞台、演武、決闘、集会、仕事場）、および“パヤット payattu”の語源“payil”（入隊、馴れること、実修）が現れる。“kalam”の用法として、
「厄介なサボテンを抜いて調えた闘技場Kalli Pokina kalam」「戦功Kalam Tatt」、「戦闘に怯える者Kalam Kozhai」

またこの頃、ケーララに仏教やジャイナ教が伝えられる。
○**2〜3世紀頃**：北インドでアーユルヴェーダの外科医典『スシュルタ本集』の現形成立。107の“マルマン”に関するまとまった情報の初出。
◎**3世紀頃**：ギリシア占星術、海路ケーララに伝わる。
◎**300年頃**：『大乗涅槃経』成立。これに記された「僧侶を護るために、在家者に武器を執ることを勧める」戒を承けて、仏教武術はじまる。
○**400年頃**：『具舎論』成立。これに記された64の“マルマン”をもとに仏教僧院で拳法が創出される。またこの頃、禅宗の根本経典『楞伽経』成立。
◎**450年頃**：『ラーマーヤナ』『マハーバーラタ』『ヨーガ・スートラ』現形成立。そのため

か、この頃『ラーマーヤナ』の猿神ハヌマーンが北インドでクシティー（レスリング）を創始したと伝説される。
◎**450年頃**：カーンチー（タミル・ナードゥ）に都を置くパッラヴァ王国の王子ボーディダルマ（達磨）、ケーララに留学し、南北カラリ武術を修める（最近ケーララで云われ始めた「新伝説」）。またこの頃、中国の梁とパッラヴァ王国との間に交易はじまる。
○**500年頃**：フーナ族（エフタルの一支族）、西北インドに侵寇。グプタ朝分裂に向かう。
◎**517年**：カーンチーを訪れた中国人、禅宗の28祖となった達磨に帰依し、彼を中国に招く。達磨、マハーバリプラム港から中国に向けて出帆。スリランカ、ヤヴァ洲（現在のスマトラとジャワ）、マラヤ洲（マレー半島）、カンボジアを経めぐる。
◎**520年**：達磨、中国着。しかし梁武帝、彼の才を用いず。そのため達磨、嵩山少林寺に入り、「面壁九年」の後、弟子たちに禅と拳法を教える（『伝宝正宗記』『宗高僧伝』）。
○**528年**：インド王侯の連合軍に敗れたフーナ族、近親部族のグルジャラ族とともに、ラージャスターン、グジャラートに勢力をのばす。
○**6世紀後半**：これらのフーナ族とグルジャラ族、小部族に分裂して、ヒンドゥー教を信奉し、やがてラージプートとしてインドの伝統に同化される。
○**6～7世紀**：フーナ族やグルジャラ族に圧迫されたグジャラートやラージャスターンのバラモン集団（ナンブーディリ・バラモン）、西海岸を南下して南カルナータカ、ケーララに移住。ケーララに定住したバラモン、ヴェーダ儀礼を持ち込み、やがて結婚関係を基礎にした身分的ヒエラルキーを確立して社会的に優位に立つようになる。これは特に、北～中部ケーララで著しい。なおケーララ年代記に登場する“パラシュラーマ仙”は、ケーララ初のバラモン・コロニーの指導者を投影したものと考えられている。
○**629～645年**：玄奘、インドを旅行。
○**8世紀**：西インドでヒンドゥー教徒の百科事典『アグニ・プラーナ』成立。この書に現存最古のダヌルヴェーダ文献が編入される（ただし、このダヌルヴェーダは内容から推してBC.3、2世紀頃に成立した同文献のダイジェストと思われる）。ラージプートの伝説によると、この頃ラーマを始祖とするラージプート武術“シャストラ・ヴィディヤー”成立。なお、シャストラ・ヴイディヤーはダヌルヴェーダの異称でもある。
○**800年頃**：ラーマ・ラージェーシェーカラ王、ケーララに存在するいくつものナードゥ（小王国、首長国）を平定し、マホーダヤプラを王都に第2次チェーラ朝を創始（～1124年）。チェーラ朝、バラモン組織のために“サライ”または“ガティカ”という活動の場を与える。これはバラモン子弟のための学校（のちのカラリの原形）で、ヤジュニャ（ヴェーダ儀礼）をはじめ、サンスクリット、ダヌルヴェーダ（武術）、アーユルヴェーダ（医学）、ガーンダルワヴェーダ（歌舞音曲）、スタパティヤヴェーダ（建築学）、ヨーガ、タントラ、占星術その他の学問が行われる。またこの頃、マラヤーラム語がタミル語から別れる。マラヤーラム語は一口にいえばタミル語とサンスクリット語の混合語で、サンスクリット文学の保存・発展に貢献。
○**10世紀**：第2次チェーラ朝の全盛。東（タミル・ナードゥ）のチョーラ朝に対抗する一大

勢力になる。チェーラ朝は、パタメル・ナーヤル（将軍）の司令下に、10人の兵を束ねる1000人のナーヤル隊長から成る主要軍を擁す。この軍はサライとカラムの中で、武術の訓練を受ける。ナードゥ（藩）は自身のナットゥ・クータム（議会）とナイル族の市民軍を有す。

○985年：チョーラ朝のラージャラージャ1世即位。近隣諸国平定をもくろみ、ケーララに侵寇。タミルとケーララの「百年戦争」が始まる。またこの期間に、ナンブーディリ・バラモンと土着のナイル族との間に婚姻関係が結ばれたとされる。

○11世紀：終わることのないチョーラ軍の侵寇に抵抗するために、サライのバラモン戦士主導の軍事訓練が行われ、その結果、ダヌルヴェーダ（バラモン武術）にカラム武術（土着のドラヴィダ武術）、仏教武術、タントラの要素を加味した北派カラリ武術のスタイルが生み出される。またこの頃、マラヤーラム慣用話としての“カラリ”“パヤット”があらわれる。さらにこの頃、東インドとデカン地方で活躍した金剛乗の行者ヴィルーパが『アムリタ・シッディ』を著し、ハタ・ヨーガを完成させる。

◎1124年頃：伝説によるとチェーラ王ラーマ・クラシェーカラ、イスラムに改宗。メッカ巡礼に旅立つに先だって国土を分割。これによって第2次チェーラ朝滅亡。ナードゥが独立して、ヴェナード、ペールムパタップ、アーラムゴーデ、クルムビヤーディリ、ポルラーディリ、コーラムなど多くのスワルーパム（首長国）の出現をみる。各スワルーパムはそれぞれに軍隊とカラリを有す。

○12世紀：南インドの新チャールキヤ–チョーラ朝につかえた学匠ヘーマチャンドラの『アビダナ・チンターマニ』に“カラリ”に相当するサンスクリット語の“カルーリカkhalurika”が初出。

◎1161年：中国の南宋、金軍を霹靂砲《へきれきほう》にて撃退。霹靂砲とは硝石、木炭、硫黄を混合した黒色火薬を紙の容器に詰め投石機で飛ばすもので、これは人類が初めて火薬を用いた戦争とされている。その後、火器は南宋→金→元と伝えられ、さらに中央アジア、西アジア、南アジア、東南アジア、ヨーロッパに伝えられ、それぞれの地域で独自の火器が開発された形跡がある。

○13〜17世紀：カラリ武術の黄金時代。中世ケーララは、スワルーパムが割拠して相争う戦国時代であった。ためにカラリの重要性はいや増し、ケーララの隅々にまでカラリが設けられる。カラリ武術は、アサンやグルッカル（師範）の監督のもと、すべての村々で実修されるようになり、多くの流派が生じる。現在知られる流派として北部のアラッパ・カイ、ヴァティーン・テイルップ、トゥルナーダン・パヤット、ピッラ・タンギ。中部のカラム・チャヴットゥ、オティムリセーリ、ドローナンプッリル・サンプラーダヤム、南部のアディ・ターダなどがある。村カラリで修行を積んだ若者は、農民であっても、その国の正規軍に入隊する道（すなわち武士になること）を選ぶことができた。これはひじょうに名誉なこととされた。

○13世紀後半：マルコ・ポーロ、南インドを訪れ、決闘などの習慣を記録する。またこの頃、カラリがケーララ固有の軍事／兵士養成機関となっており、カラリの配置は王によって

定められ、その維持管理は王みずからが行う。カラリは、城塞や造幣局の近く、のちにはヨーロッパ人居留区の境界につくられた。
○13世紀末：インドネシアにマジャパイト朝が興り、軍隊格闘術として土着武術にタミル武術を加味した“カリKali”(「カラリ」と同起源の語)が成立。のちのプンチャク・シラットやフィリピーノ・カリの原形となる。ただしムスリムの伝説では、この頃イスラム勉学のためアチェを訪れていたミナンカバウ人が、滝に打たれるブングル(オオバナサルスベリ)の花の動きと、ブングルの木から発した精霊の声に啓示を受け、シラットを編み出したとされる。
○1336年：南インド一帯を支配するヴィジャヤナガラ帝国成立。ケーララのスワルーパム群は朝貢関係によって独立的地位を維持。
○1341年：洪水による地形変化によってコーチンが自然の良港になる。それとともにコーチン王国が台頭。
○1372年：スリランカに移住しガンポラ王国に仕えたケーララのアラハコーナール家、コーッテに独立的地位を得る。当時、ケーララ諸王国とスリランカのシンハラ王国との関係良好。ハランバ・サラワ、アンガム、パニッケル、チャリカ、セーワカム、パリシャなどのカラリ系武術がスリランカでも行われるようになる(これらの武術名と中世マラヤーラム語との関連は明白。たとえばアンガムは「戦闘／決闘」、パニッケルは「武術師範」)。
○15〜18世紀前半：ケーララではアンカム(決闘)裁判がひろく行われる。すなわち大は国家間や政治派閥の闘争、小は村落間の紛争、個人的な金の貸し借りによるもめごとまで、両者ともに自前の、ないしは金で雇った武芸者を選出して素手ないしは武器で闘わせ、その勝敗で白黒をつけようというもの。この試合は一般公開が前提であったため、祭のような娯楽となる。どちらかが死ぬまで闘うのが原則であったが、そのまえにルールを取り決め、これがケーララの武士道精神に反映される。ともあれカラリのヒーローたちは、ダルマ(法)の維持に大きな役割を果たす。そしてこの時代、タチョーリ・オーテナン、マティルール・グルッカル、コーティ、チエンナヤ、アローマル・チェカワール、ウンニ・アルチャー(女性)などのすぐれたカラリ武芸者があらわれる。またこの頃、トゥルナード(現カルナータカ州)が武術の中心地とされ、武者修行のカラリ武術家でにぎわう。
○15世紀中頃：チベットのアダト師、インドから伝わった僧院武術に金剛乗や土着格闘技を融合させて密教拳法“センゲダ・ランスーン・タクテエ”(獅子吼武術)をあみ出す。またこの頃、シャムのアユタヤ朝に、カンボジアのアンコール捕虜を介して、タミル系の武術と医学が伝わる。このうち“パフユッ”(徒手格闘技を意味するサンスクリットの“バーフユッダ”のタイ訛り)が、のちのムエタイの原形となる。またこの頃、ダヌルヴェーダ文献『ブリハット・シャールンガダラ・パッダティ(別名『ダヌルヴェーダ本集』『ヴァシシュタ本集』)現形成立。火器の記述があるためこの頃の文献とされるが、大部分は古代に記されたものと思われる。またこの頃、インド最東端のマニプル州にヒンドゥー・タントラとダヌルヴェーダが伝わり、土着武術と融合して、“フイェン・ラローン”(別名タン・タ)の基礎がつくられる。

○1498年：ポルトガル人バスコ・ダ・ガマ、ケーララのカリカットに到着。彼はヒンドゥー教土侯ザモリンと交渉して、スパイス貿易を独占しようとしたが、イスラム商人の妨害もあって、はかばかしい結果は得られず。
○1502年：バスコ・ダ・ガマ、2度目のインド航海。しかしザモリンとの関係はうまくいかず、カリカットを砲撃する。ほかにも女子供を人質にとるなどのカラリの武士道精神をあざ笑う戦略をもちこむ（ただしポルトガル人が「火器によって反撃された」という記録もあり、それ以前からケーララにも火器はあったらしい。しかし、「卑怯者の武器」としてカラリ武士の美学には合わなかったようだ）。ポルトガルはその後、ザモリンと対抗するコーチンの領主と友好関係を結ぶ。
○1505年：ポルトガル人のフランシスコ・ダ・アルメイダ、「インド副王」としてケーララに派遣され、コーチンを基地にカリカットや北方のディーウの勢力と抗争。
○1530年：ゴア、ポルトガル領インドの首都とされ、以後ポルトガルの東方進出の拠点として栄えることとなる。
○17世紀後半：コッターラカラ（南ケーララ）王ヴィーラ・ケーララヴァルマン、カタカリ劇を完成。身体訓練や技法にカラリ武術の影響大。プーラッカリ、テイヤム、パタヤニ、ムティイエットウ、パリチャムットウ、コルカリ、ヴェーラカリ、パリチャムットゥカリなどの伝統舞踊の訓練も、カラリ実修から訓練プログラムを借用。
○1678年：ラージプートのメワール王国、ムガル朝に攻撃される。このときラージプートを救援したシク教10代法主ゴーヴィンドに、ラージプートから謝意のしるしとしてダヌルヴェーダ（=シャストラ・ヴィディヤー、俗に“ガトカ”ともいう）が伝授される。これを深く学んだゴーヴィンド、ラージプートと同じ「獅子Singh」姓に改名し、シク歴代法主の教えにダヌルヴェーダを加味して、シク教の基礎をつくり上げる。
○1729年：ケーララ最南端の小国ヴェーナードにマールターンダ・ヴァルマ即位（〜58年）。マドゥライのナーヤカやカルナータカのムガル太守と同盟を結び、その軍隊を借りて、南ケーララを統一し、トラワンコール藩王国を創設。王は封建制を廃絶させ、軍隊を近代化。これにより、封建制とセットになった南部の市民軍およびカラリの制度は大打撃を受けるが、トラワンコールは大きな勢力となってオランダ軍を退ける。
○18世紀中頃：コーチン藩王パリヤット・アーチャーン、貴族の力を削ぐために、トラワンコールの支援を要請。これによりコーチン藩王国でも、貴族勢力とカラリは衰退に向かう。
○1767年：カリカット、マイソールのハイダル・アリー（ムスリム）政権の侵攻を受け、その支配下に入る。ザモリンは王宮に火を放ち自殺。
○1770〜80年代：マイソール勢力、北ケーララを広く侵略。藩王とナーヤル貴族による封建制とそれに結びついた中世社会の崩壊が、北部のカラリも衰退させる。
○1792年：「セリンガパタム条約」によりイギリス東インド会社、マイソール王国からマラバール地方を割譲される。パラーシ・ラージャらの在来勢力の相次ぐ反乱おこる。東インド会社は利用可能な戦力のすべてを注ぎ込んでこれを鎮圧。これによりイギリス、コーチン、トラワンコール王国を除くケーララの支配権を確立し、「刀狩り」を敢行。カラリ武術を禁

じる。
○**1795年**：イギリス、コーチンを領有。
○**1803年**：イギリス、オリッサを領有し、パリカンダ武術を禁圧。
○**1804年**：イギリス、ケーララでの刀狩りとカラリ禁圧を強め、違反した者を死刑に処す旨の法律を発布。
○**1805年**：トラワンコール藩王国、イギリス駐在官の独裁政策に蜂起。イギリス、これを鎮圧し、トラワンコールでも刀狩りを行いカラリ武術を禁圧。以後、インド独立まで、カラリ武術は地下に潜ることになり、いくつかの家系によって実修が続けられる（この事情はガトカやタン・タなどの他のインド武術でも同様)。
○**19世紀**：秘かにカラリを行う武術家、伝統的な武術や医学の知識を保存するために『ランガ・アビヤーサム』『アユダ・アビヤーサム』『カラリ・ヴィディヤー』『マルンマ・チキツァー』『カラリイル・クルティ・タルパナム』等の秘伝書を作成。筆者の『虎の巻』もこの頃の作品？　またこの期間、多くの家族カラリや村カラリが、「カラリ寺院」やシヴァ、女神の寺院に転用される。
○**1834年**：マニプル王国、イギリスの保護領となり、タン・タ武術、地下に潜る。
○**1845～46年、48～49年**：第一次、第二次シク戦争。シク教徒、イギリスに敗れ、武装解除される。シク武術ガトカも地下に潜る。
○**1902年頃**：作家のウッルール・パラメースワラム、それまで同義語として単独で使われていた“カラリ”“パヤット”を併せて“カラリ・パヤット”という複合語をつくりだす。この語の初出は、彼の戯曲『アンバー（おっ母さん)』。
○**20世紀初期年**：インド全土で反英闘争高まる。
○**1919年**：インド国民会議派のケーララ支部設立。古い時代のカラリパヤットの常套句をプロパガンダに用いる。また中世の物語詩に謡われる武士道精神が、ケーララの反英闘争に心理的な枠組を与える。これらの風潮は、カラリの伝統復活に、大きな影響を及ぼす。
○**1930年**：インド独立運動の闘士にして詩人ワラトル、カタカリ復興のためにケーララ・カラマンダラム設立。
○**1933年**：武術家C・V・ナーラーヤナン・ナイル、カラリ復興のための最初の組織「ケーララ・カラリ・サンガム」を南カルナータカで立ち上げ、パラニ、マドゥライ、タンジャヴール、マドラス（いずれも現タミル・ナードゥ）で演武を行う。
○**1937年**：ケーララ・カラリ・サンガム、スリランカでも大きな演武会を行う。
○**1944年**：C・V・ナーラーヤナン・ナイル没。彼の兄弟、息子、弟子たちによって「CVNカラリ・サンガム」が設立される。サンガム、短期間のうちにケーララのさまざまな地域に120の支部を開設。
○**1947年**：インド、イギリスから独立。
○**1949年**：コーチン、トラワンコール合併。この頃CVNカラリ・サンガム、インド全国の主要都市で演武を行い、さらにドイツ、米国、ソ連、その他のヨーロッパ諸国へ演武旅行に出かける。これらの活動は、カラリパヤットに対する国際的な関心を惹起し、武術の専門

家や研究者をケーララに引きつけることになる。またCVNカラリを真似、カラリパヤットの多くの武術家が自流派のカラリ・サンガムを設立。

○1956年：言語別の州編成の結果、旧マドラス州のマラバール地方とカーサルコート地区を加えて、現在のケーララ州となる。それにともない、ケーララ南部からタミル・ナードゥのカンニャークマーリ地域で行われていたタミル系武術が「南派カラリパヤット」として位置づけられる。

○1958年：「州立カラリパヤット協会」が、ケーララ州スポーツ・カウンシルの下で組織され、協会の後援により、地区と州で年一回の選手権が開催されるようになる（後に廃止）。

○1968年：タミルのポンディシェリーに近代インドの聖者オーロビンドにちなむ実験都市オーロヴィルが設立され、内的成長の手段として北派カラリパヤットが取り入れられる。またこの頃からケーララに留学し、カラリパヤットを学ぶヨーロッパ人が増えはじめる。

○1984年：CVNナイルの孫サティヤム（27歳）、地上3メートルの高さに吊られたボールを蹴るデモンストレーションでタケダ製薬のCMに登場し（コピーは「いやはや鳥人だ。」）、日本でもカラリパヤットの名が知られるようになる。

○1986年：ケーララのカラリ武術家シャジ・ジョン（16歳）、舞踊家チャンドラレーカの作品やワークショップに出演し、世界ツアーに参加するほか、独自の公演も行うようになる。

○2004年：ケーララ全州で“CVNカラリ”“ENSカラリ・センター”“MKGカラリ・サンガム”“サラスワティー・クシェートラム”などと商標登録されたカラリ約500、非登録のカラリ約1000を数えるようになり、伝統的な修行にうちこんでいる。

参考文献

Chakravarti, Balaram. *DHANURVEDA: A Veda relating to the Art / Science of Archery*, ATARN, 2001.

India Divine Communications. *AGNI PURANA*, India Divine Communications, 2003.

Zarrilli, Phillip B. *To Heal and/or To Harm: The Vital Spots* (*Marmmam/Varmam*) *in Two South Indian Martial Traditions*, University of Wisconsin-Madison, 1992.

Zarrilli, Phillip *B. Actualizing Power* (*s*) *and Crafting a Self in Kalarippayattu: A South Indian Martial Art and the Yoga & Ayuvedic Paradigms*, Oxford University Press, 1998.

Zarrilli, Phillip B. "Traditional Kerala Massage Therapies", *Journal of Asian Martial Arts* 4 (1) ,1995, p.67–78.

Varghese, Mathew A. "Cross-Cultural Relations between Dravidian India and Central China: New Evidences from the Tradition of Martial Art" *Indian Folklore Research Journal*1 (3) , 2003 p.15–34.

伊藤武（いとう・たけし）

1957年、石川県出身。作家、イラストレーター。サンスクリット語とヨーガの講師、古式ムエタイをはじめとした東南アジア伝統武術の研究を行う。1979年、最初のインド旅行に出発。約2年間にわたってインド全土、ネパール、スリランカ、タイを放浪する。以後もこれらの地域を繰り返し訪問し、遺跡調査、神話・伝説、風習、武術、食文化等の収集に努める。インド研究家として周辺地域の歴史や文化にも造詣が深い。全国でオリジナルテキストを用いたサンスクリット語講座等を開催。サンスクリット語の原文から翻訳されたヨーガスートラは難しい用語を使わずに説明され人気を博している。また、自身によるイラストは難解なインド哲学を理解する手助けになると定評がある。
著書に『図説ヨーガ大全』（佼成出版社）、『スパイスの冒険』『秘伝マルマ　ツボ刺激ヨーガ』『全アジアを喰らう』『身体にやさしいインド』『図説インド神秘事典』（以上講談社）、『古式ムエタイ見聞録』（新泉社）、『図説ヨーガ・スートラ』『チャラカの食卓　二千年前のインド料理』〔共著〕（以上出帆新社）など多数。

増補改訂版《ぞうほかいていばん》　ヴェールを脱《ぬ》いだインド武術《ぶじゅつ》
——甦《よみがえ》る根本経典《こんぽんきょうてん》『ダヌルヴェーダ』

2024年9月6日初版第1刷発行

著者———伊藤 武
発行所———新泉社
〒113-0034　東京都文京区湯島1-2-5　聖堂前ビル
TEL.03-5296-9620　FAX.03-5296-9621
造本装丁——山田英春
印刷・製本所—萩原印刷

ISBN 978-4-7877-2324-6　C0075

古式ムエタイ見聞録

伊藤 武
ito takeshi

A5判／272頁
定価＝2500円＋税
ISBN 978-4-7877-2323-9

「立ち技最強」といわれるタイの国技ムエタイ。そこには数百年にわたる知られざる前史があった。絶えざる戦乱の時代、他国の侵攻に対抗するために戦場でみがかれた戦闘技術は、一瞬で人体を破壊する投げや関節技など、極めて危険で実戦的な技を含んでいた。危険な技を制限しスポーツとして体系化したのが現在の姿である。ならばその「起源」とは——。

インド古代叙事詩『ラーマーヤナ』、ルゥシー（仙人）、英雄ナレースワン、アユタヤの地を跳梁するサームーレイ（サムライ）……伝説と歴史の闇の奥に見え隠れする武技をつないだ人々の姿。長年東南アジア諸国を放浪し、実地で「古式ムエタイ」を学んだ著者がその真の姿をあきらかにする決定版。